中世曹洞宗における地蔵信仰の受容

清水邦彦 著

岩田書院

目　次

研究編

研究編

序章

本書は、私の単純な疑問を発端とするものである。周知の通り、日本曹洞宗を開いた道元は「只管打坐」を唱え(後述)、修行による現世利益獲得を否定していた[史料1]。にもかかわらず、現在、曹洞宗寺院の本尊として時に地蔵が祀られる。本尊か否かはさておき、曹洞宗寺院で祀られる地蔵像の現世利益が、寺によって宣伝されることもある。代表例としては、東京は巣鴨のとげぬき地蔵が挙げられる。地蔵の縁日と称される四の付く日(四・一四・二四日)には関東中からお年寄りが押し寄せ、境内の洗い観音に病気平癒・健康増進を願う。とげぬき地蔵とは通称で、正式には万頂山高岩寺という曹洞宗寺院である。本尊は当然、地蔵である。もともとは本尊を複写したとされる、御影《おみかげ》を購入することが主流だったのだが、現在は洗い観音を研くことの方が主流となり、本尊に詣らない人もいる。しかしながら、人々の意識は、「地蔵に詣った」である。こうした地蔵信仰と道元の只管打坐とはどういった関係なのだろうか。

無論、道元が説いているのは、主に修行者の心得であり、とげぬき地蔵に詣るのは、在家者ではある。とはいっても、とげぬき地蔵信仰は道元思想から導き出せるものなのだろうか。

第1節　道元思想における仏・菩薩

道元において、在家者と仏・菩薩との関係はどう位置付けられるのだろうか。在家者では分析がしづらいため、衆生と仏・菩薩との関係を以下論ずる。道元の思想の特徴の一つに、『涅槃経』の「一切衆生、悉有仏性」(「一切の衆生、悉く仏性有り」)を「悉有は仏性なり」[史料2]と読み替えた点がある。つまり道元において、衆生は悉有(全ての存在)であり、悉有は「仏」として存在(仏性)するのである。全ての存在が「仏」として存在する以上、釈迦等の得道した個別の仏と衆生とは同一の存在である[史料3]。『正法眼蔵随聞記』では、個別の仏はもともと衆生であり、衆生は誰でも仏になれる、と述べている[史料4]。

従って、衆生の悟りは個別の仏の悟りであり、個別の仏の悟りは衆生の悟りである[史料5]。衆生と個別の仏とが同一の存在である以上、個別の仏と菩薩とも同一の存在である[史料6]。但し、既に得道した個別の仏と未だ修行中の菩薩との区分は存在する[史料7]。修行中の菩薩と衆生との区分も存在する[史料8]。

道元において個別の仏は仏道を伝えてきた先師であった[史料9]。故に衆生は個別の仏を礼拝供養すべきである、と述べている[史料10]。この場合の「礼拝供養」とは、仏道の先師として崇拝する意であり、「礼拝供養」そのものは、修行ではない。道元において、修行は坐禅のみである[史料11・12]。もっとも原史料では、「もちいず」、もしくは「抛却」となっており、坐禅以外の行を全面的に禁止しているわけではない。以上、道元は、個別の仏への礼拝を否定してはいないが、まずは坐禅をすべきであると述べていることを確認した。また、衆生は菩薩を目標とすべきという言説もあった。

なお、地蔵の職能といえば、死者供養もある。曹洞宗寺院で祀られる地蔵像が死者供養の職能を担うことは珍しいことではない。道元は、縁者の忌日に説法を行っている[史料13・14・15・16・17・18]が、地蔵等特定の仏・菩薩に引導を頼む、といったことはしていない。道元において「死者供養」とは、特定の死者を供養し、成仏に導く、といった類のものではない[史料19]。

道元において、地蔵信仰等個別の仏・菩薩信仰が積極的に用いられる余地はない。但し、寺に土地神を祀ることは認めている[史料20]。この点は本書の論旨に大きく関わる。

第2節　道元と地蔵

では、在家への布教活動の一環として、地蔵が活用されることはなかったのか。まず確認しておけば、『建撕記』等道元の伝記において、地蔵は登場しない。

しかしながら、道元に関する史料に地蔵が全く出てこない、というわけではない。中世永平寺には地蔵院が存在し、地蔵像が祀られていたことである。現存する地蔵像には、空海作という伝説が存する[史料21]。むろん、この伝説を直ちに史実と見なすのは無理である。現存する地蔵像は元亀四年(一五七三)の台座銘を持つにすぎない(7)。但し、当該の地蔵院が文献で確認されるのは、明応四年(一四九五)であり[史料22]、現存する像には先代が存在した可能性はある。なお、[史料22]を見ると、当該の地蔵像には、死者供養の職能が期待されており、地蔵院では葬祭儀礼が行われていたと推測される。

そこで永平寺の地蔵像と道元との関係を考察する。永平寺の旧称は大仏寺であり、越前国北部(8)という所在場所を考慮すると、もとは白山天台系であったと推測される。従って、旧寺に祀ってあった地蔵像を改宗にあたり、そのまま祀り続けた可能性も考えられる。というのも、白山天台は修験系であり、地蔵との関連が想定されるからである(平安後期における地蔵信仰の担い手は修験者である)[9]。まず白山天台における地蔵信仰について確認すると、開祖泰澄が白山社殿に祀ったとされる禅師王子の本地は地蔵である[10]。永平寺の前身、大仏寺が密教系古寺(白山天台系古寺)であったとするならば、改宗以前から祀られた地蔵像を道元がそのまま祀り続けた可能性はある。

道元自身が永平寺に地蔵像を祀った可能性は、第1節で論じた、その思想から鑑みると、極めて低い。『正法眼蔵』でも地蔵の名は一ヵ所のみであり、それも人名である[史料23]。

以上、永平寺に地蔵像が祀られているのは、道元自身の関わりではなく、白山天台との結びつきである可能性があることを示した。

もう一つ考えなければならないのは、福岡県遠賀郡水巻町で祀られる地蔵である。当該の地蔵には、道元が帰朝の際、村人の要請により造立したという伝説が存する[史料24]。しかし、先に確認した通り、道元の思想には地蔵を讃歎するものはなく、『建撕記』等道元の伝記にも当該の地蔵像との繋がりは一切触れられていない。従って、伝説に過ぎないと考えられる。しかし、なぜこうした伝説が生じたか、考察することは意味あることと思われる。おそらく本書で論述する曹洞宗における地蔵信仰の受容と関連があろう[11]。今後の課題としたい。

さらに確認すべきは、明治一九年(一八八六)成立『寺院明細帳』(駒澤大学図書館蔵)における「大乗寺」の項では、同寺に「高祖」由来の地蔵像が存するとあることである[史料25]。日本曹洞宗で高祖と言えば、道元を指す。しかし、東隆眞・大乗寺山主にお伺いしたところ、現在大乗寺にはそのような地蔵像は伝わっていないそうである[12]。

おそらく道元が地蔵を在家者への布教に活用するといったことは無かったと考えられる。

第3節　問題提起

にもかかわらず、東京巣鴨の高岩寺では、本尊として地蔵が祀られ、御影《おみかげ》が現世利益の効能を以て販売されてきた。これに限らず、曹洞宗寺院で―本尊か脇士等かはさておき―地蔵が祀られることは当たり前の風景である。その中には現世利益の職能を有するものもある。どういった経緯で曹洞宗は地蔵信仰を活用するようになったのだろうか。そして、それはどんな思想に基づいていたのだろうか。

曹洞宗史研究において、地蔵信仰との関わりが全く看過されてきたわけではない。代表的なものとして、石川力山「中世仏教における菩薩思想―特に曹洞宗における地蔵菩薩信仰を中心として―」(『日本仏教学会年報』第五一号　一九八五年)が挙げられる。石川は曹洞宗寺院の本尊を統計分析した結果、意外と地蔵を本尊としているものが多く、それは在地の信仰を取り入れた結果としている。例えば、地蔵を本尊としているのは東北地方の曹洞宗寺院で特に顕著だが、それは東北地方は地蔵信仰が盛んだった故、としている。そして石川は「こうした在地の信仰に立脚して布教伝道したことが(引用者補―曹洞宗の)地方展開、地域進出を可能にしたともいいうる」と述べている。つまり曹洞宗の地蔵信仰受容は、地方展開の一環として行われた、としているのである。広瀬良弘によれば、曹洞宗が地方に展開するようになったのは、一四世紀以降である(13)。地蔵信仰の受容・活用もこの時期と想定される。この仮説の是非を本書で検討することとなる。無論、地蔵信仰だけが、特化して活用されたとは考えにくい。ゆえに曹洞宗が様々な儀礼を本格的に取り入れた経緯を合わせて考える必要がある。

中世曹洞宗の地蔵信仰受容に関し、石川の問題提起を別にすれば、先行研究において、詳しい事情は明らかにされていない。中世曹洞宗史を概観した、中嶋仁道『曹洞教団の形成とその発展』(一九八六年　曹洞宗大本山総持寺出版部)、竹内道雄『曹洞宗教団史』(一九七一年　教育新潮社)は法脈を中心とし、個別事例を別とすれば[14]、地蔵信仰との関連は言及されていない。中世曹洞宗の地方展開を論じたものとしては、鈴木泰山『禅宗の地方発展』(一九四二年　畝傍書房)、同『曹洞宗の地域的展開』(一九九三年　思文閣出版)、広瀬良弘『禅宗地方展開史の研究』(一九八八年　吉川弘文館)などもある。いずれも中世曹洞宗が地方展開するにあたって、神人化度説話等を活用したことは述べられているが、地蔵に関しては言及がない。中世曹洞宗の実態の分析を試みたWilliam Bodiford "Soto Zen in Medieval Japan" 1993 Hawaii U. P.でも、地蔵に関しては臨済宗の事例において言及するに留まる(pp. 193～194・『看聞日記』の作者である伏見宮貞成の父、栄仁の葬儀)[15]。また、瑩山の『洞谷記』を中心に中世仏教の霊力を論じたBernard Faure "Visions of Power" 1994 Princeton U. P.でも地蔵に関しては事例の中で若干言及されるに過ぎない(p. 70, p. 91, pp. 145～146)。

曹洞宗で初めて地蔵を祀ったのはどこの寺院か。中世曹洞宗において、地蔵はどんな職能を担っていたのか。こうした問題に関し、先行研究ではこれまでほとんど言及がなかった。

第４節　史料上の制約

但し、以上の問題を考察するには史料上の制約が大きい。というのも、中世曹洞宗には史料がほとんど残っていないからである。例えば大谷哲夫は「特に曹洞宗については史料的欠如から(引用者補―中世は)暗黒時代ともいわれてきた」[16]と述べている。

では、どういった史料が残されているのだろうか。まず、残っているのは土地の寄進状である。これは大量に残っており、その多くは、『曹洞宗古文書』(上巻・下巻・拾遺　一九七二年　筑摩書房)に翻刻されている。特に助かるのは、寄進の目的が記述されていることが多いことである。むろん、「寄進の目的」は建前にすぎない可能性も留意すべきではあるが、そこに何らかの「心意」を読み取ることは可能であろう。

比較的残っている史料として禅語録が挙げられる。多くは『曹洞宗全書』・『続曹洞宗全書』(一九二九〜一九七六年曹洞宗全書刊行会)に翻刻されている。また、近年、『訓註曹洞宗禅語録全書』(二〇〇四〜二〇一〇年　四季社)が刊行された[17]。

但し、禅語録を史料として使うには限界がある。それは禅語録を残さない高僧が多いことである。禅語録を残さない僧に限って、全国に布教していたことが多い。つまり、その思想を解明したい僧に限って、禅語録を残していないのである。

本書で知りたい情報が述べられているのは、僧伝・寺伝の類だが、これは江戸時代以降に成立したものが多い。僧伝について考えたい。『永平寺三祖行業記』(『曹洞宗全書　史伝上』所収)は書写年代こそ江戸末期と遅いが成立は応永年間(一三九四〜一四二八)と考えられている[18]。しかし、これに続くのは元禄六年(一六九三)序文・元禄七年(一六九四)刊行『日域洞上諸祖伝』、享保一二年(一七二七)成立・寛保二年(一七四二)刊行『日本洞上聯燈録』である。両書とも『曹洞宗全書　史伝上』に所収されている。両書には何らかの形で中世曹洞宗の実態が反映されていると考えられるが、同時に、当人の没後に神格化された要素が紛れ込んでいる可能性にも最大限留意すべきであろう。

寺伝に関しても同様である。

曹洞宗で行われた種々の儀礼を記したものとして、「切紙」が挙げられる。切紙に関しては、石川力山が翻刻した研究成果がある⒆。但し、現存する切紙は概して江戸時代に書写されたものが多く、中世に遡らせるには十分な留意が必要である。

以上のような史料上の制約はあるが、以下、中世曹洞宗における地蔵信仰の受容を総合的に考察する。

第5節　本書の構成

本書は、第1部「草創期」、第2部「確立期」、第3部「展開期」、第4部「定着期」の全四部から成る。

第1部「草創期」は、永平寺第二世懐弉・第三世義介を中心に論ずる。道元没(建長五年(一二五三))後以降、義介が永平寺を去り、大乗寺を開創(正しくは改宗)した正応二年(一二八九)までを草創期とする。道元没後、永平寺の運営が揺れていた時期であり、言い換えれば、曹洞宗の道筋が見えなかった時期といえる。

第2部「確立期」は、瑩山とその二大弟子、明峯・峨山を中心に取り上げる(論の都合上、明峯の法脈も取り上げる)。草創期以降、大乗寺で修行をした瑩山が、大乗寺を離れ、永光寺・総持寺を開創(正しくは改宗)し、ここで修行した明峯・峨山が活動した一三五〇年頃を中心とする。なお、論の都合上、明峯の直弟子の活動も取り上げるが、その活動年代は、おおよそ一四〇〇年までである。

第3部「展開期」は、峨山の直弟子による全国布教の実態とその中に見られる地蔵信仰を取り上げる。第3部で取り上げる、峨山の直弟子の生年の平均値に二〇を足すと、一三四〇年となる。没年の平均値は、一三八二年となる。そうなると、おおよそ、一三三〇～一三八〇年代を取り上げることとなる。

第4部「定着期」は、峨山の孫弟子(とその法脈)の全国展開と、その中で地蔵信仰を積極的に活用した三名を中心に取り上げる。第3部と同様、第4部で取り上げる孫弟子の生年の平均値に二〇を足すと、一三六三年となる。没年の平均値を出すと、一四一一年となる。そうなると、おおよそ、一三五〇～一四二〇年代以降を取り上げることとなる。問題は第3部との区分である。即ち、第3部と第4部とは、西暦年代では重複することとなる。本書では、従来の曹洞宗が法脈を重視してきたことを以て、年代は重複するが、峨山の直弟子の代と孫弟子の代とを分析上、一旦区別することとした。西暦年代に関する整理は終章で論ずることとする。

第4部の「定着期」という名称に関しても一言触れておく。曹洞宗寺院が本格的に開創されるのは一五世紀後半以降[20]なので、本書の第4部よりやや遅れる。本書では、第4部で取り上げる寺院を基点に、一五世紀後半以降、各地に寺院が開創されるようになったことを以て、定着期とした。

第6節　本書の立場

本書は、時に中世曹洞宗と道元思想との差異を指摘するものとなる。しかしながら、「宗祖から堕落していった」という史観ではない。中世曹洞宗が道元思想を継承しつつ、何を加えていったかを分析することは、即ち、中世曹洞宗の僧たちの思想を明らかにすることである。道元の思想とはレベルが異なるかもしれないが、そうした僧たちの思想もまた中世思想として評価すべきものと考えている。

本書においては、史料引用の煩雑を避けるため、研究編とは別に史料編を作成することとした。

註

(1) 日本に曹洞宗を持ち込んだのは道元の他に、東明慧日(一二七三〜一三四〇)がおり、この系統は宏智《わんし》派と呼ばれている。但し、宏智派は五山派に組み入れられた後、檀那である朝倉氏の滅亡に伴って、勢力を失っている。今枝愛真「曹洞宗宏智派の発展と朝倉氏」(『中世禅宗史の研究』一九七〇年　東京大学出版会)。このため、今日、日本で曹洞宗と言えば、道元の法脈を指すことが一般的である。

(2) 高岩寺において、地蔵の縁日が二四日から四の付く日に拡大したのは、明治時代末である。三吉朋十『武蔵野の地蔵尊　都内編』(一九七二年　有峰書院)二三頁。

(3) とげぬき地蔵の信仰実態に関しては、吉田雅男「とげぬき地蔵の信仰調査」(『仏教と民俗』第二号　一九五八年)、川添登『おばあちゃんの原宿』(一九八九年　平凡社)、倉石進編『大都市高齢者と盛り場ととげぬき地蔵をつくる人びと』(一九九三年　日本評論社)、圭室文雄「とげぬき地蔵と治病」(『風俗史学』第九号　一九九九年)。

(4) 但し、地蔵が本尊となったのは、明治時代になって現在地に移転してからとされる。川添登「巣鴨とげぬき地蔵(万頂山高岩寺)の変容と発展」(『国立歴史民俗学博物館研究報告』第三三号　一九九一年)。

(5) 筆者による観察による(二〇一四年九月二四日・二七日)。

(6) 文倉清・伊藤時彦『お稲荷様って、神様?仏様?』(二〇一〇年　築地書館)七六頁。

(7) 当該の地蔵像については、『禅の世界　道元禅師と永平寺』(一九八三年　読売新聞社)一〇〇頁に写真化されている。

(8) 現・福井県吉田郡永平寺町。

(9) 田中久夫『地蔵信仰と民俗』(一九八九年　木耳社。一九九五年　岩田書院再版)。

(10) 平泉澄『平泉寺史要』(一九三〇年　福井県大野郡平泉寺村)六五頁。

(11)　但し、先の縁起にある「芦屋町安養寺」は浄土真宗の寺院とされる。『改訂増補　遠賀郡誌　下巻』（一九六二年）七六八頁。従って、安養寺がもともと浄土真宗だったか等の問題を総合的に考察する必要がある。しかし、資料はさほど残っていない。安川浄生『道元禅師入宋帰朝地点の研究』（一九六九年　明光寺）三〇頁。

(12)　現在、大乗寺内には平安末期作と伝わる地蔵像が安置されているが、これは、江戸時代、現在地に移転した際に檀那が寄進したものとされる。金沢市教育委員会編『金沢市の地蔵尊』（一九九七年　横浜記念金沢の文化創成財団）二八五頁。

(13)　広瀬良弘『禅宗地方展開史の研究』（一九八八年　吉川弘文館）。

(14)　中嶋仁道『曹洞教団の形成とその発展』（前掲）二〇二頁では、竺山の地蔵信仰の紹介がある。竺山の地蔵信仰に関しては、本書第4部第2章で取り扱う。

(15)　同書については、高崎直道「瑩山禅師のヴィジョン：ベルナール・フォール教授の研究によせて」（『鶴見大学仏教文化研究所紀要』第四号　一九九九年）参照。

(16)　大谷哲夫「中世曹洞宗に関する諸問題」（田中良昭『禅学研究入門』一九九四年　大東出版社）。

(17)　但し、全一五巻の予定であったが、四季社倒産のため、第一五巻は刊行されていない。ちなみに、第一五巻は実践索引篇の予定であった。

(18)　『曹洞宗全書　解題・索引』三四一頁・鈴木泰山筆。

(19)　石川力山『禅宗相伝資料の研究（上・下巻）』（二〇〇一年　法蔵館）。

(20)　広瀬良弘『禅宗地方展開史の研究』（前掲）一八三頁。

第1部　草創期

第1部では、永平寺第二世懐弉及び第三世義介を中心に取り上げる。この時期は、道元没後、永平寺の運営に、試行錯誤していた時期である。ゆえに草創期とした。この時期は、未だ北陸を中心に、と言いたいところだが、九州(もしくは東北地方)に布教活動を行った者もいる。

第1章　道元の直弟子―懐奘（一一九八～一二八〇）を中心に―

道元の直弟子の定義は難しいが、本書では、道元に直接師事した経験がある者としたい。本章では、後述する義介・義演を除いた、七名を取り上げる。

第1節　懐奘は「密教的」だったのか

まず道元を継承して、永平寺第二世となった孤雲懐奘（一一九八～一二八〇）を考察したい。というのも懐奘こそ、曹洞宗に加持祈禱等の現世利益的儀式、即ち密教的要素を導入する基盤を作ったという説があるからである。[1]仮にそうであれば、曹洞宗が地蔵を受容した端緒は懐奘に求められることとなる。[2]

懐奘の思想を論ずる前に、懐奘の生涯を簡単に触れてみたい。懐奘の生涯に関しては、竹内道雄『永平二祖孤雲懐奘禅師伝』（一九八二年　春秋社）を基に論ずる。建久九年（一一九八）、京にて生まれる。俗姓は藤原氏とされるが、『尊卑分脈』に記載がなく、詳しい出自は不詳である。竹内は、父を藤原伊輔、母を平景清の肉親の側室と推測している。[3]元久二年（一二〇五）、比叡山に登り、沙弥となっている。建保三年（一二一五）に出家得度している。しかし、当時の比叡山に失望したのだろうか、承久三年（一二二一）に浄土宗の証空（一一七七～一二四七、法然の直弟子で西山義の派祖）に入門、また、貞応二年（一二二三）には日本達磨宗の覚晏（於大和国多武峰）に入門している。寛喜元年

(一二二九)、京東山の建仁寺にて道元と会い、将来の入門を約束し、文暦元年(一二三四)、京深草の興聖寺にて正式入門している。この頃の道元の説法を懐奘は記録している。この記録が今日で言う『正法眼蔵随聞記』である。この後、『正法眼蔵』各巻を校合・書写する作業にも従事している。この作業は道元没後も続けられた。

宝治元年(一二四七)、豊後国に赴き、永慶寺を開いたという伝承があるが、中世史料では確認されず、史実とは認めがたい。

宝治元年(一二四七)~二年(一二四八)、道元が鎌倉に赴いた際に、懐奘も同行している。

建長五年(一二五三)、道元が発病したのに伴い、永平寺第二世となっている。

文永四年(一二六七)、発病し、永平寺の住持を義介に譲るものの、文永一〇年(一二七三)、義介が永平寺を退かざるをえない状況(所謂「三代相論」第1部第2章後述)となり、晩年は永平寺運営に苦労したと考えられる。

弘安三年(一二八〇)、永平寺にて没する。

懐奘は『正法眼蔵随聞記』の記録者であり、[4] また『正法眼蔵』の実質的編者とも呼べる存在である。従って、今日的に言えば、道元の秘書的存在といえる。

その一方で、『光明蔵三昧』という独自の著作がある。留意すべきは、『光明蔵三昧』に『大日経』の引用があることである[史料1]。ここから、懐奘は「密教的」だったとする解釈が存在する。[5] しかし、『大日経』を引用したからといって、「密教的」とするのは早計であろう。[史料2]を見て分かる通り、懐奘が『光明蔵三昧』を執筆した意図は、『正法眼蔵』(特に「光明」の巻)を明らかにしたいがためであった。[6] 従って、『大日経』の引用も、その意図でなされたものであり、安易に「密教的」というべきではなかろう。[7]

懐奘を密教的とする背景に、懐奘が曹洞宗入門以前に所属していた「日本達磨宗」がある。「日本達磨宗」とは大日房能忍(?〜?・平安時代末〜鎌倉時代前期に活動)が開いた禅宗の一派である。日蓮が批判の対象としていた[史料3]ことから、一時期はそれなりの勢力を持っていたと考えられている。但し、「日本達磨宗」という名前は後世に付された学術用語である。先行研究では、日本達磨宗を現世利益的・密教的と見なしてきた傾向がある。(8) しかし、仮にそうだとしても、懐奘は日本達磨宗からあえて曹洞宗に転じたわけであり、達磨宗出身だからといって、安易に懐奘が密教的であったとは言えないだろう。現存する史料を見た限り、懐奘が現世利益的儀式に熱心だったとか、永平寺に密教的要素を導入したという記録はない。

但し、問題となるのは、永平寺第三世となる義介に、永平寺の伽藍整備を命じている点である。このことに関しては、第2章で論じる。

第2節　懐奘以外の直弟子

当然のことだが、道元の直弟子は、懐奘に限らない。おおよそ、①道元より印可を受けた者、②道元より直接教えを受けたことがあるが印可は別人より受けた者、に二分される。

①道元より印可を受けた者。(9)

詮慧(?〜?)　近江国出身。比叡山で天台教学を学んだ後、道元の弟子となる。道元が越前国に移った後、興聖寺を継承する。『永平広録』の編者の一人。『正法眼蔵聞書』全一〇巻を著す。これは『正法眼蔵』を直接教えを受けた立場から解釈したものとされ、『正法眼蔵』(10) 初の注釈書である。但し、その解釈は、天台教学的という説もある。(11) 道元没後、道元の荼毘所永興寺を開創する。同寺は、もともとは現・京都市東山区にある高台寺境内にあったとされるが、一旦廃絶、現在は京都市山科区に存する。

詮慧の弟子である、経豪は、『正法眼蔵聞書』を元に、『正法眼蔵聞書抄』全三〇巻を著している。但し、詮慧の弟子に関し、これ以外の活動は不明である。

僧海(一二一六〜一二四二)　興聖寺に居たとされるが、早世した。

了然法明(?〜一三〇八?)　高麗出身。来日以前に、一旦南宋に渡り、臨済宗無準師範より印可を受けていたという説と、来日後、道元より印可を受けたという説がある。本書では、とりあえず、道元から印可を受けた者に分類した。法明はまずは出羽国に赴き、玉泉寺[12]を開創している(正しくはもともとあった観音堂を改宗・整備したもの)。『日本洞上聯燈録』によると、出羽を訪れた際、翁と化した、羽黒山の神に会っている[史料６]。神が玉泉寺の地まで導く話ではないが、この伝承が了然在世時に遡れるのであれば、曹洞宗の神人化度説話の先駆けとなる。但し、『日本洞上聯燈録』は、過去の史料を広く集めたとはいえ、寛保二年(一七四二)刊に過ぎない。また、後の神人化度説話は、在地の神に禅僧が戒を授ける＝神より禅僧の方が上、となるが、当説話では戒を授けることはしていない。佐藤秀孝は、「羽黒山信仰との摩擦をできるかぎり避けようとした意図が裏に示されているかも知れない」と述べている[13]。確認しておけば、当説話は、道元入門以前の話とされ、仮に法明在世中の史実としても、日本曹洞宗からの影響ではない。おそらく中国仏教における、在地の神との関係を模倣したものであろう。

了然の弟子に関しては不明ゆえ、神との融和的態度が後の曹洞宗に直接的影響を与えたかどうかは分からない。但し、運良(臨済宗法燈派。第２部第４章後述)が了然に師事したことがある。このことの意義は後述する。

②道元より直接教えを受けたことがあるが、印可は別人より受けた者。

寂円（?～一二九九）　中国南宋の生まれ。天童山で如浄に師事。その縁で道元の居る日本に来たと伝わる。但し、来日の時期は道元と一緒ではなく、遅れること約一年、安貞二年（一二二八）である。胡建明は、『宝慶由緒記』にある「大宋国落陽之人」［史料5］という記述は、日本の洛陽（＝京）の誤りとする説を出している。(14)「洛陽」の解釈に関する胡の問題提起は考察の余地がある。しかし、『宝慶由緒記』の中には寂円が宋出身である記述がちりばめられており、寂円が「日本の京」出身であれば、同書内の寂円に関する記述は全て誤りとなってしまう。寂円が何故、日本に来たのかは、明確ではなく、その点からも、胡の提起した「日本の京」出身説は今後考察の余地はあろうかと思うが、安易に飛びつくのは危険である。

京深草の興聖寺及び越前国永平寺にて道元に随侍。永平寺では、承陽庵（如浄の祖廟）の塔主を勤める（胡は、ここから宋出身説が出てきたとしている）。道元没後は懐弉に師事するが、弘長二年（一二六二）、越前国大野郡に宝慶寺を開創する。同寺は福井県大野市宝慶に現存し、現・本尊は釈迦である。正安元年（一二九九）、同寺で没する。寂円の弟子、義雲(15)（一二五三～一三三三）は正和三年（一三一四）、檀那波多野氏に請われ、永平寺第五世となる。その後、永平寺は義雲の系統（所謂「寂円派」）を中心に運営される。

寒巌義尹（一二一七～一三〇〇）　後鳥羽天皇の皇子と伝わる。幼くして比叡山に登り、一六歳で具足戒を受ける。仁治二年（一二四一）、京深草の興聖寺にて道元に師事するようになる。道元の越前国行きにも付き従ったが、建長五年（一二五三）、道元が没したことを契機に入宋する。文永四年（一二六七）帰国、筑紫国博多の聖福寺に寓居する。文永六年（一二六九）、肥後国に如来寺を開創する。建治二年（一二七六）～四年（一二七八）頃、九州第一の難所、緑川に橋を架ける。建治二年、肥前国河副庄の河尻干拓のため、堤を築いている。五味文彦は、義尹が宋で石組みの工法を学んだとしている。(16) 弘安六年（一二八三）、肥前国に大慈寺を開創する。

義尹が誰に印可を受けたかについては、①道元、②懐弉、③義介（後述）の三説がある。東隆眞は、いずれも決めかねるとする。(17)

如来寺は、もともとは現・熊本県宇土市花園町三日にあったとされるが、後、若干移転して、宇土市岩古曽町に現存する。大慈寺は、熊本県熊本市南区に現存する。

如来寺を開創するなど肥後国で布教活動を行うとともに、架橋という土木事業を行っている点が注目される。即ち、後の曹洞宗の民衆化の先駆けといえるからである。(18) 但し、この土木事業という民衆救済が後の曹洞宗に直接的な影響を与えた痕跡は見られない。


この他、道元より直接教えを受けたが、印可は懐弉から受けている者として、義介・義演らがいるが、第２章で言及する。また、道元の直弟子は、これ以外にも多数いるが、著作を残していない者・行状不明な者である。尼僧の弟子として、了然・懐義・恵信・正覚の四名がいたとされる。懐義は、道元の側近として長く仕えたことが分かっているが、他の三名の行状は不明である。(19)

本章をまとめると、懐弉・詮慧はその行状・著作から、忠実な弟子であったと想定される。義尹・法明は地方布教を行った。義尹の行った架橋作業は後の曹洞宗の先駆けといえる。架橋作業という民衆救済が道元の意に反するかといえば、そうではないであろう。

架橋作業は、密教的要素でもない。了然には、羽黒山の神と会ったという話が伝わるが、後の神人化度説話＝神に戒を授けるといった、神より上に立つ話ではない。

註

（1）ここで「密教的要素」とは何かという議論をするのは私の能力を超えるので不可能である。先行研究では加持祈禱等によって現世利益を祈ることを「密教的要素」としてきたので、本書も一旦これに従う。但し、中世禅宗において「密教的」とは従来の密教祈禱をそのまま模倣したのではなく、中国禅独特の新しい儀礼・呪法を導入する意である。藤岡大拙「禅宗の地方伝播とその受容層について」（日本宗教史研究会『組織と伝道』一九六七年　法蔵館）、原田正俊「五山禅林の仏事法会と中世社会」（『禅学研究』第七七号　一九九九年）。

（2）鈴木泰山『禅宗の地方発展』（一九四二年　畝傍書房）四七〜四八頁、小池覚淳「曹洞宗の儀礼にあらわれた密教的要素」（『日本大学文学部研究年報』第七輯第一分冊　一九五七年）、中尾良信『日本禅宗の伝説と歴史』（二〇〇五年　吉川弘文館）一九六〜一九七頁。

（3）竹内道雄『永平二祖孤雲懐奘禅師伝』（前掲）七〜三五頁。

（4）従来、高校日本史の教科書的には、編者とされてきたが、近年では、懐奘による記録を、懐奘没後、弟子がまとめたものとされる。

（5）小池覚淳「曹洞宗の儀礼にあらわれた密教的要素」（前掲）。

（6）古田紹欽「道元と懐奘との間」（『古田紹欽著作集　第二巻』一九八一年　講談社　初出は一九七五年）。

（7）『光明蔵三昧』には偽書説もある。同書を詳細に分析した、木村清孝は、その内容が密教的であり、偽書の可能性が高いとしている。木村清孝「『光明蔵三昧』の撰述意図とその思想基盤」(『鶴見大学仏教文化研究所紀要』第七号　二〇〇二年)。

(8) 中尾良信「大日房能忍の禅」(『宗学研究』第二六号　一九八四年)。

(9) 道元が印可を与えたのは懐弉一人という説もある(大久保道舟『道元禅師伝の研究』〈一九五三年　岩波書店〉二六六～二六七頁)。大久保が依拠する[史料4]だけは、懐弉一人とは言い難い。鏡島元隆「『正法眼蔵抄』をめぐる諸問題」(『道元禅師とその周辺』一九八五年　大東出版社)。

(10) 依拠したのは七五巻本である。

(11) 鏡島元隆「正法眼蔵抄の成立とその性格」(『駒澤大学仏教学部研究紀要』第二二号　一九六四年)・同「『正法眼蔵抄』の性格」(『道元禅師とその周辺』前掲)。なお、『正法眼蔵聞書』に関する、近年の研究としては、松波直弘「『正法眼蔵聞書抄』と〈日本禅宗〉」(『鎌倉期禅宗思想史の研究』二〇一一年　ぺりかん社)があるが、鏡島説に関し、一切言及がない。

(12) 後、玉川寺と改称(第4部第1章後述)、山形県鶴岡市羽黒町玉川に現存する。現・本尊は聖観音である。

(13) 佐藤秀孝「出羽玉泉寺開山の了然法明について」(『駒澤大学仏教学部研究紀要』第五二号　一九九四年)。

(14) 胡建明「初期日本曹洞宗における若干の疑問点を提示して」(『仏教経済研究』第四二号　二〇一三年)。

(15) 注目すべき行状として、六〇巻本『正法眼蔵』を編集したことが挙げられる。

(16) 五味文彦『躍動する中世』(二〇〇八年　小学館)二五七頁。

(17) 東隆眞「寒巌義尹の師承異説をめぐって」(『印度学仏教学研究』第一六巻第一号　一九六七年)。

(18) 熊本県立美術館『寒巌派の歴史と美術』(一九八六年　熊本県立美術館)五三頁、五味文彦『躍動する中世』(前掲)二五七頁。

(19)　東隆眞『禅と女性たち』(二〇〇〇年　青山社)一三八～一三九頁。

第2章　徹通義介(一二一九～一三〇九)

懐弉を継承し、永平寺第三世となったのが、義介である。義介は懐弉の命[史料1]を受け、永平寺伽藍整備や清規作成のため、建仁寺・建長寺等諸国の寺院を回り、さらに宋へ渡った[1]。

その成果を示すべく、永平寺の伽藍を整備し、清規を導入したところ、反発が起き、義介は永平寺から身を引くこととなる。この出来事は従来、「三代相論」と呼ばれてきたが、現在では永平寺第三世を巡る争いではなかったとされる。しかし、義介が永平寺より身を引くということは何かがあったようである。

先行研究では、義介が「密教的要素」を導入しようとしたため、このような事件が起きたとされてきた。例えば、竹内道雄は以下のように述べている。

帰朝した義介は在俗の檀那波多野氏と提携し、京都・鎌倉の禅寺や宋の五山からもたらした資料にもとづき永平寺の堂塔伽藍を一新するとともに、永平寺の日常の行持の面にも四節の礼・儀式をととのえ、粥罷諷経《しゅくはふぎん》(食事の前後《ママ》に経文をとなえる)などの密教的行持をとりいれたのである。このようにしてとくに文永四年(一二六七)義介の永平寺三世就位以後は、これまでの峻厳・枯淡な只管打坐を主軸とする古風的純粋禅としての道元禅は表面から影をひそめ、これに代って時代に応じ世俗と妥協した伽藍仏教重視の傾向と旧仏教的な密教禅が導入され、永平寺僧団の様相は一変したのである。(『日本の禅』一九七六年　春秋社　一八四頁)

確かに『永平寺三祖行業記』には「山門を建て、土地五軀神等を祀り、儀式を調えた」とある[史料2]。まず、伽藍整備という問題を考える。道元は伽藍に重きを置いてはいなかった[史料3]。しかし、興聖寺・大仏寺を開創していることからも分かる通り、道元は寺自体を否定しているわけではない。従って、伽藍整備自体が問題ではない。むろん、仮に永平寺に華美な伽藍を導入したとすれば、道元からの逸脱となるだろうが、具体的にはどうだったのだろうか。(2)

残念ながら永平寺は中世において数度火災に遭っているため、義介が整備した伽藍に関しては不明である。先に言及した『永平寺三祖行業記』に戻れば、「山門を建て」とあるのみである。当時の永平寺の経済状況と合わせて考察するに、さほど華美な伽藍だったとは思えない。

そこで土地五軀神について考察したい。本論序章前述の通り、土地神を祀ることは道元も認めている[序章史料13]。五軀神という言葉は、本来、五体の神という意である。義介が永平寺に祀ったのが具体的に何であったか。前述の如く、永平寺は数度火災に遭っているため、明らかにすることは困難である。

現在、鎌倉建長寺には五体の伽藍神が祀られている。寛保元年（一七四一）成立『禅林象器箋』によれば、張大帝・大権修利・掌簿判官・感應使者・招寶七郎の五体である[史料4]。建長寺の伽藍神が創建当時から祀られていたかどうか定かではなく、文献で確認できるのは江戸時代である。(3)しかし現存する像は鎌倉時代の作であり、(4)他所より移動してきた伝承もないゆえ、古くより祀られていたと想定できよう。(5)

同様の伽藍神は鎌倉寿福寺にも祀られていたと考えられている（現存は三体・南北朝時代の作）。(6)また、建仁寺でも祀られていた可能性がある。(7)前述の如く、これらのいずれの寺にも義介は訪れている。当時、日本の禅宗寺院でこのような伽藍神を祀るのはある程度一般的であったと想定される。(8)

現在、永平寺には、鎌倉時代後期作とされる監斎使者・掌簿判官、及び室町時代作とされる大権修利菩薩倚像という三体の伽藍神像が伝わる(9)。義介の弟子、瑩山が開創した永光寺(後述)には、鎌倉～室町時代作の大権修利像が現存する(10)。『瑩山清規』で祀るべきものとして、「招宝七郎大権修理菩薩」が挙げられる[史料5・6・7・8](第2部第1章後述)。とすると、永平寺で祀られた五軀神とは、少なくとも建長寺の五体の伽藍神と類似していたと考えられる。

以上を踏まえた上で、義介が永平寺に土地五軀神を祀ったことが密教的要素の導入となるか、考察したい。確認すべきは同様の職能を持つ、土地神を祀ることを、道元が認めていたことである。そして、伽藍神を祀ることは当時の禅宗寺院で一般的に行われていたことも考慮すべきである。義介は当時の禅宗の風習を取り入れたに過ぎず、それは道元の意に反するものでもなかった。建長寺の五体の伽藍神はその名前と形態から、道教から入ってきたものと考えられる(11)。永平寺のものも同様であろう。

従って、義介は永平寺に、当時の禅宗寺院に倣って、五軀神を祀ったに過ぎない。また、五軀神は密教的というより、道教的である。義介は直接的に道教的要素を導入しようとしたわけではなく、当時の禅宗習俗を通じて結果的に道教的要素が入ってきたといえる。

次に粥罷諷経について考察する。道元も類似した食事に関する儀式を行っていた[史料9]。とすると、義介が導入したとされる五軀神造立や粥罷諷経は、類似したものを道元が認めており(12)、殊更に義介が導入したとはいえない。

なお、義介が曹洞宗に密教的要素を導入したとする先行研究の背景には、義介が元・日本達磨宗の徒であり、道元入門後も、その立場を捨てきっていない[史料10]ということがあるかもしれない。日本達磨宗の出だからといって、密教的というのは早計であろう。後年の大乗寺での言動を含めて、義介の記録には、現世利益的祈禱を行った記録は存在しない。ちなみに義介と永平寺第三代を争ったとされ、後に第四代となる義演(13)(?〜一三一四)も日本達磨宗の出身である。

それでは、なぜ義介は永平寺から退かざるを得なかったのだろうか。むろん、上記のような新たな要素が、密教的か否かにかかわらず、反発を買った可能性はある。また、近年着目されているのは、檀那との関係である(14)。確かに、道元というカリスマを失った後、永平寺を運営するにおいて檀那との関係は不可欠であった。

義介は永平寺を去った後、冨樫家尚(15)により加賀国大乗寺に招かれる。従来、大乗寺はもとは大日如来像を中心とした真言宗寺院と考えられてきた。当該の大日如来像が伝・泰澄作であること、前住持たる澄海阿闍梨が越前国波著寺(16)と縁ある僧であり、波著寺が白山天台系と考えられること、の二点から、大乗寺はもとは白山天台系であったとする説が近年出されている(17)。

註

（1）その成果といわれているのが大乗寺蔵『五山十刹図』であるが、これについては第3章で詳述する。

（2）興聖寺・大仏寺（後の永平寺）とも前身の寺を改宗・再建したものと考えられている。

（3）『新編鎌倉志』（原本貞享二年（一六八五）刊行『大日本地誌大系巻五』所収　四八頁）。但し、『建長寺伽藍指図』（原図元徳三年（一三三一）作成・享保一七年（一七三二）書写　東京国立博物館・日本経済新聞社編『鎌倉　禅の源流』二〇〇三年　日本経済新聞社　一四頁）にも「土地堂」が記されているので、中世より何らかの伽藍神が祀られていたことは確かである。二階堂善弘「海神・伽藍神としての招宝七郎」（『白山中国学』第一三号　二〇〇七年）。

（4）東京国立博物館・日本経済新聞社編『鎌倉　禅の源流』（前掲）二二八頁。

（5）但し、中世史料では、張大帝しか記述が見られないため、中世の建長寺の土地堂では、張大帝一神しか祀られていなかった可能性を考慮すべきという見解もある。広瀬良文「中世禅宗の土地伽藍神について」（『印度学仏教学研究』第六二巻第二号　二〇一五年）。最終的に広瀬論文では、他の寺の儀礼から、複数の神像の存在を肯定的に述べているが、本章で分析した、「土地五軀神」との関係については言及していない。

（6）東京国立博物館・日本経済新聞社編『鎌倉　禅の源流』（前掲）一四二〜一四三頁・二二九頁。うち、一体は、右手を額にかざしているため、大権修利もしくは招宝七郎である。

（7）三山進『鎌倉の禅宗芸術』（一九八二年　かまくら春秋社）九〇〜九一頁、広瀬良文「中世禅宗の土地伽藍神について」（前掲）。

（8）伝義介将来『五山十刹図』における景徳寺・霊隠寺・万年寺の伽藍配置には「土地堂」が記されている（東隆眞『大乗寺開山　徹通義介禅師関係資料集』二〇〇八年　春秋社　四六頁上段・四七頁上段・四六頁下段）。従って、宋代の禅宗寺院でも土地神を祀っていたと考えられるが、具体的に何を祀っていたのかは定かではない。なお、『五山十刹図』に関しては第3章にて詳述する。

（9）福井県立美術館『大永平寺展』（二〇一五年）六八〜七〇頁・二二二頁。

（10）石川県羽咋市教育委員会文化財室『永光寺史料調査報告書』（二〇〇〇年　石川県羽咋市教育委員会）一〇頁。

（11）坂内龍雄「曹洞宗における密教の受容」（『密教学研究』第七号　一九七五年）、三山進「伽藍神考」（『Museum』第二〇〇号　一九六七年）、三山進「伽藍神」（『鎌倉の禅宗芸術』前掲）。

（12）土地神や食事に関する儀礼を道元が認めていたことから、道元には密教的要素があったとする説がある。小池覚淳「曹洞宗の儀礼にあらわれた密教的要素」（前掲）。しかし、伽藍神が宋代の禅宗寺院で一般的に祀られていたことを考慮すると、安易に密教的というのは避けるべきであろう。第1部第1章註1参照。
(13) 道元の直弟子だが、印可は懐弉より受けたとされる。義演が永平寺住持の時期に、火災が起き、永平寺は荒廃する。これを再建するのが、義雲である(第1部第1章前述)。
(14) 石川力山「三代相論再考―道元僧団の社会的経済的背景を中心として―」(『宗学研究』第三一号　一九八九年)。
(15) 冨樫家尚(?〜一三二九)は『尊卑分脈』になく、大乗寺関連の史料にのみ出る名である。木越祐馨は訓《よ》みが共通する冨樫家直ではないか、という仮説を提示している。「富樫氏」(花ヶ前盛明・他『北陸の名族興亡史』一九八九年　新人物往来社)。野々市町史編纂専門委員会『野々市町史　通史編』(二〇〇六年　野々市町)は観応元年(一三五〇)の記録に檀那として「泉殿」とあることから、庶流「泉四郎高家」の祖先とする(一六六頁)。
(16) 「波着寺」という表記もある。戦国時代まで越前国に在ったが、前田利家の祈願所となったことを契機に加賀国に移転、現在は、石川県金沢市小立野に真言宗寺院として在る。現・本尊は十一面観音だが、秘仏である。
(17) 今枝愛真『道元とその弟子』(一九七二年　毎日新聞社)一五一頁、納冨常夫「瑩山禅師と総持寺教団」(『加能史料研究』第九号　一九九九年)。

第3章　大乗寺蔵「五山十刹図」考

本章においては、義介が将来したと伝わる「五山十刹図」に関する論説を行う。

石川県金沢市・大乗寺蔵「五山十刹図」は、主に宋代の五山の伽藍配置や僧の席位等を記したものである。仏教史・寺院史・建築史のみならず、生活史から見ても貴重な資料である。[1]にもかかわらず、一般にはほとんど知られていない。また、大乗寺本は「五山十刹図」と呼ばれているが、他の所蔵場所では「支那禅刹図式」「大宋諸山図」「大宋名藍図」と呼ばれ、その名称は一定していない。日本への将来者も道元・円爾・義介等、諸説ある。

本章は、大乗寺本と東福寺本との比較を中心に、「五山十刹図」に関する諸問題の整理を試みるものである。

第1節　諸本の整理

①大乗寺本

長年、大乗寺に所蔵されてきたものであり、現在は石川県立美術館で保管されている。上・下全二巻より成る。一九四三年に古径荘より、また一九九四年には教行社より複製本が出版されているが、両書とも一般にはなかなか閲覧しがたい。古径荘版は二〇〇部発行され[2]、管見の及ぶ限り、現在は駒澤大学図書館及び瑞竜寺(富山県高岡市)[3]に所蔵されていることが確認される。但し、駒澤大学図書館が所蔵していることは、なぜかしらCiNii Books検索には引っかからない。かなり小さく縮刷されているが、『禅学大辞典』（一九七八年　大修館）及び岡崎譲治『仏具大事典』（一九八二年　鎌倉新書）にも白黒写真版が掲載されている。二〇〇八年になって、徹通義介禅師七〇〇回御遠忌記念事業の一環として、東隆眞編『大乗寺開山徹通義介禅師関係資料集』（春秋社）が発刊され、これに「五山十刹図」が収録されている（カラー写真）。古径荘版及び教行社版が忠実な複製（巻物）であるに対し、こちらは冊子形式なので、取り扱いはこちらの方が簡単である。

話を大乗寺本そのものに戻す。大乗寺本は、第2章で前述の如く、大乗寺開山・義介が将来したものと伝わるが、現存の大乗寺本は、室町中期の写本とされている。[4]また、現存の大乗寺本下巻末尾には、「昭和三十七年三月　日依文化財保護法修理了」とある（当然のことだが、この文言は古径荘版には無い）。

本節の論考では、一般読者の便宜を考え、『大乗寺開山徹通義介禅師関係資料集』（以下、『資料集』と略）を使用する。

②東福寺本

東福寺に所蔵されてきたものであり、東福寺開山円爾（一二〇二～一二八〇）が将来したものと伝わる。東福寺では「大宋諸山図」と呼ばれてきた。京都国立博物館『禅の美術』に大分縮刷されてはいるが、写真版が掲載されている。

上下全二巻から成る。上巻は室町時代中期頃の書写である。下巻は奥書に「享保十四　緝己酉季秋十七日　住山師諄　捨焉」とあるので、江戸時代中期の書写と考えられている。[5]また、横山秀哉は下巻は大乗寺本系統を基とする説を唱えている。[6]これに私も同意する。下巻中程にある「径山万寿寺の楞厳会」（『資料集』五八頁上段）における欠落箇所を考察する。大乗寺本を見ると、同箇所は、何らかの事故における汚損によって、一列分の字が消え、「径山」の左半分も消えている。これに対し、東福寺本は、意図的に字を欠落させている(『禅の美術』一九七頁第四段[7])。とすると、東福寺本下巻は大乗寺本(それも現存本)を基にしたとすべきであろう。

③永平寺本

永平寺に「支那諸刹図」として伝わってきた。現在は三巻本だが、かつては一巻本、さらにそれ以前は二巻本であった[8]。永光寺第四七六世呑良(?~一六五一)の書写と伝わる。書写年代は呑良が永光寺住持であった寛永年間(一六二四~四四)頃と考えられる。『永平寺史料全書　禅籍編　第二巻』(二〇〇八年　永平寺、以下、『史料全書』と略)に掲載された写真版を見る[史料1]と、大乗寺本からの書写と考えられる。但し、後述するように、永平寺本と現存大乗寺本とは大きな相違が見られる。また、永平寺本では道元が将来したとされている[史料2]。

④常高寺旧蔵本

常高寺[9](福井県小浜市)に「大唐五山諸堂図」として伝わってきたが、現在は個人蔵[10]。常高寺所蔵時に横山秀哉が調査を行っている。同図を収めた箱の蓋裏の記述によると、江戸時代中期の模写である[11]。永平寺本と同系ながら、大乗寺本を照合した跡が見られる[12]。なお、これのみ彩色画である[13](他本は白描[14])。

⑤龍華院本

龍華院(京都市右京区)に「禅藍図」として伝わってきた。現存する大乗寺本より無著道忠(一六五三~一七四五)が元禄年間(一六八八~一七〇四)に書写したとされる[15]。無著道忠は『禅林象器箋』の著者である[16]。柳田聖山編『勅修百丈清規左觽・庯峭余録』（禅学叢書八　中文出版社　一九七七年）に活字化されている。

なお、この他、数本が存在するが、[17]いずれも上述本からの書写なので本書では論究を省略する。

第2節　大乗寺本と東福寺本との比較

上巻に関し、大乗寺本と東福寺本とはほぼ同一であるが、微妙な相違が何ヵ所か見られ、作業仮説として、以下の四説が提示できる。

①両本は異なる原本からそれぞれ筆写された[18]
②原本は同一だが、両本それぞれの筆写過程で欠落等が生じた[19]
③東福寺本→大乗寺本[20]
④大乗寺本→東福寺本[21]

四説を念頭に置いた上で、以下、両本の相違の分析を行いたい。まず大きな相違三ヵ所を指摘する。大乗寺本上巻中程にある「須弥壇の図」[22]（『資料集』五〇頁下段）が東福寺本には存在しない。同じく大乗寺本上巻最後にある「欄干柱」「香台」（『資料集』五二頁下段）が東福寺本には存在しない。とすると、該当箇所は東福寺本の筆写過程で欠落したものであり、即ち④大乗寺本→東福寺本、なのだろうか。

しかし、事態はそう単純ではない。というのも、横山秀哉によると、この三図のみ筆跡が異なるとされる[23]。確かにこの三図において本来まっすぐであろう線が歪んでいる。現代的に言えば、他の多くの図は定規で書いたが如くの直線だが、当該の三図の線はフリーハンドで書かれているが如くである。但し、字体の筆跡は同一人物と考えられる。敢えて推測が許されれば、この三図のみ「何らかの事情で」「急いで」書かれたと考えられる。

大乗寺本『五山十刹図』は現在、巻物だが、紙の継ぎ目を見ると、「須弥壇」及び「欄干柱」「香台」で、本来は紙一枚ずつであったと考えられる[24]。即ち、現存大乗寺本制作過程で、この二枚・三図が増補された可能性がある。或いは、三図が一旦紛失し、新たに作画されたかとも考えられる。但し、この三図が東福寺本に存在しないのは単なる偶然であろうか。龍華院本にもこの三図は存在し、筆蹟は他の箇所と同一で、線も直線である（永平寺本に関しては後述）。

そこでもう少し、両本の相違箇所の分析を続けたい。この相違を除けば、大乗寺本の欠落が目立つ。例えば、「天童山景徳寺の伽藍配置」（『資料集』四六頁上段）[25]、「霊隠寺伽藍配置」（『資料集』四七頁上段）、「天台万年山の伽藍配置」（『資料集』四六頁上段）、「径山万寿寺の法座」（『資料集』四六頁下段）、「霊隠寺の倚子」（『資料集』四八頁上段）、「径山万寿寺の衆寮の聖僧宮殿」（『資料集』四八頁下段）、「卓」[26]（『資料集』四九頁下段）、「径山万寿寺の方丈の倚子の図」（『資料集』四八頁下段）[27]、「方丈」[28]（『資料集』五〇頁上段）に一～五字程度の欠落が見られる。また「霊隠寺倚子」（『資料集』四八頁上段・四九頁上段）では装飾が一部省略されている。

だからといって、必ずしも東福寺本が良本というわけではない。「径山万寿寺の僧堂の聖僧宮殿」には東福寺本に五字の欠落がある（「廣一尺六寸」『禅の美術』一九四頁第四段）。「霊隠寺伽藍配置」にも二字欠落がある（「香香」『禅の美術』一九四頁第一段）。

冒頭の「今上天皇万歳牌・南方火徳真君牌」の図から、両本の関係について仮説を提示したい。これは本来、「今上天皇万歳牌・南方火徳星君牌・檀那本命元辰牌」の三牌であるべきものである。しかしながら、大乗寺本・東福寺本とも「檀那本命元辰牌」を欠いている。「檀那本命元辰牌」は永平寺本に存在する（『史料全書』八〇頁上段）。また、本来は「南方火徳真君」ではなく、「南方火徳星君」[29]であるべきだが、大乗寺本・東福寺本とも「真」となっている（永平寺本でも「真」である。『史料全書』八〇頁上段）。ここから大乗寺本と東福寺本とが同一の原本から筆写されたという説が出されたのであろう。しかし、横山秀哉はこの立場はとらない。大乗寺本は、第一紙の長さが三〇㎝と他の紙（四七㎝）より短いことから、「檀那本命元辰牌」の箇所が損傷し、装を改めた際、切り取られた。一方、東福寺本は、第一紙の長さは他と同一ながら「檀那本命元辰牌」が書かれていない。そこで横山は、大乗寺本と東福寺本とは異なった原本から筆写されたとする[30]。

しかし、大乗寺本にある三図が東福寺本に無く、なおかつ東福寺本に無い三図のみ筆蹟が微妙に異なる。両本とも「檀那本命元辰牌」を欠く。一つの仮説として、以下を提示したい。

大乗寺本・原本
〈「檀那本命元辰牌」の箇所破損〉
〈三図を欠く〉
〈紙単位で伝わる〉

　→ 現存・大乗寺本
　　〈巻物化〉
　　〈巻物化の際、破損→箇所を削除〉
　　〈三図を紙単位で巻物に追加〉

　→ 現存・東福寺本上巻
　　〈紙単位の原本を忠実に筆写〉

増補された三図は何の根拠もなかったものではなく、大乗寺に副本のようなものがあり、それに由ったと私は考えている。というのも、大乗寺本を基としたとされる永平寺本にはこの三図が存在するからである（『史料全書』九二頁下段・九五頁下段）[31]。また、〈紙単位で伝わる〉は、冒頭部分だけを論拠としているわけではない。「五山十刹図」は同一寺院の事物が飛び飛びで表現されているゆえ、もともと紙単位で断片的に書かれていたと推測されている[32]。[33]

第３節　将来者及び原図作成者

「五山十刹図」の作成者は誰か？　また「五山十刹図」を日本に持ち込んだ将来者は誰か。古来、道元説・円爾説・義介説の三説が立てられてきた。

しかしながら、道元説・円爾説は早くに否定される。というのも「五山十刹図」「戒臘牌」（『資料集』四五頁上段）に「淳祐七」（一二四七）とあるからである。道元は安貞元年（一二二七）帰朝、円爾は仁治二年（一二四一）帰朝であるから、両者とも将来者ではない。

では義介はどうか？　義介は懐奘の命を受け、正元元年（一二五九）に入宋、弘長二年（一二六二）に帰朝している。従って、年代的には問題はない。

但し、異論もある。まず問題となるのは、義介に関する一次史料で「五山十刹図」に言及がないことである[34]。しかし、宋において、規矩を記録したという史料はある［第1部第2章史料1］。この「記録」が「五山十刹図」を示していると解釈することは充分可能である[35]。義介が清規作成のために入宋した点は、原図作成者の問題とも関わる（後述）。

先行研究で解釈が分かれるのは、天童山の問題である。天童山は康元元年（一二五六）に火災に遭っている。前述の如く、義介が入宋したのは正元元年（一二五九）、帰朝が弘長二年（一二六二）であるから、その頃、天童山が復旧していたとは考えにくい。ゆえに「天童山景徳寺伽藍配置図」を含む「五山十刹図」を義介が作成するのは無理という考え方である。(36)

また、義介が最新鋭の図を収録しているのならば、一番新しい年が南宋・淳祐七年（一二四七）なのは年数が離れすぎている、という説もある。(37)そこで石井修道は、「五山十刹図」にしばしば登場する径山から将来者の問題を考察する。「五山十刹図」成立の下限は先に挙げた南宋・淳祐七年（一二四七）であるが、当時、径山の住持は、無準師範（一一七八～一二四九）であり、円爾の師匠である。そこから、石井は原図作成者を円爾に近い僧とし、また、まず東福寺に将来され、大乗寺本は東福寺での再写とする。(38)石井論考は、一旦否定された円爾将来説を円爾に近い僧とすることで復活させたものといえる。なお、東福寺の伽藍配置は、「五山十刹図」と類似した点があるという。(39)

しかし、石井論考も決定打ではない。まず、年代の問題を今一度考える。確かに「五山十刹図」に記載される天童山は義介入宋時には再建されていなかった可能性が高い。しかし、焼失前の天童山の図が残っていて、それを義介が書写していた可能性も残る。(40)「五山十刹図」自体、元以前の南宋の様子を写している傾向がある。(41)義介入宋時に、天童山が焼失していたことは原図作成者の問題の決定打とならないのである。

次に径山の問題を考察する。確かに「五山十刹図」には径山がしばしば登場し、前述の如く、当時の住持は円爾の師匠無準であった。しかし、義介は所謂曹洞宗寺院のみを来訪していたわけではない。第1部第2章前述の通り、義介は、日本において、東福寺・建長寺等臨済宗寺院を訪れている。従って、義介が径山を来訪していても不可思議ではなく、(42)「五山十刹図」を義介が作成した可能性は残る。

田邊泰は、義介が清規の研究のため入宋した点を重視し、原図作成者・将来者を義介とする[43]。当時、清規の研究に入宋したのは義介に限らないが、今一度注目すべき視点である。というのは、「五山十刹図」は伽藍配置等を記した建築資料であると同時に、清規を記した資料でもあるからである[44]。

少なくとも原図作成者は日本人と考えるべきである[45]。というのも「楞厳会之図」において人名に「日本」という注記がなされている（『資料集』五八頁上段）一方、それ以外に、他に国名・民族名の注記は見当たらないからである。原図作成者の可能性として、義介も「円爾に近い僧」もありうる。将来者に関しても同様である。ただ、本章第２節では大乗寺に原本が存在した、とする仮説を唱えた。この仮説が妥当ならば、将来者は義介となろう。

なお、原図作成にあたって大工等技術者が関与していたとする説も唱えられている[46]。「五山十刹図」は精巧な図面であるゆえ、技術者の関与は充分ありうるであろう。しかし確認すべきは、日本中世において、僧は技術者を指導し、事業を行っていたということである[47]（さらに言えば、僧と技術者とは全くの「別職業」ではなかった。僧の基礎教養として、技術知識が必要であった[48]）。例えば、慈善事業で有名な忍性（一二一七～一三〇三）も技術者との関わりが想定されている[49]。曹洞宗を例に挙げれば、寒巌義尹（第1部第1章前述）や通幻寂霊（第3部第5章後述）は橋を架けたとされるが、これらは僧が技術者を指導して行われたものであろう。また源翁《げんのう》（第3部第6章後述）は、那須で殺生石を調伏し、これをきっかけに石を割る道具は「玄能《げんのう》」（表記は「玄翁」とも）と呼ばれるようになったが、このことは源翁と技術者との密接な関係を示している[50]。「五山十刹図」に関しても同様で、技術者の関与はあり得るとは思うが、少なくとも学識のある僧侶の指導があったものと推定される[51]。従って、仮に本章第2節で提唱した仮説が正しければ、原図作成者として義介が想定されよう。

第4節　さまざまな題名

本章では仮に「五山十刹図」という名称を使ってきたが、所蔵場所により様々な名称で呼ばれてきた。これは、原図に名称が記載されてないからと考えられる。即ち、もともと名前は無かったのである。そのため、各所蔵場所の通称が各々生まれたのである。

「五山十刹図」という名称は不適当とする説もある。この説は、「五山十刹図」は十刹を網羅してはおらず、また五山・十刹には含まれない寺も記していることに由る。しかし、①古来より大乗寺では「五山十刹図」と呼ばれてきた、②五山・十刹の伽藍を中心に記している、という二点を考慮するに、今更名称を変えるのも不適当であろう。[52]但し、名称が一定しないゆえ、論文検索等で不都合が生ずるのも事実である。

第5節　「五山十刹図」から言えること

以上、本章では、「五山十刹図」を巡る先行諸説の整理を試みた。現存するテキストからは不明な点も多く、推測に推測を重ねた箇所もあったが、本章をきっかけに、「五山十刹図」の研究が進めば、本章の意義はあるかと思う。

さてそこで、本書全体との関連を述べたい。本章では大乗寺本と東福寺本との比較から、大乗寺に「五山十刹図」の原本があったとする仮説を唱え、そこから原図作成者・将来者として義介を想定するに至った。仮にこの仮説が正しければ、さらに何が言えるのであろうか。

「五山十刹図」は中国の禅寺を忠実に写実したものであった。これが義介の作とすると、第1部第2章の「義介は永平寺に、当時の禅宗寺院に倣って、五軀神を祀ったに過ぎない」とする記述の傍証となる。

もう一つ確認すると、「五山十刹図」には地蔵堂が登場しない。禅宗と地蔵との関わりは中国起源である[53]。しかし、寺院建築の模範となる「五山十刹図」に地蔵堂が無かったことから、曹洞宗寺院で地蔵堂を建立するのは日本独特の現象と考えられるのである。

註

(1) 材満やえ子・鍵和田孜・大江長次郎「中国古典家具の研究・1五山十刹図に示された宋代家具の歴史的意義について」(『デザイン学研究』第四四号　一九九七年)、岡田哲『ラーメンの誕生』(二〇〇二年　ちくま新書)五〇～五一頁。

(2) 道元禅師鑽仰会『道元』第一〇巻第三号(一九四三年三月号)裏面表紙広告による。価格は七〇円。

(3) 斉藤善夫「『支那禅刹図式』の中の何山寺鐘」(斉藤善夫・大熊恒靖『加賀大乗寺蔵『支那禅刹図式』と摂津仏眼寺鐘』二〇〇三年　*『史迹と美術』第七三五号　二〇〇三年掲載の同名論文の再録)。

(4) 伊藤忠太「五山十刹図に就いて」(『東洋建築の研究　上巻』一九六八年　龍吟社)。

(5) 横山秀哉「支那禅刹図式の研究(一)」(『東北建築学報』第一号　一九五二年)。

(6) 横山秀哉『禅の建築』(一九六七年　彰国社)四八頁。

(7) ちなみに、永平寺本には当該箇所に欠落はない。『史料全書』一〇四頁上段。

(8) 横山秀哉「支那禅刹図式の研究(一)」(前掲)。

(9) 常高寺は、臨済宗妙心派で、お初(お市の方次女)の菩提寺。二〇〇七年、NHK朝の連ドラ「ちりとてちん」のロケに使われた。
(10) 横山秀哉「支那禅刹図式の研究（一）」（前掲）には「伊東忠太氏蔵」とある。
(11) 横山秀哉『禅の建築』（前掲）五一頁。
(12) 横山秀哉『禅の建築』（前掲）五一頁。
(13) 田邊泰「大唐五山諸堂図に就て」（『早稲田建築学報』第八号　一九三一年）三七〜四一頁に掲載される某氏所蔵本（白黒写真版）は常高寺旧蔵本である。横山秀哉「支那禅刹図式の研究（一）」（前掲）。
(14) この点に関し伊東忠太は、もともと彩色があったとする。伊藤忠太「五山十刹図に就いて」（前掲）。しかし、常高寺旧蔵本の成立年代と他本の成立年代とを考えると、もともと彩色があったと断定するのは難しい。
(15) 現存・大乗寺本より筆写した証拠として、東福寺本の箇所で言及した「径山万寿寺の楞厳会の図」の破損箇所が挙げられる。龍華院本では破損箇所を忠実に空白扱いとした上で、「此処本紙破」とある（柳田聖山編『勅修百丈清規左觿・庯峭余録』一九七七年　中文出版社　一三二〇頁）。
(16) 詳しくは柳田聖山「無著道忠の学問」（同編『勅修百丈清規左觿・庯峭余録』前掲）参照。
(17) 横山秀哉「支那禅刹図式の研究（一）」（前掲）。
(18) 横山秀哉『禅の建築』（前掲）四九頁。
(19) 関口欣也「中世五山伽藍の源流と展開」（『五山と禅院』一九八三年　小学館）。
(20) 石井修道「中国の五山十刹制度について」（『印度学仏教学研究』第三一巻第一号　一九八二年）。
(21) 大谷哲夫「徹通義介禅師周辺をめぐりて」（東隆眞編『徹通義介禅師研究』二〇〇六年　大法輪閣）。
(22) 「径山万寿寺の雲版の図」と「径山万寿寺の団扇の図」との間にあることからみると、径山万寿寺の仏殿の須弥壇の図と考えられる。なお、同様の須弥壇が建長寺に現存する。東京国立博物館・日本経済新聞社『鎌倉　禅の源流』（前掲）一八〇頁。形態は『五山十刹図』とほぼ同じだが、模様は異なる。

(23) 横山秀哉『禅の建築』（前掲）四七頁。

(24) 紙の継ぎ目が明確なのは当該の箇所のみならず、他の箇所でもはっきりとしている。なお、念のため、古径荘版を確認したが、このことは同様であり、紙の継ぎ目が明確なのは、一九六二年の修理によるものではない。

(25) 右上において「経蔵」の二字が欠落。また、左下において「頤堂　東頭　前資」とあるが、近接箇所にも「東頭」とあるので、「頤堂　浄頭　前資」（東福寺本）が原形を留めていると解釈される。

(26) 「径山万寿寺の僧堂の倚子の図」と「径山万寿寺の方丈の倚子の図」との間にあるので、やはり径山万寿寺の卓か。

(27) 但し、この欠落は破損によるもの。

(28) 東隆眞は径山万寿寺の方丈ではないか、としている。東隆眞「大乗寺本『五山十刹図』」（同編『徹通義介禅師研究』前掲）。

(29) 例えば、『瑩山清規』にも「南方火徳星君」とある。『瑩山禅　第六巻』一一七頁。

(30) 横山秀哉『禅の建築』（前掲）四八～四九頁。

(31) 気になる筆蹟であるが、永平寺本の当該図は、大乗寺本ほど「乱れ」はない。しかし、若干、直線に乱れが認められ、「須弥壇」の図の右側が大乗寺本同様消えている。おそらく現存・大乗寺本と同一の原本を基にしていたと考えられる。

(32) 例えば天童山景徳寺に関しては、『資料集』四六頁上段に「伽藍配置」があり、かなり飛んで『資料集』五一頁下段に「山門扉の図」・「窓の図」があり、さらに飛んで『資料集』五七頁上段に「宣明（浴室）の図」がある。他の寺院も同様である。

(33) 田邊泰「大唐五山諸堂図に就て」(前掲)。
(34) 横山秀哉『禅の建築』(前掲) 六三頁。
(35) 東隆眞「大乗寺本『五山十刹図』」(前掲)。野村俊一は、「五山十刹図」を絵画と見なし、そこから規矩を記録した義介を将来者とすることに疑問を提示している。野村俊一「『五山十刹図』制作・将来者再考」(『仏教芸術』第三三六号 二〇一四年)。野村が義介説に否定的なのは、中世曹洞宗の史料において、「五山十刹図」に言及したものが無いことも一因とする。中世曹洞宗の史料が希少であることを考慮すると、これも決定打たりえない。
(36) 横山秀哉『禅の建築』(前掲) 六五～六六頁。
(37) 石井修道「中国の五山十刹制度について」(前掲)。
(38) 石井修道「中国の五山十刹制度について」(前掲)。
(39) 太田博太郎「禅宗建築はいつ伝来したか」(『日本建築学会論文集』第四二号　一九五一年)。但し、太田は、東福寺の伽藍は純粋に唐様ではなく、日本的要素もあるとする。
(40) 佐藤秀孝「徹通義介の入宋と禅林視察について」(東隆眞編『徹通義介禅師研究』前掲)。
(41) 伊藤忠太「五山十刹図に就いて」(前掲)。但し、伊藤は元以降の地名も存する、とする。
(42) 佐藤秀孝「徹通義介の入宋と禅林視察について」(前掲) は、義介が径山に赴き、当時の住持、広聞に会う理由があった、としている。
(43) 田邊泰「大唐五山諸堂図に就て」(前掲)。
(44) 横山秀哉「支那禅刹図式の研究(二)」(『東北建築学報』第二号　一九五二年)。
(45) 斉藤善夫は「何山寺鐘の図」(『資料集』五七頁下段) の分析から同図に関し、「中国在来の絵図を底本にしたものではなく、目的意識を持って渡宋した日本人が自ら調査し、みずからの手で描いたであろう」と述べている。「『支那禅刹図式』の中の何山寺鐘」(前掲)。

(46) 田中淡「中国建築の知識は如何なる媒体を通じて日本に伝えられたか」(東野治之・他著『考古学の学際的研究』二〇〇一年　昭和堂)。

(47) 菊池勇次郎「中世奥山庄の真言修験」(『新潟史学』第一号　一九六八年)、中野豈任「白河庄の中世鉱業と修験」(『新潟史学』第一号　一九六八年)、井上鋭夫「中世鉱業と太子信仰」(『山の民・川の民』一九八一年　平凡社)一〇二～一四一頁、伊藤正敏『日本の中世寺院』(二〇〇〇年　吉川弘文館)二九～三〇頁。

(48) 伊藤正敏『日本の中世寺院』(前掲)二一～二三頁。

(49) 望月友善「中世の石大工」(『日本の石仏』第八号　一九七八年)、三浦圭一「鎌倉時代における開発と勧進」(『日本史研究』第一九五号　一九七八年)。

(50) 石川力山「中世曹洞宗の地方展開と源翁心昭」(『印度学仏教学研究』第三一巻第一号　一九八二年)。

(51) 例えば、識字の点を考慮すべきであろう。というのも、学識を有する僧でなくては禅文化を詳細に記述することはできないからである。横山秀哉『禅の建築』(前掲)六二頁。

(52) むろん、大乗寺以外の所蔵場所で伝えられてきた名称を否定するわけではない。

(53) 阿部肇一「唐代九華山地蔵伝について」(『禅宗社会と信仰』一九九三年　近代文芸社)、F. Wang-Toutain "Le Bodhisattva Kṣitigarbha en Chine du Ve au XIIIe siècle" (1998 Presses de l'École française d'Extrême Orient) p. 158, pp. 247～258. "Le Bodhisattva Kṣitigarbha en Chine du Ve au XIIIe siècle"に関しては、菊池章太「地蔵信仰の原風景」(『東方』第一六号　二〇〇〇年)、清水邦彦「F. Wang-Toutain 著『五～十三世紀の中国地蔵信仰』考」(『宗教研究』第三

三五号　二〇〇三年）参照。

＊本章作成にあたり、貴重資料の閲覧をお許しくださった大乗寺・石川県立美術館・駒澤大学に深く感謝する。また、平成一七年度〜二一年度文部科学省特定領域研究「東アジアの海域交流と日本伝統文化の形成」事務局より資料の提供を受けた。深く感謝する次第である。田村航先生（小山高専講師）には資料閲覧に同行していただき、その後も資料解釈に助言をいただいた。

まとめ

第1部では、まず、道元の継承者、懐奘には独自の著作があるものの、その思想は道元を継承したものであることを論じた。

結果的に永平寺から身を引くこととなる義介は、新たな儀礼を導入するなどしたことから、先行研究において、曹洞宗の密教化を導いたとされたこともあった。しかし、義介の思想・行状を道元と比較すると、新たな儀礼の導入といっても、基本的には道元からの継承に過ぎなかった。では、坐禅を中心とする曹洞宗に、新たな要素を導入したのは誰か？　第2部ではまず、現・日本曹洞宗で太祖と呼ばれる瑩山から分析を始める。

第2部　確立期

第2部では、総持寺を曹洞宗に改宗し、現・日本曹洞宗で太祖と呼ばれる瑩山、及び瑩山の二大弟子、明峯及び峨山を中心に取り上げる（論の都合上、明峯の門流も取り上げる）。明峯は北陸地方の地盤を固め、峨山はその後の全国展開の基礎を作った。ゆえに確立期とした次第である。

第1章　瑩山紹瑾（一二六八～一三二五）

第1節　生涯―永光寺開創まで―

越前国の生まれ。出自不明。十一面観音の申し子と伝わる。建治元年（一二七五）、永平寺に登り、懐奘・義介から教えを受ける。弘安八年（一二八五）より、諸国を行脚して寂円に学び、さらに臨済禅・天台学を学ぶ。永仁三年（一二九五）、義介より印可を受ける。この後、阿波国城萬寺[1]の住持となる。当地に大乗寺の檀那である冨樫氏の縁者がいたという伝承もあるが、詳細は不明である[2]。さほど縁のない地での寺院運営は苦労があったと想定される。

正安三年（一三〇一）、加賀国に浄住寺[3]を開創する。

乾元元年（一三〇二）、大乗寺第二世となる。応長元年（一三一一）、大乗寺を退く。次の住持は、臨済宗法燈派の運良であった。江戸時代と異なり、本山―末寺関係のない時代であり、また、曹洞宗と臨済宗法燈派とは密な交流をしていたとはいえ[4]、義介が開創した寺を他宗派に譲るというのは不可解といわざるを得ない。この点について『野々市町史』は檀那冨樫氏の意向という説を唱えている[5]。

第2節　永光寺

大乗寺を後にした瑩山は正和二年(一三一三)、能登国羽咋郡に永光寺を開創する。永光寺は、もともと観音堂があったと考えられる[史料1]。現在、永光寺には平安時代後期作とされる聖観音菩薩坐像(頭部)が伝わる[6]。観音だからといって、直ちに白山天台との関連と判断してはならない。永光寺本尊の脇士は虚空蔵像なので、石動修験との関係も想定されるからである[7]。ちなみに本尊は釈迦如来であり、釈迦・観音・虚空蔵という釈迦三尊である。

なお、瑩山『洞谷記』には、永光寺開創にあたり、守護神が夢に出てきて、野菜を届けてくれた記述がある[史料2]。神が寺の開創を助けるという点で、後の「神人化度説話」の先駆けと位置付けられる。

また、本尊である釈迦像は、在地の檀那が追善供養のために寄進したものである[史料3]。

永光寺は正和元年(一三一二)、能登の地頭、酒匂頼親の娘、平氏女とその夫が土地を瑩山に寄進したことから始まったとされる[史料4]。平氏女の寄進はその後も続く[8]。その意図は、父の追善・兄及び自身の「善願」のためであった[史料5・6]。従って、瑩山は永光寺において、檀那の要請により、何らかの葬祭儀礼を行っていたと考えられる。

第3節　総持寺—放光菩薩を中心に—

総持寺は、もとは諸岳寺観音堂[9]という密教系寺院であった。詳しくは真言宗とも真言律宗とも白山天台ともいわれる。

真言宗説は、「総持寺」という名前からきている。[10] 確かに「総持」は「陀羅尼」の意であり、「真言」の意にもなる。なお、真言宗説は古くから唱えられている[史料7]こともあって、地元では「定説」となっている。[11]

これに対し、真言律宗説[12]は、瑩山に寺を譲った、前住・定賢が「権律師」であったことを由来とする[史料8]。真言律宗は、中世において一大勢力であり、[13]能登に教線を伸ばしていても不可思議ではない。が、「律師」は官職名に過ぎず、真言律宗に限定されるわけではない。

白山天台説は、瑩山『総持寺中興縁起』において、当地ではもともと白山・山王・行基が祀られていたとあることによる[史料9]。能登半島という場所柄を考慮するに、「白山」は白山天台で祀る白山神であろう。「山王」は比叡山の護法神山王権現であろう。「行基」は若干問題だが、天台系の寺院で行基開創伝説を持つものもあり、天台寺院で行基が祀られていてもおかしくはない。[14]

東隆眞は、『総持寺文書』に残る土地寄進状[史料10]に「護摩堂」とあることから密教系であったことだけは間違いない、としている。[15] 卓見であろう。念のため確認しておけば、当時の天台は密教化していた。密教系であることと白山天台であることとが両立しないわけではない。

総持寺改宗・再建にあたり、瑩山は、前身の寺に存した放光菩薩像の安産の職能を皇后を引き合いに出して述べ、その信仰を荘民に鼓舞している[史料11]。このことは四つの点で大きな意味を持つ。第一点は、安産という現世利益を強調している点である。道元にしても義介にしても、土地神や伽藍神を認めてはいたが、これはあくまで護法神という位置付けであった。これに対し、瑩山は在家女性に対して、安産の功徳を説いているのである。

第二点は、瑩山が前の寺に存した放光菩薩を祀り続けたことである。[16] 放光菩薩は、観音・地蔵の二体から成る。即ち、確認できる限り、曹洞宗寺院で地蔵像を祀った最初である（序章で永平寺の地蔵像が永平寺開創以前まで遡れる可能性を示唆したが、あくまで可能性である)。但し、瑩山の他の著作には、地蔵の名は登場しない。瑩山にとって信仰の中心は観音であった。例えば瑩山が総持寺の門を建てたのは、夢で観音のお告げを受けたからである[史料12]。とすると、瑩山の総持寺放光菩薩像に対する信仰は観音を中心としていたと考えられる。

第三点は、瑩山が放光菩薩像に対し、中国や日本の皇后を引き合いに出して説明をしている点である。これは瑩山の創作ではない。例えば、宋代の地蔵説話集、『地蔵菩薩応験記』第一話では、則天武后が放光菩薩像を信仰していたとされる[17][史料13]。『地蔵菩薩応験記』は少なくとも久安四年(一一四八)には日本に入ってきており[史料14]、宗性『弥勒如来感応抄』(文応元年(一二六〇)頃成立)第五に「地蔵菩薩応験記云」という形で計八話が引用されている[18]。ここで確認すべきは、大乗寺で瑩山と交流があった運良は、東大寺戒壇院で、宗性(一二〇二〜一二七八)の弟子、凝然(一二四〇〜一三二一)と交流があった点である(第2部第4章後述)。むろん、宗性→凝然→運良→瑩山、という単一的影響関係を述べているわけではない。瑩山が放光菩薩の存在を知りうる状況であったことを確認しているのみである[19]。『三宝感応要略録』下巻第三〇話[20]や『阿娑縛抄』所収の話[21]はほぼ同じ話であり、瑩山の情報源はここであった可能性もある[22]。日本の皇后に関しては、白河天皇の中宮賢子や、鳥羽天皇の中宮璋子の出産の際、放光菩薩供養が行われたことが記録に残っている[23]。

第四点は、瑩山が在地の荘民に―文面上かもしれないが―、直接語りかけ、信仰を鼓舞している点である。この点も道元や義介に見られなかったことである。総持寺の檀那といえば、地頭長谷部氏が有名であるが、長谷部氏による寄進の記録は、瑩山在世中には見られない[24]。総持寺開創当時の檀那は、今日には名前の伝わらない在地領主たちと考えられている。なお、元亨三年(一三二三)、瑩山は「檀那正信せず」と記している[史料15]。この場合の「正信せず」は、「十分な信仰を持っていない」の意であろう。即ち、当時、総持寺には固定的な檀那がいなかったことを意味している。瑩山が記したとされる『総持寺十箇条之亀鏡』にも「当寺檀越無き」[史料16]と記している。『総持寺十箇条之亀鏡』は曹洞宗内では重要視され、輪住制の根拠となった。但し、『総持寺十箇条之亀鏡』に記される天皇との関わりは、瑩山在世には認められず、先行研究では『総持寺十箇条之亀鏡』は後世に成立したものと見なされてきた。原本を確認した東隆眞は、巻尾の「捴持」という表記から古態を伝えているとし、瑩山没後まもなく門人がまとめたものとする。(25) 成立年代が明確でない点において、使いにくい史料ではあるが、初期総持寺において、固定的な檀那がいなかったことを伝えていると解釈できよう。

第4節　『瑩山清規』

瑩山には著作が多数残っている。本章では、『瑩山清規』を重点的に取り上げる。というのも『瑩山清規』はこれまでの清規を踏まえた上で、新たに曹洞宗の清規として瑩山が造り出したものであり、(26) ここに瑩山思想の特徴を見られるからである。また、『瑩山清規』はその後の曹洞宗の清規に多大な影響を与え、その影響は現代にまで及んでいる。

『瑩山清規』の特徴として、第一に祈禱対象の〝神〟の範囲が、伽藍神から日本の神々に拡大していることが挙げられる(27)[史料17]。こうした祈禱的要素は、道元においては希薄であったが、一三世紀の中国禅宗寺院では一般的であった。(28) なお、瑩山が道元から「自由」であったことに関しては、瑩山の生誕が道元の没後であり、生前の道元に触れてなかったことを一因とする。(29)

また[史料17]から、『瑩山清規』では檀那の安全を祈ることも規定されていることも分かる。瑩山没後のことだが、総持寺文書でも檀那の安全を祈ったものがある[史料18]。従って、『瑩山清規』で檀那の安全を祈っていたのは、檀那からの欲求に応えるものだったと想定される。

このことは『瑩山清規』の第二の特徴、檀那＝在家の葬祭供養の儀礼を記していることからもうかがえる[史料19・20]。[史料19]には「某甲」とあり、瑩山(及びその弟子)は、これを雛形として、亡くなった在家を対象とする葬祭儀礼を行っていたと考えられる。なお、瑩山が檀那に対して、葬祭儀礼を行っていたことは既に本章第2節で論じた。また、「禅門」とあることから、亡くなった在家を僧と見なすことで、葬祭儀礼を行っていたと推測される。というのも中国において禅僧の生活を規定した『禅苑清規』(一一〇三年成立)には、亡くなった僧に対する葬祭儀礼は記載があるが、在家に対する葬祭儀礼は記されていない[30]。つまり、「模範」がなかったのである。そのため、在家を僧と見なすことによって、僧に対する葬祭儀礼を適用したと考えられる[31]。但し、亡者授戒(第4部第5章後述)を含む没後作法の儀礼を瑩山が行っていたかどうかは現存史料からは不明である。また、こうした在家を出家と見なす手法は瑩山の発明によるものではなく、それ以前から臨終出家・死後出家という形で、日本に存在していた[32]。

瑩山の葬祭儀礼において、本論との関係で確認すべきは、瑩山は葬祭儀礼に地蔵を活用していなかったことである。

瑩山が城萬寺・大乗寺において檀那に苦労したことは先に述べた。また瑩山の師、義介も檀那との関係から永平寺から身を引かざるをえなかった。そこで瑩山は檀那を重視し、そこから種々の儀礼を導入したと考えられる。『洞谷記』では、檀那を仏のように敬え、としている[史料21][33]。

以上見てきた通り、日本曹洞宗で現世利益的要素や葬祭儀礼を在家用に導入したのは、瑩山であった。それ以前の義介において、伽藍神を祀ってはいたが、在家のために現世利益的儀式を大々的に行っていたわけではない。瑩山は放光菩薩の安産の功徳を荘民に唱え、また、現世利益を目的として様々な神への祈禱を行うようにした(34)。さらに檀那の要求に応えるため、亡くなった在家の檀那を僧と見なし、在家個人のために死者供養の儀礼を行った。瑩山の導入した葬祭儀礼は、個人のためという点で、道元の「死者供養」の法語（序章前述）とは異なる。これらの事柄は瑩山が檀那との関係を重視していたことを背景としていた。

地蔵との関係でも瑩山は重視すべきである。日本曹洞宗寺院で初めて地蔵像を祀ったことが確認できるのは総持寺である。但し、放光菩薩としての一体であり、瑩山はもう一体の観音を重視していた。

註

（1）天正三年（一五七五）に兵火に焼かれ廃寺となり、「門前」「釈迦藪」という地名が残っている。跡地から地蔵像（室町時代前期作）が発掘されていることが注目される。海部町史編集部『海部町史』（一九七一年　徳島県海部郡海部町教育委員会）二五頁・三七～三九頁。戦後、城満寺として、現・海部郡海陽町吉田に再建される。

（2）東隆眞『瑩山禅師の研究』（一九七四年　春秋社）八〇～八二頁、同『敬礼　大乗寺開山　徹通義介禅師』（二〇〇七年　大乗寺）二三頁。

（3）もともと現・石川県金沢市橋場町だったが、江戸時代に現・金沢市長土塀に移転し、現存する。

（4）曹洞宗と臨済宗法燈派との交流は、法燈派の祖、無本覚心（一二〇七～一二九八）が道元に戒を授かることまで遡れる。東隆眞「初期の日本曹洞宗と臨済宗法燈派との交渉」（岡本素光博士喜寿記念会『禅思想とその背景』一九七五年　春秋社）。その後の交流に関しては、前掲の東論文とともに葉貫磨哉「洞門禅僧と法灯派の交流」（『中世禅林成立史の研究』

一九九三年　吉川弘文館)、佐藤悦成『総持二世　峨山禅師』(一九九六年　大本山総持寺)二二三頁、中尾良信「瑩山禅師と法燈派」(『曹洞宗学研究所紀要』第一号　一九八八年)、同「曹洞宗と臨済宗との交渉」(曹洞宗学研究所『道元思想のあゆみ2』一九九三年　吉川弘文館)、佐藤秀孝「恭翁運良・孤峰覚明と初期曹洞宗教団」(『禅学研究』第七七号一九九九年)参照。

(5)野々市町史編纂専門委員会『野々市町史　通史編』(前掲)一七三頁。

(6)石川県羽咋市教育委員会『永光寺史料調査報告書』(前掲)一八頁。

(7)佐藤俊晃「石動山信仰と能登瑩山教団」(『宗教学論集』第一二輯　一九八五年)。但し、東隆眞監修『図説永光寺ものがたり』(二〇〇二年　永光寺)では、脇士が観音・虚空蔵である理由を華厳思想の反映としている(三四頁)。

(8)この記述は、瑩山が記した『洞谷記』[史料4]に基づいた場合のものである。古文書で裏付けがとれないため、或いは『洞谷記』の記す年代に錯誤があり、文保二年(一三一八)が初めての寄進である[史料6]可能性もある。

(9)今日、能登総持寺祖院慈雲閣に木像白衣観音像(僧形観世音座像)が祀られる(輪島市文化財)。これは諸岳寺観音堂の本尊と伝わる。西山郷史・他『能登国三十三観音のたび』(二〇〇五年　北国新聞社)一二二頁。鎌倉〜南北朝時代の作とされ、瑩山以前に遡る唯一の可能性を持った仏像である。門前町史編さん委員会『新修門前町史　資料編2　総持寺』(二〇〇四年　門前町)三〇二頁、逸見梅栄「総持寺の仏像」(瑩山禅師奉讃刊行会『瑩山禅師研究』一九七四年　瑩山禅師奉讃刊行会)。当該の観音像は秘仏であり、毎年七月一七日の観音祭りにのみ開帳される。ただ、祭りの最中に、のぞき込むわけにもいかないので、研究にあたっては西山郷史・他『能登国　三十三観音のたび』(前掲)一二二頁、門前町史編さん委員会『新修門前町史　資料編2　総持寺』(前掲)口絵六頁に掲載される写真を活用した方が得策である。

(10)栗山泰音『総持寺史』(一九三八年　大本山総持寺)一三五頁。

(11) 関口道潤『曹洞宗大本山　総持寺祖院』(一九九三年　大本山総持寺祖院)七三頁。
(12) 室峰梅逸『総持寺誌』(一九六五年　大本山総持寺)一頁。
(13) 松尾剛次『破戒と男色の仏教史』(二〇〇八年　平凡社新書)一五〇頁。
(14) 根本誠二『行基伝承を歩く』(二〇〇五年　岩田書院)、国書刊行会編集部編「行基ゆかりの寺院」(井上薫編『行基事典』一九九七年　国書刊行会)。
(15) 東隆眞『瑩山禅師の研究』(前掲)二三五頁。
(16) 放光菩薩像は中世においては放光堂に祀られていた。室峰梅逸『総持寺誌』(前掲)九六頁。但し、現在、能登総持寺祖院放光堂には地蔵像しか祀られていない。逸見梅栄「総持寺の仏像」(前掲)。
(17) 『旧唐書』『新唐書』『資治通鑑』の則天武后の項には、放光菩薩の記述はない。しかし、則天武后と仏教との関わりを考慮すると、『応験記』第一話はあながち伝説とは片づけられない。清水邦彦「日本における放光菩薩信仰の展開」(『比較民俗研究』第一六号　一九九九年)。
(18) 第四・六・九・一〇・一三・一六・一八・二〇話。平岡定海『日本弥勒浄土展開史の研究』(一九七七年　大蔵出版社)五三九～五五〇頁。
(19) 念のため確認したのは、放光菩薩は経典には登場しない菩薩だからである。小林太市郎「童子経法及び童子経曼荼羅」(『密教研究』第四八号　一九四三年)。
(20) 『国訳一切経　和漢撰述部・史伝部二〇』二七五～二七六頁。
(21) 鈴木学術財団『大日本仏教全書　第五九巻』四六頁。
(22) さらに言ってしまえば、「総持寺中興縁起」では、則天武后の名前を挙げておらず、また「広善寺」となっていることから、瑩山は文献ではなく、口承で放光菩薩の知識を得たのではなかろうか？「広善寺」に関しては不詳（『応験記』等では「善寂寺」）。東隆眞は「興善寺」（現・陝西省西安市）とする仮説を唱えている。東隆眞『太祖瑩山禅師』（一九九六年　国書刊行会）六八一頁。

(23) 承暦四年（一〇八〇）、白河天皇の中宮賢子が皇子（後の堀河天皇）を出産する際、放光菩薩供養を行ったことは、『阿娑縛抄』（前掲、四九頁）に記録がある。小林太市郎「童子経法及び童子経曼荼羅」（前掲）の指摘による。元永二年（一一一九）、鳥羽天皇の中宮璋子が皇子（後の崇徳天皇）を出産する際、放光菩薩供養を行っていたことは『中宮御産部類記』（『新校群書類従』第二二巻、八三四頁下段）に記録がある。

(24) 門前町史編さん専門委員会『新修門前町史　通史編』（前掲）八九頁。

(25) 東隆眞『太祖瑩山禅師』（前掲）七六六頁。

(26) 『瑩山清規』の史料性に関しては、鏡島元隆「清規上における『瑩山清規』の意義」（瑩山禅師奉讃会編『瑩山禅師研究』一九七四年　春秋社）、尾崎正善「『瑩山清規』の変遷について（二）」（『曹洞宗宗学研究所紀要』第六号　一九九三年）、竹内弘道「禅林寺本『瑩山清規』考察」（『宗学研究』第四六号　二〇〇四年）参照。

(27) この点は、既に鏡島元隆の指摘がある。鏡島元隆「『瑩山清規』の特質」（『道元禅師とその周辺』前掲）。

(28) 佐橋法龍『峨山紹碩』（一九六四年　御茶水書院）一五一〜一五三頁。但し確認すべきは、このことは当時の、中国の禅林が禅修行を疎かにしていた、ということではない。むしろ、禅修行を行っていたからこそ、民衆の信仰を得たのである。阿部肇一『禅宗社会と信仰』（前掲）一五〇頁。この過程は本書で取り上げる、日本における曹洞宗の民衆化と軌を一にしている。

(29) 水上勉『禅とは何か』（一九八八年　新潮社）一〇九頁。なお、本書のこうした立場は、道元と瑩山との相違を強調するものであるが、当然、瑩山の思想には道元を継承している面もある。例えば、東隆眞「『瑩山和尚清規』にあらわれた道元禅師の影響」(『宗学研究』第二〇号　一九七九年)参照。

(30) 例外としては、中峰明本『幻住庵清規』(一三一七年成立、『大日本続蔵経　第一輯第二編第一七套第四冊』所収)の、「薦亡焼香疏」の割註に「僧俗男女適応すべし」(原漢文、四二九頁下段)とあることである。割註なので、原文に存したかは不明。但し、広瀬良文は、他の箇所に関し、『幻住庵清規』(あるいは同時代の清規)→『瑩山清規』という影響関係を想定している。広瀬良文「中世前期禅宗と神祇・神人化度とその周辺」(『曹洞宗研究員研究紀要』第四三号　二〇一三年)。当該の割註が『幻住庵清規』の原文にあるのであれば、ここからの影響も考察する必要がある。

(31) 松浦秀光『禅宗の葬法と追善供養の研究』(一九六九年　山喜房)一四五頁。当時は、出家と在家とが明確に区別されていなかったことも背景として挙げられる。伊藤良久「曹洞宗教団における葬祭史」(『宗学研究紀要』第一四号　二〇〇一年)。

(32) 三橋正「臨終出家の成立とその意義」・「臨終出家から死後出家へ」(『平安時代の信仰と宗教儀礼』二〇〇〇年　続群書類従完成会)。

(33) この点については、既に原田正俊『日本中世の禅宗と社会』(一九九八年　吉川弘文館)二九四頁に指摘がある。

(34) 先行研究ではこうした現世利益的要素を「密教的」と呼んできた(第1部第1章註(1)前述)。このことに対する批判として、竹内弘道「瑩山禅師と密教の関係について」(『印度学仏教学研究』第四九巻第一号　二〇〇〇年)が挙げられる。

第２章　明峯素哲（一二七七〜一三五〇）とその弟子

瑩山の弟子として著名なのは、明峯素哲と峨山韶碩の二名である。全国展開し、数的主流となるのは峨山の弟子たちであったが、明峯素哲とその弟子たちも無視できる存在ではない[1]。以下、明峯とその弟子に関し考察を加える。

なお、瑩山の弟子として、峨山・明峯以外にも無涯智洪（?〜一三五一）等がいる[2]。

第１節　明峯素哲

建治三年（一二七七）生まれ。生誕地は加賀国とも能登国とも京ともいわれる。佐藤秀孝は、京説はさほど根拠がないとした上で、加賀と能登との境界辺りで生まれたとする説を唱えている[3]。俗姓は不詳だが、冨樫氏の出という説もある。

永仁元年（一二九三）、比叡山で出家し、戒を受けたとされる。その後、比叡山に疑問を持ち、永仁二年（一二九四）、建仁寺（臨済宗）に参学する。同年、故郷である加賀国に帰り、大乗寺の瑩山の元に参禅するのである。修行の末、正安三年（一三〇一）印可を受ける。この後、大乗寺の典座になっている。

この頃、明峯は臨済宗法燈派の恭翁運良（第２部第４章後述）にも指導を受けている。瑩山の弟子、峨山も同様に運良に師事したことがあり、おそらく運良への師事は両人とも瑩山の指示であったと考えられる。

また正和五年(一三一六)以降、諸国を遊学したとされ、元に渡ったとする説もある。その後、建仁寺の塔院を管理するようになる。

元亨三年(一三二三)、永光寺に戻り、瑩山によって、永光寺の首座に任ぜられている。正中二年(一三二五)、亡くなる直前の瑩山より、永光寺第二世の住持を任される。

嘉暦二年(一三二七)、越中国氷見に光禅寺を開創している(富山県氷見市丸の内に現存)④。氷見湊という場所から御家人勢力が檀那であったと考えられている⑤。光禅寺在住時、氷見海上の唐嶋に弁財天を祀ったとされる。唐嶋は光禅寺の鬼門に当たるので一種の伽藍神の意と考えられる⑥。本書との関係で言えば、光禅寺には地蔵像が祀られている。平安時代の作である⑦。その由来は不詳だが、『氷見光禅寺書類』には地蔵の名があり[史料1]、廃仏毀釈等によって外部より持ち込まれたものではなさそうである。一つの可能性としては光禅寺以前に旧仏教の堂宇が存在し、その地蔵像をそのまま祀り続けたと考えられるが、特に論拠があるわけではない。

『光禅開山老和尚行業記』によって、当時、光禅寺において、「地主像王権現」が祀ってあったことが分かる[史料2]。佐藤秀孝は、[史料2]に「食輪を転じ」とあることから、地主像王権現によって在地の人々の信仰を集めたと解釈している⑧。問題は、この「地主像王権現」が何であるか、である。佐藤は、①現在、光禅寺にある地蔵像、②蔵王権現、の二つの可能性を提示している⑨。地主像王権現が仮に地蔵でなくとも、当時の曹洞宗寺院運営の一端を考えることができる事例である。建武四年(一三三七)、永光寺の住持を辞し、大乗寺に入り、住持となっている。前住は臨済宗法燈派の恭翁運良である。恭翁が大乗寺を去ったのは、嘉暦三年(一三二八)頃とされるので、しばらく大乗寺には住持不在期間があったと考えられる。大乗寺住持の際、白山神に戒を授けたと伝わる(後述)。

明峯は寺を多く開創したわけではないが、永光寺第二世であり、また大乗寺を曹洞宗に戻したという事績もある。

明峯の生涯を見ると、後述する峨山派に見られる奇瑞や現世利益といった要素は希である。但し、伝説がないわけではない。

その一つが『続扶桑禅林僧宝伝』に見られる、大乗寺における神人化度説話（＝人となって現れた神を僧が化度する説話）である［史料3］。説法の最中に、白山神が人の姿で現れ、戒を授かることを請う。戒を授かった白山神はお礼に池を造ってくれ、その池の水は絶えず満ちていた、という筋である。但し、『続扶桑禅林僧宝伝』は貞享三年（一六八六）成立、元禄六年（一六九三）刊行なので、この説話を史実として認めて良いかどうか、疑問である。大乗寺は天正八年（一五八〇）に柴田勝家軍によって焼失、紆余曲折を歴て[10]、元禄一〇年（一六九七）に現・石川県金沢市長坂町に移っているので、神人化度説話が江戸時代に作られたものとは思えない。が、それにしても明峯の時代にまで遡るのは疑問である。

なお石川県野々市市にある大乗寺跡には、「神授白山水根源霊池」として残っていたとされる[11]が、二〇一五年現在では見当たらなかった。

もう一つの伝説が光禅寺の青磁南京鉢に関するものである。『氷見市史』には「中国径山寺の火災を察知した明峰《ママ》の法力で鎮火したので中国より礼として唐島とともに光禅寺現存の青磁南京鉢が送られたと伝えている」（二〇〇五頁）とある[12]。しかし、『越中古文書』所収「光禅寺所蔵品等」には、天童山より授かったとあり［史料4］、『氷見市史』と一致しない。だからといって、必ずしも『氷見市史』の伝説が後世に作られたものとはならないが、史実（あるいは中世に遡る伝説）とするにはかなり留意すべきものといえる。

以上、明峯にまつわる伝説を二つ紹介し、いずれも中世にまで遡るのは難しいとする解釈を行った。以上の判断を私が行ったのは、『明峯和尚法語』では主に坐禅修行の方法と用心を説いており［史料5］、このような伝説と連関する記述がないからである（むろん、著作とは別に奇瑞を使って布教していた可能性は残るが。）なお、光禅寺のある氷見に関しては、第2部第4章で補足説明を行う。

第2節　明峯の弟子たち

明峯は、大乗寺や永光寺で弟子を多数育てており、その法脈は後に明峯派と呼ばれるようになる。明峯の弟子たちは北陸を中心に寺を開創するが、北陸に限定されるわけではない。以下、弟子たちの行状・思想を概観する。

①大智祖継（一二九〇～一三六六）

大智は明峯の嫡流と言っても良い、有力弟子である。以下、簡潔に大智の生涯を論述する。

正応三年（一二九〇）、肥後国に生まれる。永仁三年（一二九五）、地元の大慈寺に入る。大慈寺は道元の弟子である寒巌義尹（第1部第1章前述）が開いた寺で、当時、義尹は健在であった。義尹は九州で布教する際に架橋等土木事業も行っている。東隆眞は、義尹から直接教わることはあったかもしれないが、大智の年齢からいって、どこまで理解できたかは疑問が残る、としている。[13]これは忘れてはならない指摘だが、一方、その後の曹洞宗の展開で同様の土木事業行っていることを考えると、大智を通して義尹の影響が曹洞宗にあった可能性もある（但し、大智自身は土木工事を行った痕跡は見られない）。本書では義尹の影響に関し、このような言及を行うに留め、詳しい論証は今後の課題としたい。

正安二年（一三〇〇）、義尹が亡くなると、鎌倉や京に遊学する。例えば、建長寺で南浦紹明（一二三五～一三〇九）

に相見している。後、加賀国大乗寺の瑩山のもとで学んだ。正和三年（一三一四）、元に渡り、五位思想を学ぶ（このことが峨山に影響を与えた可能性があることは後述する）。この際、『幻住庵清規』の著者である、中峰明本に相見している。正中元年（一三二四）に帰国し、明峯に弟子入りをする。[14] 嘉暦二年（一三二七）、加賀国吉野郷河内庄に祇陀寺を開創する。[15] 河内庄の地頭結城氏が檀那であったと考えられる。[16] 元徳二年（一三三〇）頃、肥後国菊池氏の招きを受けて、広福寺を開創した（熊本県玉名市に現存）。元弘三年（一三三三）、明峯より印可を受ける。その後は肥後国を中心に活動し、暦応元年（一三三八）、聖護寺を開創した（一旦廃絶するも現・熊本県菊池市に再興）。聖護寺に関しても菊池氏が檀那であり、暫くは菊池氏の氏寺であった。[17] その後は聖護寺に居住していたが、延文二年（一三五七）、聖護寺を離れ、祇陀寺や広福寺を往来していたとされる。延文三年（一三五八）、肥前国に水月庵ができ、ここを中心に居住していた。貞治五年（一三六六）、水月庵にて没する。水月庵は円通寺として長崎県島原市に現存する。

確認すべきは、大智の行状に〈神人化度説話の如くの〉奇瑞は伝わっていないことである。[18]

大智は亡くなる際、全ての語録を焼いたとされるが、『広福寺文書』の中に『仮名法語』『十二法語』の二つの仮名法語が残っている。この二つの法語はいずれも在家に対して説かれたものである。『仮名法語』は在家一般に対して説かれたものである［史料６］。『十二法語』は、檀那菊池武時に対して説かれたものと伝わる。[19] 両書とも、坐禅の重要性を説いている［史料７・８］。また特徴として、「在家の持戒」を説いていることが挙げられる［史料９］。曹洞宗が地方展開するにあたり、授戒を重視していることは先行研究で指摘されてきたが、[20] これもその早期の事例の一つといえる。

大智は在家（特に檀那菊池氏）を重視しており、それゆえに分かりやすく禅の教えを説いていた。大智が時に現世利益的儀式を行っていたとしても、当然のことであろう。大智が菊池氏に宛てて書いた『大智契状』には、菊池氏の安穏を祈った記述がある[史料10]。大智は菊池氏に請われて、広福寺を開創しているため、あえて神人化度説話の如くの奇瑞は必要なかった。しかし、檀那菊池氏との関係から禅を分かりやすく説いたり、現世利益的儀式を行う必要はあったといえる。菊池氏の求めていたのは現世利益であった。(21) 菊池武重は聖護寺の寄進状では、家の永続を願っている[史料11]。

以上の如く、大智は現世利益的要素を活用して、菊池氏の帰依を受け、幾つかの寺を開いた。しかし、その後、大智の系統は九州では振るわなかった。檀那である菊池氏が南朝方についていたため、南北朝合一後は、肥後国守護に留まる。そのため、大智の門流はその後、九州地方に広まることなく、江戸時代前期頃には絶えてしまうのである。(22)

②月庵珖瑛(?～一三四五)

明峯の弟子として月庵を取り上げる。月庵は、能登国に永禅寺・金峰寺、加賀国に円真寺、越中国に海岸寺を開創している。永禅寺・海岸寺とも月庵による「化け蟹退治譚」が伝わる[史料12・13]。永禅寺の「化け蟹退治譚」では、月庵が曽我氏の出であることが記されている。永禅寺の現・本尊は釈迦だが、木造薬師像も伝わっている。これは「曽我薬師」と称され、曽我氏の守本尊という伝承を持つ。境内には曽我兄弟の墓といわれる無縫塔(卵塔)二基がある(これ以外に木造延命地蔵像が存在する)。永禅寺は、珠洲市上戸町寺社に現存する。

永禅寺の「化け蟹退治譚」に関して、藤島秀隆は、曽我氏との関連は後世に付与されたものとしている。藤島は、以下のように述べている。

蟹寺譚に曽我伝説が付会されたのは『名跡志』(引用者註―[史料12])からと考えられる。曽我氏にまつわる縁起の成立は、元禄九年(一六九六)以降、安永六年(一七七七)に至る八十一年の間に生成されたものと考える。それより前の延宝(引用者註—一六七三〜一六八一)、貞享(引用者註—一六八四〜一六八八)頃に蟹寺譚が成立したと推測したい。例えば、貞享二年(一六八五)に(中略)「貞享由緒書」が編纂されているが、このときに永禅寺の住僧によって蟹寺譚が纏められたものと考えている。蟹寺譚の後日談が曽我伝説であり、これは先ず月庵禅師の曽我氏出自譚が生成され、ついで虎御前の廻国と薬師如来譚が付会され、最後に二基の無縫塔を以て曽我兄弟の墓とする伝承が採録されたものと言えよう。(『加賀・能登の伝承』一九八四年　おうふう　一二〇頁)

藤島の論は、永禅寺と曽我氏との関わりが元禄頃に生じたものとした上で、「化け蟹退治譚」の成立時期を考察する、という形を取っている。但し、永禅寺と曽我氏との関わりが中世に全く無かったわけではない。永光寺の開基は海野信直の妻、祖忍尼であったが、海野氏に連なる覚明は、曽我兄弟を主人公とする『曽我物語』成立に関わったとされる(23)。従って、永禅寺に『曽我物語』に関わる遊行聖が訪れていても不可思議ではない。中世の能登に遊行聖が来た形跡もある(24)。

また、永禅寺には木造延命地蔵菩薩像も祀られていることにも留意すべきである。というのも、『曽我物語』に関わる遊行聖は、地蔵信仰の伝播者でもあったからである(25)。但し、残念ながら、永禅寺の延命地蔵菩薩像の造立年代は分からない。

従って、永禅寺と曽我氏との関わりが中世に遡る可能性はある。しかし、中世の確実な資料での裏付けはとれない。では、曽我氏との関わりはさておき、「化け蟹退治譚」はどうか。永禅寺の「化け蟹退治譚」における化け蟹と月庵との関連も、あながち江戸時代成立とはならず、中世に遡る可能性は残されている。というのも、前述の通り、月庵の開いた海岸寺にも「化け蟹退治譚」が伝わっていた。従って、月庵(もしくは月庵に近い弟子)が早い段階で布教活動の一環として、「化け蟹退治譚(26)」を使っていたと考えられる。

以下、月庵が開創した寺院に関し、補足説明を行う。

海岸寺には「仏祖正伝菩薩戒教授文」が伝わり、授戒を布教の一手段としていたことをうかがわせる。海岸寺開創にあたり、三上平秀なる人物が檀那であったと伝わるが詳しい事情は不明である。(27) 海岸寺は、移転の後、富山市梅沢に現存する。

金峯寺寺域の墓地には、鎌倉末期の五輪塔・宝篋印塔が存在することから、もとは密教系寺院だったと想定されている。(28) とすると、月庵が改宗・再建したわけであり、これまで見てきた曹洞宗寺院開創の一パターンと見なすことができる。金峯寺は、珠洲市宝立町金峰寺に現存する。

③慶屋定紹（一三三九～一四〇七）

能登の生まれ。俗姓は長氏。周防国に遊化し、大内氏の庇護のもと、応永三年（一三九六）、禅昌寺を開創する。その際、伽藍神が白蛇となって現れ、奇瑞を示したとされる[史料14]。禅昌寺は、山口市下小鯖に現存する。

その他、松岸旨淵は、播磨国に永天寺（現・兵庫県三木市吉川町）、能登国に曹源寺（現・石川県珠洲市長橋町）、永竹寺（戦国時代廃寺、所在地不明）、光恩寺（現・廃寺）(29) を開創している。曹源寺の本尊は木造釈迦如来像だが、木造阿弥陀像（平安時代末期作）も伝わる。もとは真言宗寺院だったとする伝説もある。(30) 従って、松岸による、曹源寺の開創は改宗・再建型の可能性がある。不借玄位は、加賀国に太平寺を開創している。太平寺は、現・廃寺で、石川県野々市市に地名のみ残る。玄路統玄は加賀国河北郡に永安寺を開創した。同寺の開山は明峯とされているが、実質は玄路が開創している。(31) 舘開僧生は美濃国に静泰寺を開創し、照瑞は出羽国に永慶寺を開創している。

これ以外にも、明峯の直弟子は多数存在し、確認できるだけで三〇名を超える。[32] また、本章で確認した通り、明峯の弟子たちの活動範囲は北陸に限定されたわけではない。例えば玄路統玄の弟子である、宝山宗珍（?〜一三九五）が出羽国に宝蔵寺を移動させている。同寺は、もとは加賀国河北郡にあり、檀那である冨樫左衛門が戦に負け、出羽国に移住したため、菩提寺である宝蔵寺も移動したと伝わる。[33] これにより、出羽国に宝山宗珍系統の曹洞宗寺院が開創されるようになり、[34] 現在でも秋田県には大乗寺の末寺が多数存在する。

しかし、明峯の弟子たちは後述する峨山派と比べると、その後振るわない。この点に関し、若林喜三郎は以下のように述べている。

明峰《ママ》派の拠点であった大乗寺については、加賀守護富樫《ママ》氏とその庶流押野・英田氏などの外護を得ており、南北朝・室町期には、足利将軍の祈願や寺領安堵も行われていた。（中略）明峰派のこうした幕府や守護権力につながる動きは、それ以外の人々を檀越化する努力を怠ることとなり、逆に教線の広汎な伸長を阻む結果となった。

（『加賀能登の歴史』一九七八年　講談社　一二六頁）

本章で述べた通り、明峯派の寺院には開創時より檀那がいたと考えられるケースが多い。これらは檀那が寺の開創を頼んだケースであり、明峯派は地縁・血縁によって寺を開創していたと考えられる。そのためか、明峯派には、神人化度説話の如くの奇瑞が希薄である。[35] むろん、現存する資料は峨山派のものが多く、その点は考慮すべきである。しかし、幾つか例外はあるが、現存する明峯派の寺院にさほど奇瑞が伝わっていないことも事実である。若林が指摘するが如く、明峯派は経済的に安定していた。そうした状況では神人化度説話のような奇瑞がさほど必要なかったと考えられる。

註

（1）元亨三年（一三二三）、瑩山より浄住寺を譲り受けている（＝浄住寺第二世）。後、永光寺第三世住持も勤めている。
（2）特に女性の弟子が多いことは注目に値する。小西洋子「中世永光寺瑩山派の尼について」（加能地域史研究会『地域社会の歴史と人物』二〇〇八年　北国新聞社）。
（3）佐藤秀孝『明峯素哲禅師の生涯』（二〇〇九年　光禅寺）一九頁。
（4）漫画家・藤子不二雄Ａの実家でもある。
（5）氷見市史編さん委員会『氷見市史　通史編一　古代・中世・近世』（二〇〇六年　氷見市）二〇六頁。光禅寺は開創の際、足利尊氏より寄進を受けたと伝わるが、古文書等は残っていない。
（6）佐藤秀孝『明峯素哲禅師の生涯』（前掲）一八四頁。
（7）氷見市寺社所蔵文化財調査委員会『氷見市寺社調査報告書　平成6・7年度　臨済宗国泰寺派・浄土宗・日蓮宗・高野山真言宗・曹洞宗の部』（一九九六年　氷見市教育委員会）七五頁・一〇六頁。
（8）佐藤秀孝『明峯素哲禅師の生涯』（前掲）一八五頁。
（9）佐藤秀孝『明峯素哲禅師の生涯』（前掲）一八五頁。
（10）天正一三年（一五八五）頃、加藤重廉（前田利長家臣）によって、加賀国木の新保に再興される。慶長四年（一五九九）、金沢城惣堀修築のため、石浦郷の本多家上屋敷付近に替地となる。さらに慶長六年（一六〇一）、同郷本多家下屋敷付近に替地となる。慶長六年（一六〇一）～元禄一〇年（一六九七）の間、大乗寺があったとされる場所には現在、「大乗寺坂」という地名が残る。鈴木大拙の生家の近くである。
（11）舘残翁『加賀大乗寺史』（一九七一年　執筆は一九四〇年頃　北国出版社）八一頁。当該の場所には現在、高安軒という曹洞宗寺院が存在し、「大乗寺旧址」という石碑が建てられている。東隆眞『敬礼　大乗寺開山　徹通義介禅師』（前掲）八六頁。『加賀大乗寺史』の史料性に関しては、由谷裕哉「顕彰される仏法興隆の聖地―館《ママ》残翁の加賀大乗寺史研究について―」（由谷裕哉・時枝努編『郷土史と近代日本』二〇一〇年　角川学芸出版）参照。

（12）同様の伝説が、秋田県協和町にある、萬松寺（曹洞宗）にも伝わっている。大坂高昭『秋田県曹洞宗寺伝大要』（一九九六年　無明舎）五〇一頁。或いは全国的に曹洞宗寺院に伝わっている伝説の可能性もあるが、詳しくは今後の課題としたい。

（13）東隆眞「寒巌義尹の師承異説をめぐって」（前掲）。

（14）祇陀寺の開創年代に関しては諸説あり、明確ではない。「加賀吉野祇陀寺の歴史」編集委員会編『加賀吉野　祇陀寺の歴史』（一九九四年　吉野谷村教育委員会）二～三頁。

（15）祇陀寺はその後、永享八年（一四三六）頃火災に遭う。しばらく経ってから越中国守山に再興。慶長年間（一五九六～一六一五）に金沢八坂に移り大安寺と号し、後、鶴林寺と改称、現在に至る（石川県金沢市東兼六町に現存）。と言いたいところだが、これとは別に、大乗寺中興の祖月舟（一六一八～一六九六）が祇陀寺の寺号の廃絶を痛み、延宝七年（一六七九）、永昌院（大乗寺の支院）を祇陀寺と改称、鶴林寺から祇陀寺ゆかりの事物を譲り受けた（石川県金沢市十一屋に現存）。まとめると、祇陀寺は一時廃絶したが、現在、祇陀寺を継承する寺院が二ヵ寺ある、ということである。

（16）鳥越村史編纂委員会『石川県鳥越村史』（一九七二年　鳥越村役場）一三九頁。

（17）広瀬良弘「禅僧大智と肥後菊池氏」（『禅宗地方展開史の研究』前掲）。

（18）但し、大徹が開創したとされる青竜山祇陀寺（現・岩手県盛岡市大慈寺町）には、神人化度説話が伝わる。矢巾町史編さん委員会『矢巾町史（上巻）』（一九八五年　矢巾町）三四三～三四四頁。しかし、祇陀寺の開創年代は元応二年（一三二〇）とされ、この頃大智は元にいたとされる。水野弥穂子「大智」（曹洞宗学研究所編『道元思想のあゆみ1』一九九三年　吉川弘文館）。また、大智に関する記録・史伝を見ても、東北地方を遊歴したことは確認できない。祇陀寺の縁起というべき「青竜山本誌」（一六一七年成立、『矢巾町史（上巻）』所収）には大智を開祖としつつも、神人化度説話には言及していない。従って、今日、祇陀寺に伝わる大智の神人化度説話は、後世に創り出されたものと考えられる。なお、堤邦彦は、当該の神人化度説話は竜女を救済するものであるため、近世以後に形成されたとしている。堤邦彦『近世説話と禅僧』（一九九九年　和泉書院）二九頁。

(19)『日本の禅語録　九　大智』（一九七八年　講談社）三〇四頁（水野弥穂子による解説箇所）。

(20) 広瀬良弘「中世禅僧と授戒会」（『禅宗地方展開史の研究』前掲）。但し、この場合の「授戒」とは戒律を守り続けることが目的ではなく、「授戒」という儀式に宗教的意義を認めるものである。こうした授戒は中世には珍しくなかった。例えば、九条兼実は、しばしば法然より戒を授かっているが、これは病気治療の効験を期待したものであった。田村圓澄『法然』（一九五九年　吉川弘文館）八五頁。

(21) 広瀬良弘「禅僧大智と肥後菊池氏」（『禅宗地方展開史の研究』前掲）、杉本尚雄『菊池氏三代』（一九六六年　吉川弘文館）一四九頁参照。

(22) 菊池氏没落以外の要因やその後の詳しい過程に関しては、広瀬良弘「大智禅師とその門下の寺院相承について」（『宗学研究』第一四号　一九七二年）参照。

(23) 角川源義「曽我物語ノート」（岡見正雄・角川源義編『日本古典鑑賞講座』第一二巻　一九六〇年　角川書店）、西田長男「神道思想史断章」（『ぐんしょ』第八号　一九六二年）。

(24) 和嶋俊二「時宗（遊行宗）の痕跡」・「遊行宗と能登」（『奥能登の研究』一九九七年　平凡社）、西山郷史「仏教伝来」（珠洲市史編さん専門委員会編『珠洲市史　第二巻＝資料編　中世・寺院・歴史考古』一九七八年　石川県珠洲市役所）、門前町史編さん委員会『門前町史　通史編』（前掲）一四八〜一四九頁。

(25) 真野俊和「冥界からの救済」（『日本遊行宗教論』一九九一年　吉川弘文館）。

(26) なお、この種の蟹退治譚は、蟹問答と呼ばれ、日本各地に存在する。例えば、秋田県協和町にある太寧寺（曹洞宗）はガニ寺と呼ばれている。大坂高昭『秋田県曹洞宗寺伝大要』（前掲）四九三頁。また、狂言「蟹山伏」も蟹退治に失敗はするものの、同様の問答を行っている。狂言「蟹山伏」の原態は応仁二年（一四六八）まで遡ることができる。池田廣司「狂言詞章」（『国語と国文学』第三四巻第一号　一九五七年）。

(27) 富山県編『富山県史　通史編Ⅱ中世』（一九八四年　富山県）六六五頁。

(28) 珠洲市史編さん専門委員会編『珠洲市史　第二巻』（前掲）三八〇頁。

(29) 石川県七尾市池崎町に残る「孝恩寺跡」がこれにあたると考えられる。『日本歴史地名大系17　石川県の地名』八三七頁。

(30) 珠洲市史編さん専門委員会編『珠洲市史　第二巻』（前掲）四一二〜四一三頁。

(31) 野々市町史編纂専門委員会編『野々市町史　通史編』（前掲）二〇一頁。

(32) 務台孝尚「明峰」（曹洞宗宗学研究所編『道元思想のあゆみ1』前掲）。

(33) 神岡町史編纂室『神岡町史』（二〇〇二年　神岡町）七〇頁。但し、冨樫左衛門に関しては冨樫氏の系図に名前がなく、庶流と推定される。大坂高昭『秋田県曹洞宗寺伝大要』（前掲）五二一〜五二三頁。

(34) 笹尾哲雄『秋田県における曹洞宗史の研究』（一九七八年　大悲禅寺）二四〜二六頁。

(35) 広瀬良弘『禅宗地方発展史の研究』（前掲）四一九頁の「霊験譚的説話をもつ曹洞禅僧一覧」には四九名が挙げられて

いる。このうち明峯派は慶屋・説通の二名のみであり、峨山派は四六名にのぼる。残り一名は義尹派の懐義（?〜一三六〇）。

第3章　峨山韶碩(一二七五～一三六六)

本章では、瑩山の有力弟子の一人である峨山韶碩を取り上げる。峨山を取り上げる理由は、結果的に峨山派が曹洞宗の数的主流となっていくからである。

第1節　生涯

生没年等は一般的な説に従い、異説に関しては、特に論旨に関わるもの以外は省略している。

峨山は建治元年(一二七五)、能登国羽咋郡瓜生田に生まれる。地方武士の子であり、その素姓は源氏とも平家落人ともいわれる。

正応四年(一二九一)、比叡山に登る。しかし、当時の比叡山に飽き足らなかったのだろうか[1]、永仁五年(一二九七)、京で瑩山に会い、曹洞宗に転ずることになる。当時、瑩山は、阿波国城萬寺の住持であった。瑩山は阿波と加賀との往復の途中に、峨山と会う機会があったと考えられる。

正安元年(一二九九)、峨山は大乗寺に入り、本格的な禅修行を行うようになる。当時、瑩山は阿波国より帰っていた。

正安三年(一三〇一)、瑩山より印可を受ける。印可を受けて後、延慶二年(一三〇九)まで全国を行脚している。一説には元にまで渡ったとされる。全国行脚の成果が、人との出会いとなり、後の地方発展に繋がったとされる。[2] 特筆すべきは、この間、恭翁運良（臨済宗法燈派）に師事し［史料1］、また、臨済宗の僧とも交流を持ったことである。[3]

その後、永光寺・総持寺の要職を務め、元亨二年（一三二二）、総持寺第二世となる。貞治五年（一三六六）に亡くなるまでの約四〇年間、住持を勤める。総持寺の基礎を作るとともに、多くの門弟を育て、その門弟たちが各地に進出してゆくのである（後述）。

暦応二年（一三三九）、永光寺では無涯（瑩山の弟子、第2部第2章前述）住持のもと、足利直義の寄進により利生塔が建てられている。[4] この事業に峨山も大きく関わっている。[5] 古くは曹洞宗瑩山派は南朝方とする説があった。現在、南朝方説を裏付けた文書は偽文書とされている。但し、南朝から誘いがなかったわけではない。峨山は、世間のようすを見て、南朝からの誘いを断り、あえて北朝に付いたと考えられている。[6] つまり、峨山は政治情勢を見抜く目を持っていたのである。

永光寺利生塔建立に対する足利直義の寄進状［史料2］を見ると、利生塔には平和祈願・民心慰撫の役割が期待されたことが分かる（むろん、政治的な意味もあった）。利生塔があえて曹洞宗瑩山派の永光寺に建立されたわけであるから、その頃には、瑩山の推進した現世利益的要素の評判が京まで届いていたと考えられる。また、こうした幕府との結びつきが、峨山門下の地方進出にあたり、守護や在地武士の庇護を導き出したと考えられる。

松尾剛次が、全国の利生塔の一覧表を作成している。[7] これによると、利生塔の置かれた全三〇ヵ寺の内、曹洞宗に属するのは、永光寺の他、肥後国如来寺（寒巌義尹開創、第1部第1章前述）のみである。宗派別で一番多いのは、臨済宗一一ヵ寺、次が真言律宗一〇ヵ寺、さらに真言宗三ヵ寺、天台宗一ヵ寺である。なお、同じく松尾剛次の分析によれば、〈同様の機能が期待された〉安国寺はほとんどが〈臨済宗を主とする〉五山派であった。[8] このことと永光寺に利生塔が建てられたことを考え合わせると、当時、曹洞宗は、中央からは臨済宗と特に区別されるべき存在として認識されていなかったのではなかろうか。またそうした認識を支えていたのが、瑩山の推進した現世利益的要素ではなかろうか。むろん、臨済宗法燈派との交流も考慮に入れる必要がある。

暦応三年(一三四〇)から一年間、総持寺住持と合わせて永光寺住持とを兼務する(総持寺と永光寺とは後に袂を分かつが、それは後の話であり、当初から仲が悪かったわけではない)。そのため、峨山は羽咋(永光寺)と櫛比(総持寺、現・石川県輪島市門前町)との間、片道約六〇キロを毎日往復したと伝わる。「毎日往復」という点に関して、史実(＝現実に可能か)か否か、については、諸説がある[9](例えば、峨山は若い頃、比叡山にいた。比叡山では千日回峰行を修得したはずである。ゆえに、一概に伝説とすべきではない、とする説[10])。ここで問題としたいのは、史実か否かではなく、峨山が使ったとされる道(通称峨山道)である。

峨山道は現在、必ずしも明確ではなく、三ルートが想定されている[11]。しかし、いずれも能登半島の山間部を縦断するルートである。道が整備されている江戸時代以降と異なり、山間部を縦断するとなれば、それは修験の道であったと考えられる。本書ではこれまで曹洞宗と白山天台との関係を幾度か指摘してきた。しかし、地理的状況を踏まえると、この場合の修験は、羽咋と近い石動修験とすべきであろう。前述の如く、永光寺と石動修験とは何らかの関係があったとされていることも考慮すべきであろう。

少なくとも、現況、峨山と修験者との間に紛争は—伝説も含め—伝わっていない。とすると、峨山と石動修験との関係はどう解釈されるだろうか。

当時の石動修験の状況を確認すると、南北朝の争いにおいて、南朝に付いたため、建武二年(一三三五)、火を放たれ、伽藍は灰燼に帰してしまったといわれている[12]。従来、草創期より石動修験は、白山天台の影響下にあると見なされてきた。が、近年、もともとは真言系だったが、中世の争乱を経て、白山天台の勢力下に入った、とする説が出されてきた[13]。そうなってくると、峨山が石動修験の道を利用していた頃は、石動修験の力が弱まっていた頃である。白山天台と協調関係にあった曹洞宗瑩山派に属していた峨山は、石動修験の力が弱まっていたこともあり、さほど問題なく石動修験の道を使用できたと考えられる。また、こうした曹洞宗との関係から石動修験に白山天台の要素が入ってきた[14]、とされる。

峨山道の分析を通して、峨山には石動修験との関係もあったことを確認した。

暦応四年(一三四一)、永光寺の住持を辞し、総持寺住持に専念する。貞治三年(一三六四)、総持寺に輪住制を導入する。貞治五年(一三六六)、総持寺において没する。

第2節　著作と思想

幸いなことに峨山には著作が現存する。まず主著として、『山雲海月』[15]が挙げられる。『山雲海月』の特徴として五位思想が説かれていることが挙げられる[史料3]。というのも、道元には五位思想に否定的な言説があるからである[16][史料4]。にもかかわらず峨山は五位思想を説き、また弟子たちも五位思想を継承してゆく(後述)。この点に関して、なにも「論争」や「逡巡」が無かったのだろうか。現代人の目から見ると不思議に思う。

このことに関する手がかりとして、南北朝時代になると、『正法眼蔵』が曹洞宗内で、ほとんど読まれていなかったとする原田弘道の指摘[17]は有効である。また、『正法眼蔵聞書抄』成立(延慶元年(一三〇八))以降、享保年間(一七一六～一七三六)に至るまで『正法眼蔵』の注釈書がほぼ無かったとする松波直弘の指摘[18]も大切である。つまり、峨山が活躍していた頃、曹洞宗ではさほど『正法眼蔵』が読まれていなかった。ゆえに五位思想の導入が道元の意に反することに対し、峨山は自覚的ではなかったのではなかろうか[19]。

なお、五位思想は当時の中国禅林で用いられていたゆえ、峨山が自然とどこかから入手していてもおかしくはない。峨山の師、瑩山も五位に言及している[史料6]。また、先に指摘した通り、一説に峨山には入元経験があるともされる。ただ具体的な情報ルートの一つとして、大智(第2部第2章第2節①前述)が挙げられる。大智は正和三年(一三一四)~正中元年(一三二四)にかけて元に滞在、正中二年(一三二五)、永光寺に瑩山を訪い、『五位君臣』等を謹呈している。峨山が五位思想の知識を得た源の一つであろう[20]。

五位思想の導入は、曹洞宗の発展に大きな意味を持つ。五位思想は、修行の段階を五段階に分けるものであり、また、君臣のあり方を五段階に分けたものである。修行の段階を五段階に分けるということは、在家に対して、「あなたは今、この段階ですよ」と分かりやすい説明が可能になるということである[21]。また、君臣のあり方を五段階で示すということは、在地領主の立場を理論的に肯定することになる[22]。

もう一つ、峨山の著作として、『峨山紹《ママ》碩和尚法語集』(別名『峨山禅師仮名法語』)が挙げられる。ここで確認すべきは、竈神を調伏する話[史料7]が収められている点である。こうした「神の調伏」といった話は、日本曹洞宗において峨山が初めてである。その源流としてまず『景徳伝灯録』が挙げられる[史料8]。というのも、両史料を見比べると、文言が共通している箇所があるからである。峨山は何らかの形で、『景徳伝灯録』の破竈堕説話を知っていたと考えられる。

もう一つ考慮しなければならないのは、恭翁運良(臨済宗法燈派。一時期、大乗寺住持)との交流である。伝記によれば、真光寺で謎の病気が起きた際、運良は白山妙理権現を川に投げ捨てることによって、事態を収拾したとされる

[史料9]。運良が白山神を投げ捨てた原因を「病の原因＝白山神の祟り」とみるか、それとも「白山神がしっかりと守護していないことに腹を立てた」(23)とみるのか。いずれにせよ、神を神とも思わない運良の行動が、事態を解決した。また同じく伝記によれば、越中国埴生《はにゅう》山において、運良は八幡神の廟に向かって放尿し、神官を怒らせた。しかし、八幡神は、運良を敬っており、むしろ彼を手厚く扱え、との託宣を下す[史料10](24)。この二つの話は、いずれも神を調伏するという筋ではないが、在地の神々が禅僧に帰依する話と見なしてよかろう(25)。運良の伝記(「大日本国越中州黄龍山興化護国禅寺開山勅賜仏林恵日禅師行状」)は運良没後まもなく弟子がまとめたものであり[史料11]、信憑性の高いものと考えられている(26)。今一度確認すれば、運良と峨山とは密接な交流があった。従って、峨山の破竈堕説話の一源流として、運良からの影響が挙げられるのである。

第3節　葬祭儀礼

峨山の著作や行状を見る限り、葬祭儀礼を行った記録はない。しかし、峨山は、『瑩山清規』の書写を行っており(27)、瑩山を継承して葬祭儀礼を行うことで総持寺の運営を行ったと考えられる。というのも、峨山の総持寺住持期間(一三二四～一三六五)における、檀那からの寄進状を見ると、死者の後生菩提を願う、葬祭儀礼を目的としたものが幾つか見られるからである[史料12・13・14・15・16]。

以上、本章では峨山に関し考察した。峨山の行状を見ると、永光寺に利生塔を建立し、北朝に付いたことが曹洞宗発展の一因となったと考えられる。また、総持寺の住持を約四〇年勤め曹洞宗の基礎を作ったことも大きな功績である。その際、瑩山を継承して、在家への葬祭儀礼を行っていたであろうことを寄進文書から推測した。加えて、峨山道の考察から、石動修験との交流がうかがえた。

峨山の著作が後に与えた影響として、五位思想の導入及び竈神を調伏した破竈堕説話が挙げられる。

註

(1) 佐藤悦成は、永仁五年(一二九七)~六年(一二九八)にかけて起こった比叡山の内紛が、峨山に大きな影響を与えたとしている。佐藤悦成『総持二世　峨山禅師』(前掲)三三~三八頁。

(2) 佃和雄『峨山禅師物語』(二〇〇二年　北国新聞社)三五頁。

(3) 佐藤悦成『総持二世　峨山禅師』(前掲)一〇二頁。

(4) 利生塔は現存せず、水晶舎利容器等のみ伝わる。今枝愛真『中世禅宗史の研究』(一九七〇年　東京大学出版会)口絵・九五頁、東隆眞監修『図説永光寺ものがたり』(前掲)四四~四五頁、『世界ガラス美術全集　第5巻　日本』(一九九二年　求龍堂)三五頁・二〇〇頁。

(5) 田島柏堂『峨山韶碩禅師』(一九六五年　大法輪閣)六六~六七頁。

(6) 今枝愛真「曹洞教団の発展と南朝」(『中世禅宗史の研究』前掲)。

(7) 松尾剛次「安国寺・利生塔再考」(『日本中世の禅と律』二〇〇三年　吉川弘文館　＊初出二〇〇〇年)。

(8) 松尾剛次「安国寺・利生塔再考」(前掲)。

(9) 私自身はこの諸説に決定的立場をとることはできないが、少なくとも現代人の体力からの類推は避けるべきと考えている。例えば藤岡大拙は、峨山とは関係のない文脈で「この時代の禅僧は驚くべき健脚で諸国を巡錫している」と述べている。藤岡大拙「禅宗の地方伝播とその受容層について」(前掲)。

(10) 佃和雄『峨山禅師物語』(前掲)一六九～一七〇頁。

(11) 佐藤俊晃「石動山信仰と能登瑩山教団」(前掲)七七頁、山上嘉久『櫛比の御厨と総持寺』(一九八二年　北国出版社)九三頁。

(12) 佃和雄『峨山禅師物語』(前掲)三七頁、田川捷一「石動山の文献と年表」(『能登の文化財』第八輯　一九七二年)。

(13) 佐藤俊晃「石動山信仰と能登瑩山教団」(前掲)、由谷裕哉「中世石動修験の縁起と宗教的性格」(『白山・石動修験の宗教民俗学的研究』一九九四年　岩田書院)。

(14) 佐藤俊晃「石動山信仰と能登瑩山教団」(前掲)。

(15) 『山雲海月』に関しては、偽書説もある。偽書説の根拠は、①書写本に峨山の名がないこと、②五位説に関し、通説と異なる説き方をしていること、の二点である。②に関しては、今日、さほど問題ないとされる。①に関しては留意すべきではあるが、これのみで偽書説は成り立たない。田島柏堂は、『仮名法語』を峨山真撰とした上で、『仮名法語』と『山雲海月』との類似性から、『山雲海月』を峨山真撰とした。田島伯堂「新資料・峨山韶碩禅師の仮名法語について」(『印度学仏教学研究』第一四巻第二号　一九六六年)、同「峨山韶碩禅師の遺著とその真偽(上)」(『愛知学院大学論叢一般教育研究』第一三号　一九六六年)。

(16) もっとも道元には、洞山良价の会得した五位を高く評価する記述もある[史料5]。本書で問題としたいのは、こうした道元における五位の位置付けに関し、峨山が会通を試みた形跡がない点である。

(17) 原田弘道「中世曹洞禅の一考察」(『駒澤大学仏教学部研究紀要』第三三号　一九七五年)。

(18) 松波直弘「〈道元門下〉の立脚地―『正法眼蔵聞書抄』における「宗門」の構造―」(『哲学会誌』第三一号　二〇〇七年)。

(19) 松波直弘は、峨山の著述の中に、『正法眼蔵』を読んだと思われる文章・表現がある、としている(松波直弘「〈道元門下〉の立脚地」前掲)。しかし、松波は具体的な指摘を行っていない。

(20) 佐藤悦成『総持二世　峨山禅師』(前掲)二七八頁。

(21) 佐藤悦成『総持二世　峨山禅師』(前掲)一七二頁・二五二頁。

(22) 峰岸秀哉「中世曹洞教団の地方伝播とその受容層」(『教化研修』第一七号　一九七四年)。

(23) 後者は、佐藤秀孝「恭翁運良の活動と曹洞宗(中)」(『駒澤大学仏教学部論集』第二九号　一九九八年)、同「恭翁運良の伝記史料」(『駒沢大学禅研究所年報』第一二号　二〇〇一年)による。

(24) 広瀬良弘『禅宗地方展開史の研究』(前掲)五三頁。なお、こうした神への態度は運良に限られたものではない。広瀬良弘『禅宗地方展開史の研究』(前掲)四一七〜四二〇頁。

(25) 運良の行状として、了然に師事した時期があることが特徴的である。了然には、玉泉寺開創にあたり、在地の神が翁と化して会ってくれたという伝説が伝わる(第1部第1章前述)。その点では、こうした、運良と在地の神との関係は了然からの影響の可能性もあるが、運良の神を尊重しない態度は、了然と異質である。

(26) 現存本の成立年代は、応永一六年(一四〇九)〜寛正四年(一四六三)頃と考えられているが、後序[史料11]によると、もとにあった行状をそのまま写したとされるので、かなり信憑性が高い。原田正俊「臨済宗五山派と加賀・能登」(『加能史料研究』第一八号　二〇〇六年)、佐藤秀孝「恭翁運良の活動と曹洞宗(上)」(『駒澤大学仏教学部論集』第二七号　一九九六年)。

(27) 田島柏堂『峨山韶碩禅師』(前掲)五八頁。田島の論拠は『総持寺開闢已来年譜』だが、同史料は一般には公開されておらず、私は未だ閲覧に及んでいない。

第4章　恭翁運良（一二六七～一三四一）と地蔵信仰

第2部第1～3章で論じた通り、中世曹洞宗を考察するにあたり、臨済宗法燈派の恭翁運良は欠かせない存在である。その運良は、地蔵信仰と接点を有していた。そこで本章において、運良について概観し、地蔵信仰との関連を考察する。

第1節　生涯

文永四年（一二六七）生まれ。姓氏は不明。出羽国出身といわれる。若き頃、了然法明（第1部第1章第2節前述）に学ぶ。弘安八年（一二八五）に受戒する。受戒の場所は明らかではないが、佐藤秀孝は下野国薬師寺としている[1]。後、瑩山に参じ、さらに無本覚心（一二〇七～一二九八、別名法燈国師、臨済宗法燈派の祖）に学ぶ。覚心は高野山の出身であり、金剛三昧院[2]で行勇（一一六三～一二四一、栄西の弟子）に学んでいる。そのため、覚心の行状には密教的要素がしばしば見られる[3]。

話を運良に戻す。覚心に学んだ後、運良は東大寺戒壇院で凝然に学ぶ。その際、凝然に対して廃絶した旦過寮の再興を進言する。なお、運良の伝記「大日本国越中州黄龍山興化護国禅寺開山勅賜仏林恵日禅師行状」によれば、東大寺戒壇院の旦過寮は、もともと運良の師覚心の勧めによって、叡尊（西大寺流真言律宗）が造ったものとされる［史料

1」。

後、京東山・万寿寺にて、南浦紹明（一二三五〜一三〇八、臨済宗大応派の祖）に学ぶ。さらに加賀国に至り、再び瑩山（於大乗寺）に学ぶ。合わせて峨山・明峯の育成にあたる。

正和五年（一三一六）頃、なぜかしら運良は加賀国大乗寺の住持となる。念のため確認しておけば、大乗寺は義介が開いた曹洞宗の寺であった（第1部第2章前述）。一方、運良は臨済宗の僧である。このことについて、『野々市町史』は檀那である冨樫氏の意向が反映したのでは、という説を呈示している。(4) 運良は、鐘鼓・魚板などの鳴らし物を変更し、行事規範を改め、大乗寺を臨済宗化していった［史料2］。

嘉暦三年（一三二八）頃、運良は大乗寺を去る。その後、時間を置いて明峯が住持となり、大乗寺は曹洞宗に戻る。大乗寺を去った後、運良は白山麓の真光寺に移る。(5) 前章で述べた通り、ここで疫病が流行った際、運良は白山神を投げ捨て、病気平癒を行う。

この後、加賀国河北郡に傳燈寺を開創する［史料3］。その年代は、一説には応長元年（一三一一）ともされる［史料4］が、これだと、大乗寺住持就任以前となる。［史料3］によれば、「辺民の覚円」（土豪もしくは地頭か）(6) が運良に寺の開山を要請したとされる。しかし、同寺に伝わる「傳燈寺地蔵縁起」によれば、以下のような話が伝わる。

運良が旅の途中、山賊に襲われそうになったので、地蔵堂に逃げ込む。山賊は暗闇の中、斬りつけるが、それは地蔵であった。地蔵が身代わりになってくれて、運良は難を逃れたのである。そこで運良はこの地に傳燈寺を建てるのである［史料5］。

これに従えば、もともと地蔵堂があり、それを基に傳燈寺が開創された、ということになる。但し、「傳燈寺地蔵縁起」の成立は、元禄五年（一六九二）以降である。(7) こうした「傳燈寺地蔵縁起」の史料性を考慮に入れつつ、以下、考察を加える。同寺の本尊は中世より釈迦と考えられるが、[8] 本堂には石造地蔵像も祀られている。この地蔵像は中世後期造立と考えられており、[9] 運良以前に遡るのは困難である。しかしながら、〝先代〟がいた可能性も充分想定されよう。

傳燈寺成立を考えるに、考察しなければならないのが、近隣の夕日寺である。夕日寺は現在、廃寺で地名のみ残っている(現・石川県金沢市夕日寺町。当然、傳燈寺町に隣接)。『河北郡誌』によると、泰澄開創伝説が伝わる[史料6]。とすると、夕日寺は白山天台の寺であったと考えられる。近隣にこのような白山天台の寺があったことを考えると、傳燈寺の場所に、もともと地蔵堂があってもおかしくはない(白山天台と地蔵との結びつきに関しては序章前述)。また前述の通り、傳燈寺開創にあたり、檀那がいたとされる。とすると、傳燈寺以前に、檀那の氏寺的な地蔵堂があり、[10] これを基に傳燈寺が造られたという史実を反映して、「傳燈寺地蔵縁起」が作られたのではなかろうか。そう考えると、運良は白山天台や地蔵信仰を内包しつつ教線を拡大していったといえる。

なお、傳燈寺における運良の事績は不詳だが、しばしば傳燈寺裏手の滝に阿閦大明王を目撃したと伝わる[史料7]。傳燈寺開創以後、運良は越中に向かう。途中、埴生山の八幡に対し、尿をしたことは前述した。越中では、放生津(現・富山県射水市)に興化寺を開創した。放生津という場所柄から交通の要として機能したと考えられる。但し、興化寺は天正一三年(一五八五)、大地震によって、庄川の流路が変化したため、遺構すら残っていない。

暦応四年(一三四一)、没する。

第2節　思想

運良には『正法眼蔵語』『仮名見性鈔』などの著作・法語集が存したとされる[史料8][11]が、今に伝わらない。その行状から思想を推測するしかない。即ち、種々の奇瑞を以て、在地の人々に法力をアピールし、寺を開創し、教線を伸ばしていった、という行状である。特に第2部第3章で述べた、神を神とも思っていない態度は強調してよい。

第3節　曹洞宗の地蔵信仰との関連

前述の如く、運良には傳燈寺において地蔵との関わりがある。もともとあった地蔵像を内包して寺を開創するという事例は臨済宗において珍しいことではない[12]。本書で問題としたいのは、曹洞宗の地蔵信仰との関わりである。運良は一時的ではあったが、大乗寺の住持を勤めている。また、瑩山・峨山・明峯といった高僧と交流があった。大乗寺退去後も曹洞宗と交流が続いた。運良は越中国氷見の唐島に石塔を建て、灯火をともした[13]が、同時期、明峯も唐島に弁財天を祀っている(第2部第2章前述)。『氷見市史』は、氷見の築湊は、運良の指導の下、明峯門下が行い、従事した僧らの宿泊場所が永禅寺へと成長した、という仮説を唱えている[14]。運良と明峯とが同時期に同じ場所で無関係に活動していたとは考えにくく、両者には協力関係があったことは間違いなかろう。

話を傳燈寺に戻す。運良が地蔵像を内包する形で傳燈寺を開創したことが、曹洞宗に具体的に影響を与えたかどうかは不明である。しかし、運良は曹洞宗の高僧と密に交流しており、運良の、地蔵信仰を内包する態度は、曹洞宗に何らかの影響を与えたとしても不可思議ではない。運良没後、傳燈寺は明応七年(一四九八)十刹に、永正一二年(一五一五)勅願寺となっている[15]。

第4節　身代わり地蔵説話

さてそこで考えなければならないのは、傳燈寺の地蔵に付随する、「身代わり地蔵」伝説がどこまで遡れるのか、ということであろう。先に確認した通り、傳燈寺の地蔵像は中世後期造立であり、傳燈寺保存会編『加賀傳燈寺』は身代わり地蔵説話は中世末には成立していたとする[16]。しかしながら、「傳燈寺地蔵縁起」の成立年代から傳燈寺の地蔵像に身代わり説話が中世より存在していたかどうかは不明とした方が無難と思われる。むろん、同様の身代わり地蔵説話は、例えば『太平記』第二四巻[史料9]にあり、中世に遡る可能性を否定しているわけではない。

第5節　傳燈寺・補足

その他、傳燈寺に関し、補足説明を行う。傳燈寺[17]には洞穴があり、この穴にいた古狐が椀を貸してくれたという伝説が伝わっている[史料10]。但し、もともと傳燈寺の地域は古墳があったとされる場所であり[18]、運良によって初めて神格化されたわけではない。この洞穴が「螺貝穴」とも呼ばれていた[19]こと、及び先の夕日寺の問題と合わせて、修験との関わりが想定できる。但し、この伝説がいつ頃まで遡れるかは定かではない[20]。

註

（1）佐藤秀孝「恭翁運良の伝記史料」（前掲）。下野国薬師寺の国立戒壇は一一世紀に機能を停止し、その後、新義律層が私的に授戒を復興したとされる。松尾剛次『鎌倉新仏教の研究』（一九九五年　講談社現代新書）二七頁、同「筑前観世音寺・下野薬師寺両戒壇の授戒制」（『勧進と破戒の中世史』一九九五年　吉川弘文館）。

（2）高野山金剛三昧院の重要性に関しては、原田正俊「高野山金剛三昧院と鎌倉幕府」（大隅和雄編『仏法の文化史』二〇〇三年　吉川弘文館）参照。

（3）葉貫磨哉『中世禅林成立史の研究』（前掲）三三九頁、原田正俊「臨済宗五山派と加賀・能登」（前掲）。

（4）野々市町史編纂専門委員会編『野々市町史　通史編』（前掲）一七三頁。

（5）管見の及ぶ限り見当たらず、現在は廃寺と考えられる。『日本歴史地名大系18　福井県の地名』には、「真光寺跡」という項目がある（三五一頁）。『福井県の地名』発刊当時であれば、清水町片山だが、平成の大合併により、現在は、福井市片山町に相当する。分析は今後の課題としたい。

（6）後に小坂庄領家二条家の菩提寺となるので、二条家に縁ある人と考えられる。小坂庄は南禅寺領であった。

（7）文中に「元禄五年」頃の地蔵霊験譚があるため。傳燈寺保存会編『加賀傳燈寺』（前掲）一二二頁上段。

（8）傳燈寺保存会編『加賀傳燈寺』（前掲）一三二頁によると、本尊である釈迦像は一三世紀前半の造立である。

（9）傳燈寺保存会編『加賀傳燈寺』（前掲）三一～三二頁。

（10）この仮説を立てるにあたって、河合正治「中世武士団の氏寺氏神」（小倉豊文編『地域社会と宗教の史的研究』一九六三年　柳原書店）を参考とした。なお、河合の言う「氏寺的庵→禅宗寺院」という流れは秋田県の曹洞宗寺院の幾つかにも認められる。大坂高昭『秋田県曹洞宗寺伝大要』（前掲）九四頁・一〇一頁・一三七頁・一六六頁・一八〇頁・一八

二頁・二九四頁・三三三頁・三五五頁・四一四頁・五七三頁・六一七頁・六二三頁。

(11) 佐藤秀孝「恭翁運良・孤峰覚明と初期曹洞宗教団」(『禅学研究』第七七号　一九九九年)。

(12) 有名なところとしては、鎌倉建長寺・武蔵国正福寺(現・東京都東村山市)が挙げられる。但し、建長寺はもとにあった地蔵像(心平寺地蔵)を脇壇に配置し、新たに造立した地蔵像を本尊としている。『週刊古寺を巡る　建長寺』(二〇〇七年　小学館)二六頁。これに対し、正福寺はもともとあった地蔵堂とは別に本堂が建立され、本尊として千手千眼観音が祀られている。葉貫磨哉「地蔵堂の開創」(『中世禅林成立史の研究』前掲)。

(13) 氷見市史編さん委員会『氷見市史　通史編一』(一九九八年　氷見市)は、これを唐島の「火ともし地蔵」ではないか、という仮説を提示している(二〇六頁)。

(14) 氷見市史編さん委員会『氷見市史　通史編一』(前掲)二〇六頁。

(15) 傳燈寺が加賀国の安国寺の代わりであったという説は今日では否定され、所在地不明ながら崇聖寺(臨済宗聖一派)が安国寺であったとされている。今枝愛真『中世禅宗史の研究』(前掲)一二〇頁。

(16) 傳燈寺保存会『加賀傳燈寺』(前掲)一三一頁。

(17) 現在は、傳燈寺域ではないが、かつては傳燈寺域であった。傳燈寺保存会『加賀傳燈寺』(前掲)一二〇頁。

(18) 傳燈寺保存会『加賀傳燈寺』(前掲)九頁。

(19) 河北郡『石川県河北郡誌』(一九二〇年)四七一頁。

(20) 二〇一五年、調査に訪れたが、当該の穴は、埋まってしまい、その跡すら見つからなかった。

まとめ

第2部では、瑩山とその二大弟子、明峯と峨山の三人を中心に取り上げた。

瑩山の著述を見ると、祀るべき神が、土地神等の護法神に留まらず、日本の神すべてに拡大していること、檀那を大事にせよと説いていること、在家を対象とした、葬祭儀礼を積極的に行っていたことなどが分かった。つまり、日本曹洞宗が積極的に儀礼を導入するようになった端緒が瑩山であったことを確認した。但し、瑩山が導入した「新たな儀礼」が密教的かどうかは判断を留保した。和田有紀子は、『瑩山清規』を分析した結果、「密教儀礼の導入を思わせる規定がある」としつつも、当該の規定の根源を『慧日山東福禅寺行令規法』に求めている(1)。

また、瑩山は、総持寺改宗にあたり、以前より存した放光菩薩(観音・地蔵二体)の利益を荘民へ強調した。日本曹洞宗寺院で地蔵像を祀った端緒である。但し、瑩山の信仰は観音を中心としていた。また、放光菩薩は、仏陀寺(第3部第1章後述)を例外として、曹洞宗寺院に祀られることは希有である。

瑩山の二大弟子の一人、明峯には神人化度説話等奇瑞が伝わるが、中世に遡れるかどうかは定かではなかった。明峯の弟子に関しても奇瑞が希薄であった。明峯とその弟子は、北陸地方を中心に活動したため、檀那獲得に奇瑞が必要なかったと考えられる。本書の本筋から補足しておくと、明峯派の行状に地蔵信仰は見られないし、寺に由緒ある地蔵が祀られることもない。

もう一人の峨山には竈神を調伏したという破竈堕説話が伝わる。また、瑩山を引き継ぎ、葬祭儀礼を行っていたと考えられる。第3部では、峨山の弟子たちが、峨山をどう継承して全国展開していったかを考察する。そして、中には地蔵信仰を布教に活用する者が出てくるのである。

註

（1）和田有紀子「禅林の思想と文化」（苅部直・他編『日本思想史講座2—中世』二〇一二年　ぺりかん社）。

第3部　展開期

以下、第3部において、峨山の直弟子を取り上げる。峨山の弟子を取り上げる理由は、峨山の直弟子たちは全国に布教活動を行い、結果、曹洞宗において、峨山の門流が数的には主流となるからである。序章で述べた通り、この時期を展開期とした。西暦の目安としては、一三三〇～一三八〇年である。

なお、「峨山二十五哲」と呼ばれるように峨山の弟子は多数存する。本書では、行状の分かる弟子一二人を取り上げる。取り上げる順番は、生年を考慮して並べるようにしたが、論述の関係で前後することがある。

第1章　太源宗真(一三一四～一三七一)

本章では、峨山の弟子で総持寺第三世を勤めた太源宗真を取り上げる。

第1節　生涯

太源は、正和三年(一三一四)、加賀国南部の生まれ。両親等はほとんど分かっていない。曹洞宗入門以前も不明で、一旦、旧仏教系の寺に入門したことが分かるのみである[史料1]。

貞和五年(一三四九)、峨山より印可を受けている。貞治四年(一三六五)、峨山が没したため、総持寺第三世となっている。これが総持寺輪住制の始まりである。輪住制のため、太源が、瑩山・峨山に次いで第三世となったのは、何かの巡り合わせにすぎないのかもしれないが、やはり太源が峨山の弟子の中で重要視される存在だったのではなかろうか？　晩年、加賀国に仏陀寺(後述)を開創する。応安四年(一三七一)、仏陀寺において没する。

太源の行状で着目すべきは以下の二点である。

①三宝大荒神

総持寺住持時代の行状として、確認すべきは、三宝大荒神を祀ったとする伝説が伝わることである『洞上伽藍諸堂安像記』、史料2]。三宝大荒神は、現在も能登・総持寺祖院で祀られている。問題は、この伝説を太源の史実と認めて良いか、ということである。残念ながら、本件に関する中世史料は存在しない。伝説を記した『洞上伽藍諸堂安像記』は宝暦四年(一七五四)成立である。現在、能登総持寺祖院で祀られている三宝大荒神像は江戸時代初期頃の造立と考えられている[1]。従って、太源を神格化するために作られた伝説の可能性を多分に考慮しなければならない。と同時に、三宝大荒神は、火の神・竈神であることに留意しなければならない。師峨山が破竈堕説話を説いていることからも分かる通り、禅宗寺院で竈神を祀ることは一般的であった。竈神でもある三宝大荒神を太源が祀ったとしても不可思議ではない[2]。

②仏陀寺

太源は、晩年、加賀国に仏陀寺を開いている。一説には貞治二年(一三六三)開創とされる[3]。仏陀寺は戦国時代末には廃寺となり、現在は石川県能美市辰口に「仏大寺」という地名を残すのみである。

跡地と考えられる場所の裏手には遺水山(観音山)があり、現在、山頂には聖観音像が祀られている[4]。従って、白山権現の社域に近接した場所であったと考えられ[史料3]、また遺水山に祀られる木造観音は泰澄作という伝説が伝わる[史料4]。

とすると、仏大寺は白山天台と習合して建てられた事例といえる。なお、仏陀寺には、木製放光菩薩像(観音・地蔵二体)が祀られていたが[5]、これがもともと白山天台ゆえに存在していたのか、総持寺の放光菩薩を模して造られたのかは分からない。いずれにせよ曹洞宗寺院で地蔵像が祀られていた初期事例となる。

前述の如く、戦国時代になり、周辺が一向一揆の勢力範囲となってしまったことを一因に寺は衰退、享禄四年(一五三一）、享禄の一揆における、白山神社焼却に連なって壊滅、[6] 戦国時代末期には廃寺となってしまっている。[7] そのため、仏陀寺に関して、檀那等は不明である。

第2節　思想

太源にはまとまった著作がなく、断片的に伝わる史料から思想を類推せざるをえない。

まず、伝わるのは、『日本洞上聯燈録』「太源伝」に残る、峨山との問答である[史料5]。峨山の、「これから市場に行って、魚肉を売ろうと思うが、誰か付いてくるか」という問いに対し、太源は「私が付き従います」と返答する。銭を扱うことは戒律違反である。[8] それを承知で、峨山と太源との間には禅問答が成立している。

同じく『日本洞上聯燈録』には、太源が五位思想を使って説法していたことを記している[史料6]。従って、五位思想に関し、峨山↓太源という伝承過程が想定される。太源が総持寺第三世となっていることも考慮するに、太源は峨山の忠実な弟子だったと推測される。

註

（1）　門前町史編さん専門委員会編『新修門前町史　資料編2　総持寺』（前掲）三〇二頁。但し、鶴見総持寺には、文安三年（一四四六）作の三宝大荒神画像が伝わる。門前町史編さん専門委員会編『新修門前町史　資料編2　総持寺』（前掲）三二八頁。これでも太源没後ではあるが、他所より伝わってきたとする伝承もなく、中世総持寺は三宝大荒神を祀っていたと考えられる。

(2) その後、太源派は火防神である秋葉三尺坊権現信仰を取り入れ、東海地方に進出する。今枝愛真「瑩山と峨山」(同編『曹洞宗』一九八六年　小学館)。秋葉三尺坊権現は、秋葉修験と習合して曹洞宗寺院に祀られるようになったと考えられている。吉田俊英「曹洞宗における秋葉信仰」(『宗学研究』第三四号　一九九二年)。
(3) 辰口町史編纂専門委員会編『辰口町史　第二巻』(一九八七年　石川県能美郡辰口町役場)一一四頁。
(4) 小中博『夢幻　仏陀禅寺』(一九七〇年　小中博)一八頁。
(5) 中嶋仁道『曹洞教団の形成とその発展』(一九八六年　曹洞宗大本山総持寺出版部)二八頁。
(6) 中嶋仁道『曹洞教団の形成とその発展』(前掲)二九頁。
(7) その他、戦国時代における太源派の中心であった、越前国龍沢寺(現・福井県あわら市御簾尾)の復興に力が注がれたため、仏陀寺復興にまで手が回らなかったという理由もある。龍沢寺に関しては、第4部第1章後述。
(8) 佐々木閑『出家とはなにか』(一九九九年　大蔵出版)一六八頁。

第2章　無底良韶（一三一三〜一三六一）

本章では無底を取り上げる。東北地方は現在、「曹洞王国」[1]であるが、そのきっかけとなったのは、無底の正法寺開創（一三四八年）である。[2]ゆえに無底の意義は大きい。

第1節　生涯―正法寺開創―

無底は、正和二年（一三一三）、能登国に生まれる。酒井氏（永光寺開創の檀那の一族）の出とされる。弟子道叟道愛が編集した伝記によれば、元徳三年（一三三一）、夢を感じ、熊野に参詣。参籠中に老人（熊野権現）が現れ、出家を勧め、また老人は黒石を渡したという［史料1］。しかし、熊野云々は「後付」と考えられる。[3]というのも貞和元年（一三四五）に行われた祈願において、対象に熊野が挙がってない［史料2］からである。

建武元年（一三三四）、明峯のもとで出家した。出家場所は明確ではないが、明峯が当時、永光寺の住持であったことを考えると、永光寺と推測される。

暦応四年（一三四一）、総持寺住持峨山のもとに入門している。これは当時、永光寺と総持寺とは対立関係になかったこと、無底は酒井氏の出という特別待遇を受けてもおかしくない出自であること、の二点を考えると、何かトラブルがあったのではなく、「円満移籍」であったと考えられる。[4]

康永元年(一三四二)、峨山より「無底」の号を受ける。無底は峨山の弟子、第一号であった。

貞和元年(一三四五)、神仏への誓願を立てたとされる[史料3]。

貞和四年(一三四八)に正法寺を開創する。開創にあたり、老翁の姿をとった白河明神や早池峰権現、官人の姿をとった主林神の導きがあったとされる[史料4]。まず、無底は艮＝東北を目指す。というのも、良韶の一字、「良」の一点＝黒石を下せば、艮になるからである。こうした「論法」は現代人には不可解ではあるが、かの有名な「山王」(5)に代表されるように中世では普通である。

そこで無底は白河関に至り、「黒石」の所在を白河明神に尋ねる。白河明神は、老翁に化して「白河農、水乃底奈留、黒石於、手遠茂奴羅左天、如何何取可志」という公案を授ける[史料4]が、無底はこれを解しない。なぜわざわざ白河明神は「老翁」の姿をとる必要があったのか？　おそらく中世における「〈日本の仏〉の誕生」(6)の一例といえよう。即ち中世において、この世の神仏は具体的な姿をとる必要があったのである。

白河明神の公案を解読できなかった無底は黒石を捜したところ、候補地として三ヵ所が見つかった。無底の前に、早池峰権現が現れ、無底より教えを受ける。無底は早池峰権現に戒を授け、妙泉と戒名を付ける。その妙泉が占いを行い、胆沢郡の「黒石」と判明する[史料4]。直接的ではないにせよ、早池峰権現によって寺の場所へ導かれる話といえる。早池峰権現の姿は明示されていないが、妙泉と名前が付けられていること、占いを行っていること、の二点を考慮すると、少なくとも擬人化されている。

胆沢郡黒石に到着すると―本人が望んだことではあるが―、幾つかの瑞相が現れる。まず、瑞鳥が来て「仏法僧」と称える。次に牡・牝の鹿が来て、無底の「この地は寺を建てるにふさわしい地か」という問いに頷いて帰る。最後に冠をかぶった人がやってきて、「昨日の鹿は私であり、私はこの林の守り神である。師がこの地に寺を建てるを喜び、私は鎮守神となりましょう」と述べるのである［史料4］。こうした奇瑞を証左とし、無底はこの地に寺を開創した。

以上の記述は、〈在地の神が人として現れ、適当な場所へ導き、戒を授かり、鎮守神となる〉という典型的な神人化度説話と比べて、種々の神が登場するなど話の筋が入り組んでいる。しかし、大筋では神人化度説話といえる。話が整理されていないという点で、早い時期の神人化度説話という印象を私は持った。［史料4］の成立は、康暦元年（一三七九）であり、無底の没後二〇年経たない時期である。

観応元年（一三五〇）、正法寺は崇光天皇（北朝）より綸旨を受けたとされる。これにより永平寺・総持寺に次ぐ第三の本寺になったとされるのである。但し、文書の原本は残っておらず、疑念が残る(7)。

文和四年（一三五五）、峨山からの要請により、永光寺輪住住持を一年間勤めている（第八世）。この頃、『正法眼蔵』の筆写を行っている。

康安元年（一三六一）、正法寺において没する。

第2節　正法寺の分析

無底にはまとまった著作は存在しない。従って、その行状と正法寺から分析するしか、無底の思想を推し量る方法はない。

まず正法寺の本尊から考えたい。正法寺の本尊は如意輪観音坐像である。これは鎌倉時代後期の作であり(8)、寺の開創より古い。正法寺と〈天台宗の名刹〉黒石寺(9)とは多少離れているが、正法寺の所在地はもともと黒石寺奥院の一角であった。[10] 観音像の造立年代が寺の開創より古いことと考え合わせると、正法寺は、黒石寺の、〈観音を祀った〉一坊を改宗・再建した可能性が高い。

正法寺開創にあたり、黒石正瑞と長部清長とが檀那となったとされる。『正法寺由来記』でも、黒石正瑞と長部清長とが境内地を寄進したとする[史料5]。なお、無底にとって、当地は無縁の地であったとされる。[11]

そこで思い出されるのは、正法寺開創にあたり、在地の神に戒を授けるといった神人化度説話が伝わっていることである。念のため確認すれば、これを記しているのは『行業記』であり、無底没後まもない時期に成立している。黒石寺の領域に敢えて正法寺を開創するには檀那の力が必要だったと考えられ、そのためには神人化度説話の如くの奇瑞を活用したと考えられる。ゆえに『行業記』に記す神人化度説話は史実をある程度反映していると解釈できよう。

正法寺には、白山社・熊野社・早池峰社・山神社など多数の鎮守が現存する。これらは少なくとも戦国時代には存在していたと考えられる。[12] 開創当時まで遡らせるのは留意すべきだが、『行業記』に出てくる神々が戦国時代には祀られていたことは確認して良いことだろう。

以上、無底の行状及び正法寺から、彼の思想を類推した。今一度確認すれば、無底は、神人化度説話等の奇瑞を活用し、檀那を得、旧仏教の一坊を改宗・再建することで正法寺を開創したと考えられるのである。

第3節　鼻曲がり地蔵

佐々木喜善「地蔵雑話」(『土の鈴』第一二套　一九二二年)によると、正法寺門前には「鼻曲り地蔵」が存する。[13] この地蔵像は常陸坊海尊の正体を和尚に告げ口したため、海尊に鼻を曲げられてしまったと伝わる[史料6・7]。当該の石造地蔵像の造立年代は不明。ゆえに無底との関連(別な言い方をすれば、無底以前の状況との関連)も不明である。むしろ、中世以降における、修験者と曹洞宗寺院との交流関係を表していると解釈した方が良い。

註

(1) 例えば、幕末の仙台藩内寺院一三〇八ヵ寺のうち、曹洞宗寺院は六五七ヵ寺であり、五〇%強を占める。松山善昭「近世東北における新仏教の伝播と教団形成」(日本宗教史研究会編『組織と伝道』一九六七年　法蔵館)。このうち、開創時期を鎌倉時代~室町時代後期に絞ると、七七%が曹洞宗寺院である。及川大渓『東北の仏教』(一九七三年　国書刊行会)八頁。

(2) その前に建長三年(一二五一)、了然法明が玉泉寺(現・山形県羽黒町)を真言宗より曹洞宗に改宗したとされる(第1部第1章前述)。但し、玉泉寺は、応永年間(一三九四~一四二八)に南英謙宗(第4部第1章後述)が玉川寺と改称している。

(3) 船岡誠「無底良韶の正法寺開創」(大濱徹也編『東北仏教の世界』二〇〇五年　有峰書店新社)。

(4) 栗山泰音は「譲り弟子」という表現を取っている。『嶽山史論』(一九一一年　鴻盟社)六六頁。

(5) 広神清「神道理論の成立と神仏習合論争」(今井淳・小沢富夫編『日本思想論争史』一九八二年　ぺりかん社)。

(6) 佐藤弘夫「〈日本の仏〉の誕生」(『アマテラスの変貌』二〇〇〇年　法蔵館)。

(7) 残っているのは文化元年(一八〇四)の写しである。岩手県立博物館『奥の正法寺』(一九八七年　岩手県立博物館友の会)二一二頁。但し、当時は南北朝の争いまっただ中であり、綸旨が実際に出された可能性もある。佐藤秀孝「無底良韶伝記史料」(前掲)。

(8) 岩手県立博物館『奥の正法寺』(前掲)五五頁。

(9) 黒石寺は天平元年(七二九)に行基が開創、大同二年(八〇七)に円仁が黒石寺と改称したと伝わる。これらは史実でないかもしれないが、古代東北における天台宗の拠点である。平安時代には四八の坊があったと伝わる。黒石寺の薬師像(貞観四年(八六二)作)は、銘年の分かるものとしては初期のものである。薬師像について、詳しくは伊東史朗『薬師如来像』(一九八六年　至文堂)六一頁参照。近年、黒石寺は蘇民祭(裸祭り)で有名である。

(10) 佐々木徹「奥の正法寺の開創」(入間田宣夫編『日本・東アジアの国家・地域・人間』二〇〇二年　入間田宣夫先生還暦記念論集編集委員会)。

(11) 船岡誠「無底良詔の正法寺開創」(前掲)。

(12) 佐々木徹「奥の正法寺の開創」(前掲)。

(13) 二〇一〇年、正法寺に問い合わせたところ、現在は「鼻かけ地蔵」と呼ばれているようである。

第3章　月泉良印（一三一九～一四〇〇）

本章では無底を継承して東北地方を布教した、月泉を取り上げる。

第1節　生涯

生年は元応元年（一三一九）とされるが、出生地に関しては、①能登国、②奥州本吉郡、③大和国吉野、の三説がある。永享一二年（一四四〇）という比較的早い時期に成立した『正法二世瑞雲開山月泉良印禅師行状記』［史料1］は、②奥州本吉郡説を取る。これより約五〇年後に成立した『月泉禅師行状記』［史料2］は、③大和国吉野説を取る。①能登国説を取るのは、『日本洞上聯燈録』である［史料3］。この三つの伝記は、内容が大きく異なるが、優劣もつき難い。[1]以下は、成立年代の古い『正法二世瑞雲開山月泉良印禅師行状記』を中心に月泉の生涯を見てみたい。

『正法二世瑞雲開山月泉良印禅師行状記』では正慶元年（一三三二）、塩竈の「教院」で出家し、真言宗を学んだとする［史料4］。塩竈の「教院」は不明だが、現・塩竈神社に付随する神宮寺のようなものであった可能性がある。[2]さらに同書によると、建武二年（一三三五）、下野国薬師寺で学んでいる［史料4］。その目的は戒を授かることであったと考えられる。[3]

一方、『月泉禅師行状記』では、幼年期は金峰山に参詣する人々に草花を売って生活し、後、越前国丹生郡の小院に赴き、僧が『金剛経』を誦するを聞き、出家している[史料5]。『金剛経』であれば、旧仏教系である。さらに言えば、その行動範囲は吉野・金峰山と修験色が強い。

『正法二世瑞雲開山月泉良印行状禅師』では、暦応三年(一三四〇)に総持寺の峨山に参ずる[史料6]。

貞和三年(一三四七)、覚る[史料7]。観応元年(一三五〇)〜文和四年(一三五五)頃、諸国を行脚している。この頃、出羽国に補陀寺を開創する。補陀寺の檀那は安東氏とされる[4]。

康安元年(一三六一)、無底の逝去に伴い、正法寺第二世となる。その後、総持寺から住持の招きを受けるが、固辞。その後も東北地方を中心に活動する。

貞治二年(一三六三)、瑞岩寺(羽前国根岸村)を開創する。同寺は、山形県東置賜郡高畠町に現存する。応永六年(一三九九)、出羽国に瑞雲院を改宗・再建している。

応永七年(一四〇〇)、正法寺において没する。生涯に四四人の弟子を育てた(第4部第1章後述)。

第2節　開創した寺

月泉の開創した寺について検討を加えたい。

①補陀寺(出羽国)

月泉が貞和五年(一三四九)に開創した寺である。伝説によると、前九年の役(永承六年(一〇五一)〜康平五年(一〇六二))の際、源義家が戦勝祈願のため、守護仏である観音像を祀り、当地に一宇を建立したとされる。そのため、月泉は改宗・再建にあたり、観音にちなんで寺名を補陀寺としたと伝わる。[5] 現在、補陀寺の本尊は釈迦だが、観音菩薩も祀られている（秋田三三観音の第二三番）。

問題は補陀寺の場所である。現在は秋田市山内字松原にあるが、もともとは現・大館市白沢字松原の〝矢立廃寺跡〟にあったとされている。[6] 〝矢立廃寺跡〟からは土師器・須恵器が出土している。ゆえに、もともと何らかの建物があったと想定される。[7] 〝矢立廃寺跡〟の近くには男神山・女神山がある。従って、前述の伝説と、補陀寺という名称を考え合わせると、もともと山岳修験系の観音堂（もしくはこれに準ずるもの）があり、それを改宗・再建した可能性が高い。

なお、現在に伝わる伝説によれば、月泉は土地神「亀像大明神」に戒を授け、そのお礼として、今に続く「極楽水」があると伝わる。[8] 神人化度説話だが、中世史料では確認がとれない。

②瑞岩寺（羽前国）

貞治二年（一三六三）、根岸村に月泉が開いた寺である。現・山形県東置賜郡高畠町根岸に当たる。根岸氏の娘の菩提を弔うために開創されたと伝わる。[9]

③瑞雲院（陸奥国）

応永六年（一三九九）、現・山形県米沢市に月泉が改宗・再建した寺である。もとは大同元年（八〇六）に開創され、建久五年（一一九四）、後鳥羽上皇の祈願所になったと伝わる。当時は真言宗寺院であった。[10] 建久五年の禁札が寺宝として伝わっていることから、古くより寺が存在していたことは間違いなかろう。これを月泉は改宗・再建したのである。

第3節　思想

幸いなことに、『補陀開山月泉禅師語録』が今に伝わる。これを見ると、三点の特徴がうかがわれる。まず第一点は現状への警告である[史料8]。これによると、当時、禅僧に堕落の傾向があり、月泉がこれに警鐘を鳴らしていたことが分かる。

しかしながら、だからといって、世俗と断絶していたわけではない。第二の特徴として世俗の人々に倫理を説いたことが挙げられる[史料9・10]。

第三の特徴として『宗鏡録』からの引用が多いことが挙げられる⑾。『宗鏡録』は中国で成立した禅の教理書であり、日本では栄西や能忍(日本達磨宗の祖)⑿が重視したことで知られる。曹洞宗と臨済宗(特に法燈派)とが密に交流していたことは、本書で繰り返し述べてきたことである。また、日本達磨宗の徒が初期曹洞宗教団に転入してきたことも既に第一部で言及した。こうした中、月泉が『宗鏡録』から引用したことは不可思議ではない。しかし、曹洞宗の法脈に位置付けられる月泉が何故『宗鏡録』を重視した意味は問う必要がある。今後の課題としたい。

月泉の語録を見ると、当時の禅僧の堕落に対して警告を発している。しかしだからといって世俗の人々と隔絶していたわけではない。このことは語録からもうかがえる。月泉の開創した三ヵ寺のうち、二ヵ寺は改宗・再建型であった。もう一ヵ寺は檀那の血縁者の菩提を弔うためのものであった。こうした点は峨山の他の弟子と同様の傾向にあるといえる(後述)。

註

(1) 渡部正英「月泉」(曹洞宗宗学研究所『道元思想のあゆみ2』前掲)。
(2) 塩竈神社に関しては横山秀哉「塩釜神社の神仏混淆の諸相について」(『日本建築学会論文報告集』八九号　一九六三年)参照。
(3) この頃は国立戒壇としての機能は停止していたが、新義律僧が私的に授戒を復興したとされる。松尾剛次『鎌倉新仏教の誕生』(前掲)二七～二八頁。
(4) 笹尾哲雄『秋田県に於ける曹洞宗史の研究』(一九七三年　大悲禅寺)四一頁。
(5) 大坂高昭『秋田県曹洞宗寺伝大要』(前掲)二九頁。
(6) 塩谷順耳編『中世の秋田』(一九八二年　秋田魁新報社)七三～七七頁。
(7) 塩谷順耳編『中世の秋田』(前掲)七四頁。
(8) 大坂高昭『秋田県曹洞宗寺伝大要』(前掲)二九頁
(9) 『山形県大百科事典』(一九八三年　山形放送)五二〇頁。
(10) 圭室文雄編『日本名刹大事典』(一九九二年　雄山閣)四四七頁。
(11) 桐野好覚「補陀開山月泉禅師語録解説」(『訓註曹洞宗禅語録全書　第二巻』二〇〇四年　四季社)。
(12) 日本達磨宗に関しては、第1部第1章で言及した。

第4章　実峰良秀（一三一八？～一四〇五）

本章では、五ヵ国に布教活動を行った、実峰を取り上げる。

第1節　生涯

生年ははっきりしない。生まれは能登説と京説がある。京説は『六代祖譜』〔史料1〕、『延宝伝灯録』〔史料2〕、『日域洞上諸祖伝』〔史料3〕にある。『六代祖譜』では、能登国の地頭長谷部氏の出であることが記されている〔史料1〕。実峰の行状に関し、詳細な研究を行った伊藤良久は『能州諸嶽山総持禅寺住山之次第』〔史料4〕により、生誕地を能登とする[1]。『能州諸嶽山総持禅寺住山之次第』の原本は、永享二年（一四三〇）に永光寺で書写されたものとされるので、これに従えば、ある程度、信の置ける史料である。但し、長谷部氏の出であれば、大番役等により京で生まれた可能性も残り、必ずしも、京説と矛盾するものとはいえない。

『六代祖譜』によれば、建武三年（一三三六）、建仁寺（臨済宗）にて、剃髪受具したとされる〔史料5〕。その後、総持寺にて峨山に参じ、総持寺内養寿院に住した。実峰は通幻（第3部第5章後述）を「我が兄」（兄弟子の意）〔史料6〕と呼んでいる。通幻が初めて峨山に参じたのは、文和元年（一三五二）とされているので、実峰が参じたのは、少なくともこれ以降と考えられる。

貞治元年(一三六二)頃、峨山より印可をもらったとされる。

総持寺との関係で言うと、応安七年(一三七四)に、輪住第九世になっている。当時は周知の通り輪住制をとってはいるが、住持になるというのは、それなりに実力があったと考えられる。また、総持寺の檀那長谷部氏の後押しがあった可能性もある。

総持寺以外の活動として、七ヵ寺を開創したことが挙げられる。その範囲は能登の他、広範囲に亘っていた。応永一二年(一四〇五)備中国永祥寺(後述)にて没する。

第2節　開創した寺

実峰が開創に関与した七ヵ寺を以下論述する。

①定光寺(能登国)
定光寺は実峰の開創した寺としてはよく挙げられる寺だが、開創年次や所在等は不詳である。これは同寺が現存しないことに由来しよう。江戸時代の史料では檀那の名前が失われている[史料7]。一つの可能性として、檀那が戦国時代に滅亡したことによって、廃寺となったと考えられる。所在も不詳だが、現・石川県押水町東間の光鐘寺屋敷が定光寺跡とする言い伝えが存在する。(3)

②青蓮寺(美作国)

青蓮寺は、実峰が能登を離れて最初に開創した寺院である。至徳三年（一三八六）頃開創したと伝わる。「総泉寺略縁起」［史料8］によると、播磨国・美作国・備前国、三国の守護赤松範資が、亡父のために開創した寺とされる。但し、範資は観応二年（一三五一）没なので、開創年代と合わない。伊藤良久は、範資の子、光範（一三二〇〜一三八一）等の赤松氏が開創したとする。[4] 弟子である綱庵性宗の伝記（「青蓮寺綱庵禅師伝」［史料9］）に従うと、貞治元年（一三六二）には実峰は美作国にいたことになる。貞治元年というと、峨山から印可をもらったとされる年である。とすると、実峰は峨山から印可を貰うとすぐに総持寺を離れ、行脚に出たことになる。

しかし、なぜ美作だったのだろうか。この点について、伊藤良久は、『太平記』［史料10］の記述から、長谷部氏が康安元年（一三六一）、美作の戦いに参加し、その際、長谷部氏の軍勢に実峰も同行したという説を唱えている。[5]

③瑞景寺（備中国）

青蓮寺に続いて中国地方に開創されたのが瑞景寺である。[6]『新訂作陽誌』に収める寺伝［史料11］によると、永徳年間（一三八一〜一三八四）に瑞景寺は開創されたことになる。檀那である三浦氏は地頭である。美作国守護赤松氏が大名化していれば、赤松氏の部下ということになる。

④永祥寺（備中国）

寺伝によると、嘉慶元年（一三八七）に開創されたとされる。現・本尊は聖観音である。檀那は那須資道・資英の父子（『平家物語』で有名な那須与一の子孫）である。当地は、源平合戦の恩賞地として、那須与一に与えられた荏原荘である。もともと永祥寺の場所には、那須与一の菩提を弔う曹源院があり、それを実峰が再興したと伝わる。[7]

那須氏は実峰に何を望んだのだろうか。それは葬祭儀礼であり、先祖供養であった[8]。例えば、那須資英の子長高が永享一二年（一四四〇）に記した寄進状［史料12］によると、資道・資英父子が葬祭儀礼を行ってもらうために寺は開創されたとされる。実峰が葬祭儀礼を那須氏に行っていたことを示す史料が、『実峰良秀禅師語録』に残っている［史料13］。とすると、永祥寺は那須氏の葬祭儀礼のための寺であり、那須氏の氏寺であったといえる。

なお、『太平記』第三二巻に、那須五郎資藤の奮戦が記述されており［史料10］、那須氏はそれなりに有名な一族であったと考えられる。『後月郡誌』に収める永祥寺の由緒［史料14］には、在地の龍が実峰の徳を慕い、子どもの姿をとり、実峰に師事し、戒を授かり、守護神となり、水を確保するという伝説が記されている。中世曹洞宗によくある神人化度説話の一パターンといえる。但し、この伝説は中世史料では確認できない。

この寺を起点に、山陽地方の布教が始まった。同時期に、峨山の弟子源翁が化生寺（現・岡山県真庭市）を開創している（第3部第6章後述）。伊藤良久は、那須氏の本拠地が、下野国那須であり、源翁が調伏した殺生石の所在地と近いことなどから、両寺が同時期に開創されたことには何らかの関連があったとしている[9]。

⑤霊松寺（信濃国）

応永四年（一三九七）に当地を訪れた実峰が開創を約束、応永一一年（一四〇四）に開創したと伝わる。なお、弟子である、中明見方が開創したという史料もあり［史料15］、実質は中明が開創し、実峰は名目上の開山であったと考えられる[10]。『信濃霊松寺記』によれば、諏訪明神が人となって夢枕に立ち、実峰を当地に導いたとされる。また、実峰は諏訪明神に戒を授け、その霊験を以て、在地領主仁科氏の帰依を得たとする［史料16］。中世曹洞宗に見られる神人化度説話の典型例といえる。

問題は、『信濃霊松寺記』の史料性である。同書は寛永三年（一六二六）に、僧・良高が同寺の記録や伝承をまとめたものであり、『大町市史』は、「こじつけや文飾も多いが、大筋は正しいものとみられる」（第2巻三四〇頁）という立場をとる。実峰が名目上の開山であったことを考慮すると、実峰自身がこうした伝説を活用していたか、今一度留意すべきと思うが、少なくとも実峰の弟子たちがこうした伝説を活用していたとみるべきであろう。

⑥龍護寺（能登国）

応永元年（一三九四）に開創される。石川県羽咋郡志賀町（旧・富来町）に現存する。貞享二年（一六八五）に編集された「寺社由緒書」［史料17］には、実峰は開創にあたり、当地の竜神に戒を授けたとある。文章が短いので、神人化度説話が要約されて採録された可能性が高い。『石川県羽咋郡誌』（一九一六年刊行）［史料18］では、同寺の開創に際し、龍が「人」の姿をとって現れて、実峰の授戒によって龍が昇天している話がある。『酒見の歴史』所収の寺伝では、「竜神の加護により水が絶えない」伝説が付与されている［史料19］。但し、一番早い「寺社由緒書」でさえ一六八五年の編集であり、実峰在世にまで遡れるかどうかは疑問である。なお、［史料19］では、実質の開創は、弟子である、貝林侑籍が行ったとする。貝林に関する史料でも同様である［史料20］。但し、「総持寺文書」には、実峰と龍護寺のある富来を結びつけるものが存在する［史料21］。具体的には、文和三年（一三五四）、「藤原よりたた」が後生菩提のため、所領を寄進している文書である。問題は実峰との関わりである。永徳二年（一三八二）の「総持寺常住文書目録」には、「鮎上寄進状」を実峰が所有していたとする［史料22］。実峰が寄進状を所蔵していたこと、寄進された土地は龍護寺の近隣であったこと、の二点を踏まえると、「藤原よりたた」は龍護寺の檀那でもあったと考えられよう。(11) であれば、実峰と龍護寺との関係は実態があったといえる。なお、寄進が「後生菩提」のためであったことは、実峰が葬祭儀礼を導入していたことの裏付けとなる。また、龍護寺には室町時代中期頃の板碑があり[12]、同寺は葬祭儀礼を行っていたと考えられる。

話を竜神授戒に戻す。龍護寺のある富来地域は比較的旧仏教の強い地域であった。近くには八津寺(真言宗)も存在していた。そこで檀那を獲得するためには、竜神を調伏する伝説が必要であった可能性があるが、推測の域を出ない。しかし、「龍護」という寺号から考慮するに、何らかの竜神伝説が開創時に語られたのではなかろうか?

現在、龍護寺社会館には木造薬師如来像(平安時代中期造)が存在する。しかし、これは、同地近くの少彦名神社[13]の本地仏が廃仏棄釈の際に、同寺に運ばれたものである[14]。これ以外にも平安時代中期造の木造如来像・木造菩薩像が数体存在する(このうち、木造地蔵菩薩像等四体は現在、金沢大学資料館保管[15])。これらも同様の経緯で、龍護寺に運ばれたものと考えられる。

⑦正法寺(伊勢国)

応永五年(一三九八)開創。開創の事情やその後の展開に関する詳しい事情は不明である。『三国地志』「伊勢国朝明郡」には、赤堀氏の位牌を安置している記述[史料23]があるので、当時、寺に対して国人・赤堀氏の庇護があったと推測される。但し、実峰との関わりは不明である。

また寺では、鎌倉時代末~南北朝時代に造立された木造地蔵菩薩坐像を本尊として祀っている[16]。地蔵像が造立された時期が寺の開創時期より早いことから、もともと赤堀氏の氏寺的地蔵堂のようなものがあって、改宗・再建した可能性がある。

以上、実峰は七ヵ寺を開創したわけだが、その範囲は能登国の他、広範囲に亘っていた。

第3節　思想

幸いなことに『実峰良秀禅師語録』（『曹洞宗全書　語録一』・『訓註曹洞宗禅語録全書　第二巻』所収）が現存する。これを統計分析すると、坐禅と葬祭儀礼とでおおよそ半々になるとされる。[17] 葬祭儀礼の法語が多いことが即ち、実峰が坐禅を疎かにして葬祭儀礼を行っていた、という解釈にはならないが、実峰は葬祭儀礼を熱心に行っていたと推測される。

圭室諦成が『葬式仏教』（一九六三年　大法輪閣）で禅語録を統計分析したところ、「一二〇〇年代の前半には、ほとんど一〇〇パーセント坐禅であったものが、一三〇〇年代に葬祭に方向転換をはじめ、一四〇〇年代には、ほとんど一〇〇パーセント葬祭宗教化している」（一二九～一三〇頁）となった。とすると、実峰の語録は、統計上はちょうど中間点に位置し、葬祭儀礼への移行時期、といえる。

語録に関し、気づいた点を四点述べる。一点は、「地蔵菩薩賛」があることである［史料24］。但し、これを以て、実峰が熱心に地蔵を信仰していたというわけではない。「地蔵菩薩賛」と並んで、「文殊大士賛」［史料25］、「観音大士賛」［史料26］、「布袋和尚賛」［史料27］があり、特に地蔵信仰を有していたというわけではない。実峰が開創した寺で地蔵を祀っていたのは、正法寺だけであり、また「正法寺の地蔵」と実峰との関係も不明である。

また、確認すべきは、「地蔵菩薩賛」［史料24］では、「悪趣」「刀山」といった言葉はあるが、葬祭儀礼との直接的な結びつきは述べられていないことである。[18] これは他の、葬祭儀礼に関する語録でも、地蔵に触れていないことからも分かる。また、行状からも地蔵信仰との関わりはうかがえない。実峰が法語で地蔵を賛していたことは事実であるが、地蔵信仰を特に有していたわけではない。また、葬祭儀礼に地蔵を活用していたかどうかは不明である。

語録に関して気づいた第二点として、さほど在地の神との関係が述べられていないことである[例外は史料28]。行状では、神人化度説話が数ヵ所の寺院で見られたわけだが、語録では、そうした思想は希薄である。但し、実峰は天皇や檀那に関する儀礼を熱心に行っており[史料29]、檀那獲得に熱心であったと推定される。美作の例もあるように、必ずしも実峰が訪れた地は「無縁」ではなかったが、檀那獲得には奇瑞等が必要だったと考えられる。神人化度説話的思想が語録においては希薄だからといって、神人化度説話が実峰没後の伝説と決めつけるわけにはいかないだろう。

第三点として、新橋造立の儀礼を行った語録が存在することである[史料30]。中世曹洞宗の僧が時に技術者であったことを考えると、宗教的儀礼のみを行ったと解釈すべきではなく、橋造立に関し、具体的に関与したと見なすべきであろう。

第四点として、五位思想が使われていることが挙げられる[史料31・32・33]。五位思想の用語は峨山と一致している。(19)

以上、実峰の行状と思想を考察した。実峰は瑩山や峨山を継承し、全国へ布教した。具体的には、檀那との関係を重視し、葬祭儀礼・五位思想を布教活動に活用した。

神人化度説話に関しては、記録化されたのが江戸時代ゆえ、実峰の史実かどうか、不明であり、後に作られた伝説の可能性がある。しかし、実峰が、比較的縁の薄い地で檀那を獲得していることを踏まえると、神人化度説話を活用していても不可思議ではない。法語に「地蔵賛」があるが、葬祭儀礼に地蔵を活用した形跡はなく、特に地蔵を信仰していた形跡も無い。

註

（1）伊藤良久「総持寺九世実峰良秀禅師の行状（一）」（『宗学研究』第四六号　二〇〇四年）。
（2）『実峰良秀禅師語録』に、「肥前州太守道慧居士に荐する小参」（『訓註曹洞宗禅語録全書　第二巻』三九五～三九六頁）というのがある。「肥前州太守道慧居士」とは能登守護代神保氏久と考えられる（出典書の注釈による）。可能性として、定光寺の檀那として、神保氏が想定されよう。
（3）佃和雄『峨山禅師物語』（前掲）一二四～一二五頁。
（4）伊藤良久「総持寺九世実峰良秀の行状（三）」（『宗学研究』第四七号　二〇〇五年）。
（5）伊藤良久「総持寺九世実峰良秀の行状（三）」（前掲）。
（6）実質、弟子の綱庵性宗が開創したという説もある。
（7）伊藤良久「総持寺九世実峰良秀の行状（四）」（『宗学研究紀要』第一八号　二〇〇五年）。
（8）伊藤良久「総持寺九世実峰良秀の行状（四）」（前掲）。
（9）伊藤良久「総持寺九世実峰良秀の行状（四）」（前掲）。
（10）池田魯参・他『探訪・信州の古寺Ⅲ』（一九九六年　郷土出版社）は、伽藍は中明が建て、一年間だけ実峰が住持を勤めたとする（一九二頁）。

(11) 富来町史編纂委員会『富来町史　通史編』(一九七四年　富来町)二七八頁。
(12) 富来町史編纂委員会『富来町史　資料編』(一九七四年　富来町)四七三頁。
(13) もとは八津寺(真言宗)で、神仏分離の際、廃寺となったとされる。
(14) 桜井甚一『図説富来町の文化財』(一九八四年　富来町教育委員会)一八頁。
(15) 金沢大学資料館HPにて写真を見ることができる。『富来町史　資料編』(前掲)四七六～四七七頁には金沢大学教育学部美術教室保管とあるが、金沢大学が金沢城跡地から角間に移転するにあたり、資料館で保管するようになった。この経緯に関しては米林勝二・山瀬晋吾「龍護寺旧蔵の木彫仏」(『金沢大学資料館紀要』第一号　一九九九年)参照。
(16)『日本歴史地名大系24　三重県の地名』二三二頁。
(17) 広瀬良弘「曹洞宗の発展と民衆化」(曹洞宗宗学研究所編『道元思想のあゆみ2』前掲)、伊藤良久「解説　実峰良秀禅師語録」(『訓註曹洞宗禅語録全書　第二巻』前掲)。
(18) 但し、地蔵と刀山とを結びつけた史料としては古いものであり、その点は貴重である。『今昔物語集』第一七巻の地蔵説話において、地獄はさほど具体的には記述されていない。おそらく『往生要集』に「刀山」の名がある[史料34]ので、ここから「刀山地獄」が普及したものと考えられる。なお、地蔵と刀山とを結びつけた早い事例として、『フリア美術館本地蔵菩薩霊験記絵巻』(一三世紀中頃成立)が挙げられる。『続日本の絵巻23　山王霊験記　地蔵菩薩霊験記』四五頁。これも地蔵の代受苦を表している。
(19) 伊藤良久「解説　実峰良秀禅師語録」(前掲)。

第5章　通幻寂霊（一三二二〜一三九一）

本章では、摂津国・越前国等に寺を開創するとともに、「地蔵点眼」の法語を説いた通幻を取り上げる。

第1節　生涯

元亨二年（一三二二）の生まれ。江戸時代に編集された伝記では、いずれも墓中出産の上、幽霊に育てられた伝説がある。[1]これは伝説としてさておき、[2]問題は生誕地である。豊後説と京説がある。豊後説が有力なようである。

その後、一七歳の時、臨済宗聖一派の定山祖禅[3]に従って剃髪得度、太宰府観世音寺で受戒したとされる［史料1］。但し、生誕地・京説だと、比叡山で出家したと伝わる［史料2］。

暦応三年（一三四〇）、大乗寺で明峯に参禅する。文和元年（一三五二）より総持寺で峨山に師事する。貞治六年（一三六七）、加賀国能美郡安宅に聖興寺を開いている。同寺は応永一五年（一四〇八）以降まもなく廃寺となっている。弁慶伝説からも分かる通り、安宅は交通の要所である。

応安元年（一三六八）には総持寺輪住第五世となっている。峨山没後、通幻は全国行脚に出て、三ヵ寺を開いている。応安三年（一三七〇）、摂津国に永沢寺を開創する。永徳元年（一三八一）、近江国に総寧寺を開創する。至徳三年（一三八六）、越前国に龍泉寺を開創する。明徳二年（一三九一）、龍泉寺において没する。

第2節　開創した寺

通幻が開創した三ヵ寺の内、永沢寺・龍泉寺の二ヵ寺を以下論ずる。というのも総寧寺は、戦国時代、兵火に遭い、現・千葉県市川市に移転しているため、通幻を論ずるには難しいからである。(4)

①永沢寺(摂津国)

「永沢寺通幻禅師行業」によると、永沢寺は、応安三年(一三七〇)、守護細川頼之を檀那として通幻によって開かれたとする[史料3]。細川氏は幕府の重臣の家柄であり、その点では五山派と結びつきがあった。『兵庫県史　第3巻』は、頼之は五山派とそりが合わず、敢えて、曹洞宗の通幻の檀那となった、とする。(5)しかし、「永沢寺通幻禅師行業」の成立は宝暦元年(一七五一)に過ぎず、これより古い「通幻霊禅師漫録」(永徳年間(一三八一〜一三八四)成立)では丹波国の守護が檀那であったとするに過ぎない[史料4]。当時、丹波国守護は細川氏でなかったことから、小川信は「開基は丹波守護の左京大夫山名時氏であり、明徳の乱後丹波が細川宗家の世襲分国となったため頼之を開基とする訛伝を生じたのではあるまいか」(6)としている。

永沢寺は摂津・丹波の国境にあり、もともと修験の地と考えられる。一説には、同地には南北朝時代に火災に遭い焼失した天王寺があったとされる。(7)また、現在の本尊は釈迦・阿弥陀・大日の三尊だが、釈迦像は修験の道場であった槙が峰極楽寺より勧請したものと伝わる。(8)開創にあたり、通幻の上堂には、天狗が登場する[史料5]。当地の修験を取り入れる形で永沢寺は開創されたと考えられる。

同じく開創にあたり、天照大神と考えられる翁が通幻を導いたとする伝説も存在する［史料6］。翁に戒を授けることはしていないが、神が翁となって現れ、禅僧に具体的な手助けをする点から、曹洞宗の神人化度説話の一種といってよいだろう。また、寺にある竜池にも、竜神を折伏する伝説が伝わる［史料7］。これらの伝説はいずれも江戸時代に記録化されたものであり、直ちに通幻の史実と見なすわけにはいかない。これらの伝説は、成立年代の古い『通幻霊禅師漫録』に記されていない⑨。しかし、通幻が修験の地に寺を建立していることを考えると、この種の伝説を活用していても不可思議ではない。永沢寺は、兵庫県三田市永沢寺に現存、菖蒲園で有名である。

②龍泉寺(越前国)

至徳三年(一三八六)、守護一色義清を檀那として開創する。寺の場所は深草廃寺遺跡と呼ばれ、深草廃寺は越前の国分寺ではないかといわれている⑩。となると、守護が同地に通幻をして寺を開創させた理由も推測できる。そこには国衙に代わって国を治めるという政治的理由もあろう。龍泉寺は、福井県越前市(旧・武生市)深草に現存する。

第3節　思想

幸いなことに『通幻禅師語録』が今に伝わるので、通幻の思想をうかがい知ることができる。

まず統計処理をすると、坐禅関係と葬祭関係とで、おおよそ半々になる⑪。この点は、第4章で論じた実峰と同様である。以下、もう少し具体的に気づいた点を述べたい。

第一に、葬祭儀礼もさることながら、天皇や檀那への儀礼が見られることである［史料8］。また橋供養の法語も存在する[史料9・10]。これは宗教的儀礼のみ行ったというよりも、通幻を中心に橋造立を行った証拠であろう。曹洞宗の僧が技術者と関係していたことは第1部第3章にて論じた。

第二に、葬祭儀礼の中に、逆修や十七回忌など多様なものが含まれる点である[史料11]。逆修は平安時代以降、行われてきたが、そのほとんどが上級貴族・高級僧侶であった⑫。従って、この語録は、逆修が武士階級等に浸透してきた事例となる。七回忌以降の回忌供養の語録も多数存する[史料12]。七回忌以降の回忌供養は、中世日本で生まれたものとされる⑬。従って、これらの語録は、当時、十三回忌等が定着しつつあったことを示す。

第三に、地蔵点眼の法語があることである[史料13]。通幻と地蔵とを結びつける事例は存在せず⑭、この地蔵点眼もどこの地蔵かは判明しない。地蔵点眼の法語においても「福寿海は無量なり」と『法華経』「観世音菩薩普門品」において観音を描写する語句を使用している。他の法語では、「供養薬師十二神」[史料14]、「韋駄天安座拈香」[史料15]、「総持寺脇士安座」[史料16]、「賛観音」[史料17]などがあり、特に地蔵を信仰していたわけではない。通幻は亡者供養の儀礼に関する法語を多数残しているが、地蔵と関連づけたものはない。従って、この地蔵点眼は、中世曹洞宗寺院で地蔵像を造立した事例として貴重なものと解釈すべきであろう。

第四に、五位思想が散見することである[史料18・19・20]。

第五に、神との関連はさほど述べられていないことである[例外は史料21・22]。神との関連がさほど述べられていないからといって、通幻が神人化度説話を活用していたことを否定することにはならない。

以上見てきた通り、通幻は檀那との関連を重視し、葬祭儀礼を積極的に行った。しかし、だからといって、坐禅をおろそかにしたわけではない。通幻の開創した永沢寺には「活埋坑」跡が現存する。これは問答についていけない者を生きたまま落とす坑である。通幻は、弟子に対しては過酷な修行を課していた[史料23]。

註

(1) 花部英雄は、江戸初期の怪談ブームを背景に、中国→鈴木正三(一五七九～一六五五)→卍山《まんざん》道白(一六三六～一七一五・大乗寺第二七世・曹洞宗復古運動を行う)というルートで墓中出産の説話が曹洞宗に入ってきたとする。花部英雄「幽霊譚の系譜」・「幽霊出産譚」(小松和彦編『幽霊』二〇〇一年　河出房新社)。また、この通幻の伝説が「飴買い幽霊」に発展したとされる。但し、中国での墓中出産の説話では、長じて高僧となった話は一つもないとされる。澤田瑞穂『鬼趣談義』(一九九〇年　平河出版社)五八頁。

(2) むろん、伝説として切り捨てるわけではなく、例えば、出産の際に母が亡くなったなどの歴史的事実が反映している可能性は残る。

(3) 定山祖禅に関しては、玉村竹二『五山禅僧伝記集成　新装版』(二〇〇三年　思文閣出版)三二八～三二九頁参照。

(4) 但し、もともとの場所(現・滋賀県米原市)にも、総寧寺は再興されている。とはいっても通幻に関する文書は、千葉県市川市の方に移されている。『曹洞宗古文書　下巻』三三七頁参照。

(5) 兵庫県史編集専門委員会『兵庫県史　第三巻』(一九七八年　兵庫県)三九八頁。

(6) 小川信『細川頼之』(一九七二年　吉川弘文館)二六七～二六八頁。

(7) 兵庫県史編集専門委員会『兵庫県史　第三巻』(前掲)四〇二頁。

(8) 奥田楽々斎『多紀郷土史考　上巻』(一九五八年初版　一九八七年復刻　臨川書店)五一頁。但し永沢寺によるパンフレットによると、天文元年(一五三二)に安置されたとされる。或いは現在の釈迦像は二代目か。また、江戸時代において本尊は救世観音であり、後円融院(一三五八～一三九三)皇后の帰依仏と伝わる[史料24]。本尊交代の経緯は不明である。現在、同寺妙高閣には大観音菩薩像が祀られているが、これは平成の作である。

(9) 但し、同書は主に法語を記録したものであり、伝記ではない。

(10) 山口正章『通幻禅師と龍泉寺』(一九八八年　龍泉寺)四頁。

(11) 圭室諦成『葬式仏教』(前掲)一二九頁。

(12) 池見澄隆『中世の精神世界』(一九八五年　人文書院)一六六頁。

(13) 『岩波仏教辞典　第二版』「年忌」。

(14) 通説通り、永沢寺の檀那が細川頼之ならば、地蔵との接点は認められる。というのも、細川頼之が檀那となって建立した地蔵院(臨済宗、現・京都府京都市西京区)の本尊は地蔵である。地蔵院を開いた碧潭周皎は「地蔵の再生」と呼ばれていたとされる。小川信『細川頼之』(前掲)二四六頁。しかしながら、前述の如く永沢寺の檀那が細川頼之であったかどうかは疑念が残る。従って、通幻と地蔵との接点は不明である。

第６章　源翁心昭（一三二九～一四〇〇）

本章では、後に石を砕く道具（ゲンノウ）にその名を取られた、源翁心昭[1]を取り上げる。

第１節　生涯

生没年は、『大日本史料』によるが、『大日本史料』は「法王能照禅師塔銘」を論拠としている［史料１］。「法王能照禅師塔銘」はもともと示現寺にあったものである。現在、原本は所在不明である。著者は源翁の弟子天海（一三四八～一四一六）、成立は応永七年（一四〇〇）であり、源翁の没後直後ということになる。しかし、その内容を見ると、殺生石調伏にあたり、まず大徹が失敗していること（後述・［史料16］）など、源翁を称賛しすぎている感もある。この点を踏まえて、竹内道雄は、「文章の長さや文体及び内容から言ってその骨子は天海のものであるにしても後世の源翁派の粉飾と思われる箇所が多い[2]」と述べている。一方、葉貫磨哉は「法王能照禅師塔銘」の史料性を重視している[3]。その理由は、「法王能照禅師塔銘」のみが源翁の没年を応永七年としていることである。それ以外の史料は、源翁の没年を弘安三年（一二八〇）か応永三年（一三九六）とする。弘安三年説は早すぎである。応永三年説は曹洞宗内の複数の史料に見られる。「源翁能照和尚行状記」も応永三年としている［史料２］。しかし、葉貫が敢えて「法王能照禅師塔銘」の応永七年説を取るのは、『会津塔寺八幡宮長帳』の明応七年（一四九八）三月三日条に、源翁の百年忌が行われた記録があるからである［史料3］。明応七年を遡ること一〇〇年であっても、応永五年にしかならないが、こうした法事は早く行われることはあっても、遅く行われることはないので、応永七年説の裏付けとなる。そこで葉貫は曹洞宗内の史料ではなく、逝去の地で成立した「法王能照禅師塔銘」を重視するのである。『大日本史料』もこれに従う。そうなると、「法王能照禅師塔銘」は後の粉飾が含まれている可能性もあるが、その骨子は源翁の没（応永七年）後まもなく成立したものと見なすことができる。

①国上寺（越後国）

正慶二年（一三三三）、源翁は越後国陸上寺に参じ、童子となる。この陸上寺は、現・新潟県燕市国上《こくじょう》寺とされる。[4]しかし、「陸上寺」の表記は源翁関係の資料で一貫しており、果たして国上寺＝陸上寺かどうか、若干疑問は残る（但し、陸上寺＝国上寺とする通説が形成されたのは、「陸上寺」では、地名を含めて一切資料に残っていないからである）。また、国上寺は現在、真言宗に属するが、もともと白山天台であったとされる。というのも『今昔物語集』に、国上山に仏塔を造ろうとしたところ、雷神と地主神とが邪魔をし、神融が『法華経』の力で調伏し、さらに雷神に水の便も図ってもらう、という話があるからである（第一二巻第一話［史料4］）。同様の話は、『大日本国法華経験記』巻下第八一話にもある［史料5］。中世曹洞宗の神人化度説話と共通するモチーフは大変興味深い。しかし、本章でまず問題としなければならないのは、主人公の神融である。通説では神融を白山の開祖泰澄と同一人物とし、[5]そこから国上寺を白山天台系と見なしてきたのである。

確かに、『泰澄和尚伝記』の冒頭では、泰澄の本名を「越大徳、神融禅師」としている［史料6］。また、『元亨釈書』第一五巻「泰澄伝」には越後国国上山における雷神の話を載せ、さらに天皇より神融禅師という号を賜ったとある[史料7]。しかし、『今昔物語集』や『大日本国法華経験記』の神融説話には、白山との関わりが全く記されていない。『泰澄和尚伝記』の成立が平安時代中期であり、その後『元亨釈書』が成立していることを考えると、『元亨釈書』における国上山の箇所は、〈時に神融とも呼ばれる〉泰澄と、越後国の神融とが混同された可能性もある。(6)

いずれにせよ、『今昔物語集』の、国上山の話においては『法華経』の力で調伏がなされていることから、かつて国上山が天台系であったことは明らかである。

康永二年(一三四三)には剃髪受戒している。しかし、貞和二年(一三四六)、総持寺の峨山に参じている。国上山が通説通り、白山天台系なのであれば、何らかの繋がりが想定されるが、上述の通り、国上山が白山天台系かどうかは厳密には不明である。むろん、仮に白山天台でなくとも、神融の話から天台系修験だったのは事実なので、国上山と総持寺とに何らかの繋がりがあった可能性はある。

②退休寺(伯耆国)

延文二年(一三五七)、退休寺を開創している。檀那は春日山城主箆津《のつ》豊後守忠敦である。『伯耆民談記』は、もともと当地には観音堂が存在していたことを示唆している[史料8]。また、『伯耆民談記』には、亡き妻を救済するために、敦忠は源翁を請い、源翁は亡霊を供養し、さらに寺後ろ池の大蛇に引導を渡し、大蛇は美女となったという開創説話を説く[史料9]。しかし、『伯耆民談記』は寛保二年(一七四二)成立であり、源翁の史実とするのは留意すべきである。(7)但し、他の曹洞宗寺院の寺伝を考慮するに、同寺は、元は観音を中心とした旧仏教系の寺(もしくは堂)で、それを改宗・再建したと解釈できよう。残念ながら退休寺は昭和一六年(一九四一)に火事に遭っており、現在は再建されているとはいえ、詳しいことは分からない。

③泉渓寺（下野国）・安穏寺（下総国）

延文五年（一三六〇）、泉渓寺を開創し、応安四年（一三七一）、安穏寺を開創した。泉渓寺は元・観音霊場であったと伝わる。栃木県那須烏山市に現存し、現・本尊は聖観音である。安穏寺はもともと律院であり、改宗・再建したとされる(8)。安穏寺の檀那は、在地領主・結城直光(9)である。茨城県結城市に現存し、現・本尊は薬師である。

④慶徳寺（陸奥国）

応安元年（一三六八）、慶徳寺を開創した。慶徳寺の檀那は、在地領主・芦名詮盛である［史料10］。福島県喜多方市慶徳町豊岡に現存する。現在、慶徳寺に隣接して慶徳稲荷神社があるが、これは明治の神仏分離令に由るもので、江戸時代以前は、慶徳寺内に稲荷神社があった。稲荷を祀った由来は、源翁による殺生石調伏（後述）に際し、当地に霊が白狐となって現れたためとされる［史料11］。

⑤示現寺（陸奥国）

永和元年（一三七五）、示現寺を改宗・再興している。源翁の弟子天海が記したと伝わる「法王能照禅師塔銘」には示現寺改宗・再建にあたり、まず老翁が当地に導いたこと、老翁は実は山神であったこと、もともとは空海が開いた「慈眼寺」が存在していたこと、旧慈眼寺は焼けて無くなってしまったこと、等が述べられている［史料12］。「源翁能照和尚行状記」（永享元年（一四二九）成立）でも、山神が老翁となって現れた記述がある［史料13］。とすると、示現寺に関する伝説は、少なくとも源翁没直後には成立しており、源翁自身がこうした伝説を活用して布教活動を行っていた可能性が高い。ちなみに示現寺の現・本尊は虚空蔵だが、もとの寺名＝慈眼寺は同寺で祀る千手観音に由来するという[史料14]。

福島県喜多方市熱塩加納町熱塩に現存する。周辺にある、熱塩温泉は源翁が発見したと伝わり[史料15]、湯元は示現寺である。

⑥殺生石（下野国）

康応元年（一三八九）、那須で祟りをなす殺生石の悪霊を調伏したと伝わる。但し、後述の通り、「康応元年」以外の説もある。「法王能照禅師塔銘」では、まず大徹が失敗、源翁が石を打ち、戒を授けることで、悪霊の祟りが消滅したという筋になっている[史料16]。なお、「源翁能照和尚行状記」では同じ筋ながら、大徹の失敗が記されておらず、明徳元年（一三九〇）のこととされる[史料17]。「法王能照禅師塔銘」[史料16]では、峨山の破竈堕説話[第2部第3章史料7]と同一の文言が引用されており、峨山からの影響が想定される。[10]これを裏付けるのが、「源翁和尚行状」であり、同書では源翁は峨山より破竈堕説話を教わったとしている[史料18]。前述の通り、「法王能照禅師塔銘」は源翁没後まもなくの成立であり、少なくとも殺生石伝説は源翁没後直後には成立していたといえる。であれば、源翁の史実である可能性が高い。

殺生石の話は能「殺生石」に取り入れられる。「殺生石」では、源翁の説法によって、石が割れ、狐の形をした人間が現れる、という筋になっている。また大徹は登場しない[史料19]。能「殺生石」から石を割る工具の名前が玄能《げんのう》となったとされている。

能「殺生石」に関しては、『実隆公記』文亀三年（一五〇三）九月十九日条に、「殺生石」を演じたとする記述がある

〔史料20〕。文亀三年年当時と、今に伝わる「殺生石」とが同一かどうかは留意すべきである。例えば「殺生石」を収める『新日本古典文学大系　謡曲百番』の底本は、「寛永七年黒沢源太郎刊観世黒雪正本」であるから寛永七年（一六三〇）のものである。殺生石説話を題材とする『玉藻の草子』〔史料21〕には源翁が登場するが、先行する『玉藻前物語』〔史料22〕には源翁が登場しないのである。[11]

しかしながら、永正一三年（一五一六）には成立していたと考えられる[12]『自家伝抄』において、「殺生石」の作者が佐阿弥（?～一四五八）とされている〔史料23〕ことを踏まえると、能「殺生石」は古くよりある程度、形が固まっていたと考えられる。

なお、源翁による殺生石説話が能に取り入れられた一経路として、大和国補巌寺《ふがん》（現・奈良県田原本町）が想定される。補巌寺は、至徳元年（一三八四）に了堂真覚が建てたとされる。了堂真覚は、太源宗真の弟子である。法系を記すと、以下のようになる。

峨山―┬―源翁
　　　└―太源――了堂――竹窓

竹窓智厳は補巌寺第二世である。この竹窓と世阿弥に交流があったとされるのである。[13]ここから、源翁の殺生石説話が能に取り入れられていったと考えられる。[14]

⑦その他

源翁はその他、最禅寺(出羽国)、東光寺(出羽国、現・岩手県羽後町)、正法寺(出羽国、現・山形県鶴岡市)、冷泉寺(出羽国、現・山形県酒田市)、常在院(陸奥国、現・福島県白河市)、温泉寺(越後国)、慈眼寺(越後国、現・新潟県弥彦村)、心月院(甲斐国、現・山梨県笛吹市八代町、現在は臨済宗)、化生《かせい》寺(美作国、現・岡山県真庭市)、玉泉寺(薩摩国、現・鹿児島県鹿屋市だが、廃寺[15])を開創したと伝わっている[16]。実質弟子が開創した寺も含まれている可能性もある。というのも名の伝わる弟子に寺を開創した記述が無いためである(第4部第1章後述)。それにしても計一五ヵ寺は峨山門下最多といえる。本州北部から九州とその範囲は全国に亘っている。ただ、中世曹洞宗の地元というべき北陸地方に開創した寺はない。また、源翁は総持寺の住持にもなっていない。一説には、源翁は瑩山教団から「追放」されたともいわれている。石川力山は、源翁開創寺院には、神異譚が伝わる一方、「門参資料」(公案話頭の捌き方の記録)が伝わっていないことから、こうした神異譚を活用する性格が瑩山教団に受け入れられなかったのかもしれない[17]、としている。

最禅寺の地には、もともと天台宗寺院があったとされ、秋田県湯沢市山田に現存する。最禅寺三不思議が伝わる[史料24]。東光寺の地にも、もともと天台宗寺院があったとされ、秋田県羽後町に現存する。東光寺七不思議が伝わる[史料25]。永泉寺は、もともと羽黒修験の道場であったとされ、山形県遊佐町に現存する。現・本尊は薬王菩薩である。正法寺は、山形県鶴岡市字大山に現存。現・本尊は聖観音である。冷泉寺は、現在、山形県鶴岡市にある同名寺院と考えられる。常在院は、福島県白河市表郷中寺屋敷に現存する。温泉寺は、霊泉寺と改称、新潟県岩船郡関川村に現存する[18]。慈眼寺は、新潟県遊佐町に現存する。

応永七年(一四〇〇)、示現寺において没する。

第2節　思想

源翁は全国布教に熱心ではあったが、そのせいか、著作は残っていない。その生涯と付随する伝説から類推するしかない。今一度、伝説を総括する。

先に述べた通り、示現寺開創にあたり、在地の山神が導いてくれたという伝説がある。また、那須では殺生石を調伏したという伝説もあった。これらの伝説は源翁没後まもなく成立した史料に記されており、源翁がこうした伝説を使って布教していたと考えられる。師峨山が破竈堕説話を記しているゆえ、無理な推論ではない。

また、殺生石を調伏した説話ゆえ、工具の玄能にその名を残すことになる。『源翁能照和尚行状記』では、国中の大工が源翁の元に集まった[史料26]とする。源翁とその門下は、石工や山の民と関係があったとする説がある。⑲源翁が全国各地に寺を開創するにあたり、いずれも在地領主を檀那としている。さほど縁のない場所での布教活動において、在地領主の信を得ることができたのは、源翁は石工や山の民と関係があり、「技術」を背景としたカリスマ性にあったと考えられる。⑳

確認しておけば、中世曹洞宗は白山天台を中心に修験との関わりが強かった。また、源翁自身、国上山という修験の出である。そうした結びつきを端緒に、石工・山の民と関係を強化していったと考えられる。

なお、源翁の生涯において、文献上、地蔵との接点は存在しない。しかしながら、現在、京都市左京区にある真如堂(天台宗)には、源翁が殺生石の破片で作ったとされる地蔵像が伝わる。但し、この地蔵像はもともと鎌倉で祀られており、江戸時代に夢のお告げによって移されたとされる。㉑まずは江戸時代に作られた伝承と見なしてよかろう。また、秋田県羽後町の安楽寺（曹洞宗）の本尊である、地蔵像は源翁作と伝わる。[22] 但し、源翁と安楽寺との関わりは文献では認められない。これらの源翁と地蔵像との関係を示す伝説に関する詳しい分析は今後の課題としたい。

註

（1）「源翁」の表記は幾つかあり、これは依拠する史料の性格を反映しているという説もある。上野徳親「源翁心昭と擯斥問題」（『宗学研究』第五一号　二〇〇九年）。従って、表記の問題は軽視してよいものではないが、とりあえず本書では、一般的な「源翁」という表記とした。

（2）竹内道雄「法王能照禅師塔銘」（『曹洞宗全書　解題・索引』）。

（3）葉貫磨哉「源翁」（曹洞宗宗学研究所編『道元思想のあゆみ2』前掲）。

（4）江戸時代において、良寛が滞在したことでも有名である。

（5）新編日本古典文学全集『今昔物語集①』五七七頁における頭注による。

（6）由谷裕哉は「（引用者補―『元亨釈書』第一五巻「泰澄伝」は）『本朝法華験記』などの越後の神融禅師の記事が、次に泰澄の伝承として引用され」（『白山・石動修験の宗教民俗学的研究』〈前掲〉八六頁）と、越後の神融と泰澄とを分かるべき旨を示唆している。しかし、この趣旨を強調する文脈ではないため、本書では、「示唆」を指摘するに留める。

（7）堤邦彦は、当該の説話は竜女救済の筋であることから、近世以後に成立したとする。堤邦彦『近世説話と禅僧』（前掲）二一九～三二二頁。

（8）結城市史編さん委員会『結城市史　第四巻　古代中世通史編』（一九八〇年　結城市）四八九頁。

（9）結城直光に関しては、結城市史編さん委員会『結城市史　第四巻　古代中世通史編』（前掲）三四七～三五七頁・四六四～四六八頁参照。これによれば、単純に曹洞宗信者というわけではなく、〈臨済宗を含む〉禅宗を中心にしつつも、念仏信仰なども有していたようである。これは、当時の武士の信仰実態を考えるに留意すべき点である。

(10)　なお、中国には路傍の石が妖怪となり、それを高僧が調伏する、という石妖伝説が存在する。澤田瑞穂『鬼趣談義』(前掲)三六〇～三六一頁。これも殺生石説話の一源流である可能性がある。

(11)　例えば、大島由起夫「玉藻の草紙」(徳田和夫編『お伽草子事典』二〇〇二年　東京堂出版)には、「王威を脅かす三国伝来の妖怪を退治するという異類退治譚を主軸とし、玉藻の前の才気を述べる場面ではさまざまな故事因縁が語られ、衒学的雰囲気を備えもつ。(中略)諸本中、根津美術館本が最も古態を示し、源翁和尚が玉藻の前の亡魂を済度する殺生石伝説を後日談として付載する系統も成立は室町時代に遡る。後者の中には源翁が会津の示現寺で遷化したことまで記す本があり、物語の成長に洞門による唱導の影響が認められる」とある。

(12)　西野春雄「『自家伝抄』考」(『芸能史研究』第三二号　一九七一年)。

(13)　香西精「世阿弥の出家と帰依」(『世阿弥新考』一九六二年　わんや書店)。なお、出家以後の世阿弥の能楽論に禅(特に道元)の影響があるかどうかについては説が分かれる。西尾実は道元からの影響を指摘する。西尾実「世阿弥の芸術論の特質と道元の影響」(熊倉功夫編『禅と能楽・茶』一九九七年　初出一九六一年　ぺりかん社)。これに対し、加藤周一は、世阿弥が禅の影響を受けたことをある程度認めつつも、「世阿弥の禅が、どのようなものであったか、大いに疑わしい。(中略)世阿弥に仏教が影響したのではなく、仏教が世阿弥において芸術になったのである」と述べている。加藤周一「世阿弥の戦術または能楽論」(日本思想大系『世阿弥　禅竹』)五四〇頁。同様に新川哲雄も、禅からの影響を認めつつも世阿弥は禅思想の用語を借りたにすぎないとしている。新川哲雄『「生きたる」ものの思想』(一九八五年ぺりかん社)五六～五九頁。世阿弥に関し、門外漢の私が口を出すには限界があるが、禅といっても様々な面がある。

この問題に対し、五位思想の観点から見直すことも可能かと思う。

世阿弥と五位思想に関しては香西精「世阿弥の禅的教養」（『世阿弥新考』前掲）、黒田正男「洞山・曹山の五位思想と世阿弥の能楽論」（『宮城教育大学紀要』第九号　一九七四年）、前田伴一「禅の思想から見た世阿弥」（熊倉功夫編『禅と能楽・茶』前掲　初出は一九七六年）、大友泰司「世阿弥と禅宗」（今枝愛真編『禅宗の諸問題』一九七九年　雄山閣出版）、同『世阿弥と禅』（二〇〇七年　翰林書房）参照。

（14）世阿弥没後における補厳寺と能との交流については今後の課題としたい。禅竹以外、その後の能において禅の影響は見られないとする説もある。熊倉功夫は以下のように述べている。「能においては金春禅竹に若干の影響を見い出すことができる程度で、その後の歴史における禅の影響はさして大とはいいがたい」（同編『禅と能楽・茶』前掲　三七六頁）。しかし、殺生石説話が能に取り入れられていることを考えると、思想面の影響関係はさておき、人的交流はその後も続いたのではなかろうか。

（15）本尊は如意輪観音であったと伝わる。『日本歴史地名大系47　鹿児島県の地名』七五二頁。

（16）石川力山「中世曹洞宗の地方展開と源翁心昭」（『印度学仏教学研究』第三一巻第一号　一九八二年）に、管見に及んだ事例を加えた。

（17）石川力山「中世曹洞宗の地方展開と源翁心昭」（前掲）。

（18）竹内道雄『越後禅宗史の研究』（一九九八年　高志書院）四一頁。

（19）結城市史編さん委員会『結城市史　巻四　古代中世通史編』（前掲）四八八頁、石川力山「中世曹洞宗の地方展開と源翁心昭」（前掲）、有馬嗣朗「中世曹洞教団と聖仏教―中世曹洞教団と遊行する禅僧」（『曹洞宗研究員研究紀要』第三二号　二〇〇二年）、広瀬良弘「曹洞宗の展開と地域社会」（『鶴見大学仏教文化研究所紀要』第一〇号　二〇〇五年）。

(20) 石川力山「中世曹洞宗の地方展開と源翁心昭」(前掲)。
(21) 小林月史『上田秋成と鎌倉地蔵縁起』(一九七六年　真如堂史研究会)、同『玄翁禅師伝現出と真如堂信仰』(一九七八年　真如堂研究会)。
(22) 大坂高昭『秋田県曹洞宗寺伝大要』(前掲)六七九頁。

第７章　大徹宗令（一三三三～一四〇八）

第１節　開創した寺

一般的に、元弘三年（一三三三）、肥前国に生まれたとされるが、大隅国説もある。要は九州生まれということであろう。幼くして出家し、筑前国妙楽寺の宗応に師事したとされる。現・福岡県福岡市の妙楽寺ならば、臨済宗大応派である。[1]その後、総持寺で峨山に師事し、印可を受けたとされる。印可を受けた年代は不明である。

①妙応寺（美濃国）

貞治年間（一三六二～一三六七）、妙応寺を開創した。なお、名目上の開山は師峨山である。元は「妙応教寺」［史料1］とされるので、旧仏教系寺院を曹洞宗に改宗したものと考えられる。即ち、曹洞宗寺院の開創によくある改宗・再建型である。後の史料ではあるが、『妙応寺縁起』［史料2］には、今須領主長江重景の母「妙応」が死後鬼より責め苦を受けた姿を大徹に見せられたため、重景は母の菩提を弔うために、大徹の言うことを聞き、妙応寺を開創した、という伝説が記録されている。この場合の「鬼」は、死者に責め苦を加えていることから地獄の鬼と解釈できよう。錦仁によると、『妙応寺縁起』は元禄五年（一六九二）、卍山によって記されたものとされる。[2]ゆえに、この縁起をそのまま史実として良いかどうかは疑問である。

寺開創以後ではあるが、「妙応寺文書」には、応安七年（一三七四）、長江重景が、亡父供養を目的として、妙応寺に土地を寄進している記録がある[史料3]。現在、妙応寺北西の山麓には長江氏の墓が二五基あること(3)を踏まえると、長江氏と妙応寺とは葬祭儀礼を一紐帯としていたと考えられる。大徹の師峨山が在家への葬祭儀礼を行っていた（第2部第3章前述）ことからも、このことは首肯されよう。従って、大徹が長江重景の亡母を鬼の責め苦より救済した縁起は、あながち後世のものと否定されるものではない。

②立川寺（越中国）

永和三年（一三七七）(4)、立川寺（現・立山寺《りゅうせんじ》(5)）を開創している。この寺は現在の名称表記からも分かる通り、立山の麓にある。現在の住所だと、富山県中新川郡上市町となる。寺に伝わる伝説[史料4]では、立山神が樵の姿をして現れ、大徹に授戒を願い、大徹は願いを聞き入れ、戒を授け、立山神と十八善神とが樵となって伽藍を造ったとある。同様の伝説は『越中遊覧志』にもある[史料5]。問題は、これを史実として認めるかどうか、ということである。この伝説を採録しているのは、明治一九年（一八八六）成立『寺院明細帳』・明治二一年（一八八八）成立『越中遊覧志』である。貞享三年（一六八六）に成立した『続扶桑禅林僧宝伝』では、立山神が衣冠を付けた異人(6)として現れ、大徹に戒を授かる話を載せている[史料6]。元禄一〇年（一六九七）刊行『延命地蔵菩薩経直談鈔』第九巻第二〇話[史料7]及び寛政八年（一七九六）～一〇年（一七九八）刊行『摂津名所図絵』の護国寺の項[史料8]にも同様の記述がある。江戸時代の史料では「異人」として現れ、明治時代の史料では「樵」として現れているが、大徹が立山神に戒を授けている点は五史料共通している。

これ以外に手がかりはないかというと、大徹の弟子であり、立川寺第二世でもある竺山の語録には、当寺の描写があり[史料9]、立川寺には「土地堂」が早くより存在し、護法神が祀られていたことが分かる。

　とすると、大徹が立山神に戒を授けたという話は後世に創られた伝説にすぎないとはいえないと私は考える。まず確認すべきは、立川寺の場所は立山の麓であり、立山修験の勢力下である。また大徹の弟子がその後、徳城寺(現・立山町谷口→現在は滑川に移転)・大川寺(現・立山町上滝)と立山登拝路に寺を開創している。大徹とその門下はこれらの寺を立山信仰と無関係に開創したとは思えない。『富山県史　通史編Ⅱ』は「大徹及びその門下が、当地において、立山信仰を無視しての布教活動は不可能であると判断し、むしろ、戒を授けて弟子とするという形で取り込むことにより、当地での布教活動を有利に進めようとした結果であろう。また、立山信仰にかかわっていた修験等に対しても、自らの協力者として取り込んでいった結果成立した説話ではなかろうか。さらに、立山神が樵夫の姿に現われているということからすれば、山林に関する仕事に従事する人々の協力を得ての活動であったと考えてよさそうである。山神などに戒を授けて弟子としたという説話を持つ曹洞宗の禅僧の数は少なくないのである」(六六九頁)という立場をとる。私も同感である。大徹本人がこうした説話を活用したかどうかは断定できないが、少なくとも大徹の近い弟子たちがこうした説話を活用したと推測することは可能であろう。

　そこで確認したいのは当時の立山の状況である。立山神を弟子とする―立山神を下に見る―説話を持つ曹洞宗が立山の麓に進出できた背景は何だったのだろうか。「立山開山伝説」は鎌倉時代に成立したものと考えられ、また、その内容は熊野権現の縁起と類似している。[7] 立山には熊野川なる川も存在する。ゆえに熊野信仰との関係がうかがえる。[8] また熊野信仰との関わりを示す寺院は真言宗寺院であった。[9] ところが、室町時代になると、天台系の修験者の活動が盛んになってくる。[10] 曹洞宗が白山天台と結びついていたことは、本書で何回か確認した。とすると、大徹とその門下は、天台系として進出したのではなかろうか。現在、立山寺背後の櫛形山には、聖観音像・十三仏像・弘法大師像を安置する堂がある。立川寺の地に以前は真言系の寺が存在し、これを改宗・再建した可能性がある。但し、十三仏像・弘法大師像の造立年代は不明である。従って、立川寺の開創が、改宗・再建型であった可能性があることを指摘するに留める。

立山において主流が真言系から天台系へと変化する中で、大徹とその門流は教線を広げていったといえるのである。

③護久寺（摂津国）

康暦二年（一三八〇）には、牛頭山護久寺[11]（後に護国寺と改称）を開創している。開創にあたり、檀那となったのは、畠山基国（一三五二～一四〇六）とされる［史料10・11］。畠山基国は越前国・越中国・河内国・能登国の守護を歴任している。越中国守護であったことから大徹と接点があったと考えられる。なお、越中国守護になったのは、康暦二年である。

護久寺開創にあたり、大徹自ら地蔵像を造ったとされる［史料12・13］。さらに亡くなるにあたり、護久寺の地蔵像こそ、自分の肖像であり、別に肖像を立ててはいけない、と遺言を残したとされる［史料14］。

護久寺は実質、弟子の竺山（一三四四～一四一三）が開創したものともいわれる［史料15］。竺山は出家以前から地蔵信仰を有しており、『竺山禅師語録』にも地蔵に言及したものがある（第4部第2章後述）。従って、これらの、大徹と地蔵像との関連を示す伝説が史実かどうかは疑問が残る。即ち、竺山の地蔵信仰が大徹の伝記に反映した可能性がある。但し、大徹と地蔵信仰には接点がある。古代より立山と地蔵信仰とは結びついていた[12]。立山修験と交流があり、立山の麓に立川寺を開創した大徹であれば、地蔵信仰を有していても不可思議ではない。また、師である峨山と交流のあった運良は地蔵堂を内包する形で傳燈寺を開創している（第2部第4章前述）。このことも大徹と地蔵信仰との関係の接点と考えられる。

応永一五年（一四〇八）に立川寺において没する。

上述の寺以外に、悦翁寺（越後国、現・新潟県上越市、廃寺）、伝法庵（総持寺輪住輩出塔頭の一つ）、向川寺（出羽国、現・山形県大石田町）、覚皇院（総持寺近隣）、大興寺（駿河国、現・静岡県牧之原市）を開創したとされる。大興寺には、遠州七不思議の一つである子生まれ石の伝承が伝わる。これは大徹が亡くなる際、「自分の身代わりとして、裏山から石が生まれる。その石を大切にするように」と言い残し、それ以降、住持が亡くなった際にはいずれも石が生まれたというものである[史料16]。この石を拝むと長寿・安産の功徳を得られるとされる。

総持寺に三度、永光寺に二度、住持となっている。

第2節　思想

大徹には、まとまった著作がない。僅かに置文等[史料17・18]に名前が残るのみである。そのため、大徹の思想を考察するには、今に伝わる伝説等から「類推」するしかない。大徹が開いた代表的な寺には、いずれも後の曹洞宗にありがちな伝説が伝わっている。今一度、伝説を確認し、大徹の思想を類推したい。

まず、美濃国妙応寺は、長江重景の母妙応が地獄に堕ちたのを大徹が救済し、それを契機に寺が開創されたとされる。この伝説が史実かどうか疑問である。しかし、古文書等を見ると、長江氏が葬祭儀礼を希望していたことは事実である。

越中国立川寺には、大徹が立山神に戒を授け、その結果、立山神が護法神となった、という伝説が伝わる。この伝説もどこまで遡れるか、疑問である。但し、立川寺が立山の麓に存在すること、その後も大徹の弟子が立山登拝道沿いに寺を建てていることを考えると、立山信仰と無関係に立川寺が開創され、継続していたとは考えられない。①大徹の師峨山が破竈堕説話を記していること、②峨山が師事していた運良が在地の神等をうまく活用していたこと、の二点を考慮すると、大徹（もしくは近い弟子）が寺院開創・運営にあたり、立山神を護法神とし、その説明として、立山神を取り入れる説話を説いていたと考えられる。

摂津国護国寺の本尊である地蔵像は、大徹が自ら作ったという伝説が伝わる。これが史実ならば、中世曹洞宗で敢えて造られた地蔵像の最初期のものとなる。

大徹に関する伝説は、採録年代を考慮するに、大徹自身の行状と断定できないが、状況的には大徹もしくは大徹の弟子が、このような伝説や葬祭儀礼を活用して布教活動していたと推測できる。

註

（1）妙楽寺を開いた月堂宗規（一二八五～一三六一）は南浦紹明の弟子である。月堂宗規に関しては、玉村竹二『五山禅僧伝記集成　新装版』（前掲）一六二～一六四頁に詳しい。

（2）錦仁『東北の地獄絵』（二〇〇三年　三弥井書店）六八頁。

（3）『日本歴史地名大系21　岐阜県の地名』一一一頁。

（4）応安三年（一三七〇）説もある。

（5）改称の時期は諸説あり不明。第4部第2章参照。

(6)「衣冠を付ける」ということは、白山曼荼羅において、男神が衣冠束帯で表されることがあることと共通している。例えば、白山比咩神社蔵の金剣宮がこれにあたる(奈良国立博物館『垂迹美術』一九六四年　角川書店　図95参照)。ちなみに『白山記』には「金剣宮(白山第一　王子)(本地倶利伽羅明王・垂迹男神、御冠に上衣を着け、後略)」とある(上村俊邦『白山信仰史料集』二〇〇二年　岩田書院　三六一頁)。となると、この「異人」というのは「異形の人」という意ではなく、「すぐれた人」という意であろう。もっとも、神が衣冠束帯で表されるのは白山曼荼羅に限ったことではない。第2部第3章第2節で言及した『景徳伝灯録』「破竈堕説話」[第2部第3章史料8]においても「一人の青衣峩冠」とあった。また、薬師寺休ヶ丘八幡宮「板絵神像」においても男神が衣冠束帯の姿で表されている。『国宝　薬師寺展』(二〇〇八年　読売新聞社)九一頁。

(7)高瀬重雄「立山開山縁起に関する考察」(『古代山岳信仰の史的考察』一九六九年　角川書店)。

(8)富山県編『富山県史　通史編Ⅱ』(一九八四年)二二〇～二二一頁。なお、〈曹洞宗と交流のあった〉臨済宗法燈派の本拠地である興国寺は、熊野に近く、法燈円明縁起には熊野関係の記事が多い。宮崎円遵「法燈円明国師之縁起について」(荻須純道編『禅と日本文化の諸問題』一九八六年　平楽寺書店)。

(9)富山県編『富山県史　通史編Ⅱ』(前掲)二二三頁。

(10)富山県編『富山県史　通史編Ⅱ』(前掲)二二三頁。

(11)隣接する吹田大宮高濱神社の「参拝の栞《しおり》」によると、この山号は、寺院守護を素戔嗚尊(牛頭天王)に祈願したことによるとされる。

(12)『今昔物語集』第一七巻第一八話・第二七話は、立山を舞台とした地蔵説話である。立山と地蔵信仰との関わりについては、高瀬重雄「地蔵信仰と立山」(『古代山岳信仰の史的考察』前掲)、由谷裕哉『立山地獄説話への一試論』(一九九

六年　富山県［立山博物館］）、久保尚文「立山地獄信仰論のために」（『越中中世史の研究』一九八三年　桂書房）参照。

第8章　その他の峨山の弟子

以下、残りの峨山の弟子で、本書の叙述に関連する六人を取り上げる。先の二人は地蔵信仰と関連し、後の四人は地方布教を行った事例である。

第1節　無際純証（?～一三八一）

能登の出身と判明しているが生年は不明。またその生涯に関しても詳しい年代は分かっていない。幼くして総持寺にて瑩山に師事した。その後、峨山の弟子となる[史料1]。応安七年（一三七四）、請われて、越中国自得寺を曹洞宗に改宗している。同寺は、富山県富山市本郷中部に現存する。『越中宝鑑』に収める寺伝[史料2]によると、もとも と他宗派の寺院であり、「延命大士」のお告げにより、無際を招き、曹洞宗に改宗した、とある。中世曹洞宗寺院によくある寺伝といえる。但し、『越中宝鑑』の成立は明治三一年（一八九八）なので、中世に遡れるかは不明である。「延命大士」は同寺の宝物に、「石像延命地蔵菩薩像」があるので、「地蔵」と解釈すべきであろう。また、「延命地蔵菩薩像」には、弘法大師作という伝説がある[史料3]。ゆえに、もとは真言宗だったと考えられる。(1) 現在、同寺の本尊は釈迦如来である。

同寺には室町時代作の宝篋印塔が存在する。(2) 従って、開創当時に遡れるかどうか別にして、かなり古くより葬祭儀礼を行っていたと考えられる。

無際は総持寺輪住第四世になっている。また、「韶碩遺物分配状」［史料4］、「総持寺常住文書目録」［史料5］にその名があり、峨山の弟子の中でも重要視される存在であったことがうかがえる。

無際は語録を残していない。自得寺からその思想を類推するしかないが、これも中世に遡れるものはほとんどない。寺伝や宝篋印塔の存在から類推するに、旧仏教の寺院を改宗し、（もともとあったであろう）地蔵菩薩像をそのまま祀り続けたと考えられること、何らかの葬祭儀礼を行っていたであろう、といった事柄を類推できるに留まる。

第2節　無端祖環（?～一三八七）

能登生まれで生年は不明である。幼くして、大乗寺において瑩山について得度し、後、明峯及び無涯智洪（瑩山の弟子、第2部第2章前述）に師事、さらに峨山の門に入る。

応安年中（一三六八～一三七五）に総持寺輪住第七世となる。また、一時期、総持寺蔵司識であった。後、越前国祥園寺の信者に招かれ、開山となった［史料6］。但し、祥園寺はその後廃寺となったため、所在地等詳しいことは分からない。

また、永徳二年（一三八二）、請われて、岩見国竜雲寺（現・島根県浜田市三隅町）を改宗・再建する。同寺は、もともと大同二年（八〇七）に開かれた「教院」[3]である。檀那は在地武士三隅信兼である。三隅氏の菩提寺として繁栄したという[4]。本堂天井に画かれた龍が有名で、下で手を叩くと、龍が鳴くとされる。

無端にはまとまった著作は伝わらない。「洞谷開山和尚毎季八月御仏事出銭之事」［史料7］、「総持寺箱入什物目録写・御箱入物日記」［史料8］、「総持寺門徒連署置文写」［史料9］にその名が見えるのみである。開創した寺も祥園寺が廃寺、竜雲寺に関して三隅氏の菩提寺であったことが伝わるのみである。名のある弟子として、唯一、瑞巌韶麟（第4部第3章後述、地蔵信仰を有する）がおり、『瑞巌禅師語録』が今に伝わる。ここでは五位思想が展開している［史料10］[5]。そうなると、僅かな現存資料から、無端は、峨山の他の弟子と同様、五位思想を活用し、在地の武士を檀那として寺を開創・運営した、と類推するしかない。

第3節　上記二名以外

①無外円照（照とも）（一三一一〜一三八一）

薩摩生まれ。幼くして出家し、諸処を遊学。後、総持寺において峨山に参じ、印可を受ける。薩摩国に戻り、泉徳寺を開創する。開創といっても元は、皇立寺があり、谷山氏によって招かれ、改宗した、という形である。現・鹿児島市に当たるが、明治の廃仏毀釈によって廃寺となり、「皇徳寺台」という地名のみ残る。

②道叟道愛（?〜一三七九）

羽後秋田生まれ。比叡山で天台止観を学び、後、総持寺にて峨山に参ず。黒岩正法寺の第三代住持を経て、陸奥国に高沢寺を開創した。同寺は、青森県鰺ヶ沢町に現存する。地獄十王図が有名であるが、地獄十王図は一九世紀以降に祀られるようになったに過ぎない。また、陸奥国に永徳寺を開創する。夢において観音により剣の場所を指示され、当地に永徳寺を開創したという伝説が伝わる[6]。同寺は、最盛期において、四〇八の末寺を持ち、応安五年（一三七二）、後円融天皇より綸旨を受けたとされる。(7)岩手県胆沢郡金ヶ崎町に現存する。

③竺堂了源（?～?・総持寺輪住第一〇世）

山城国の生まれ。幼少の頃、明峯のもとで得度、後、峨山により印可を受ける。総持寺第一〇世。伊勢国に建福寺を開創したといわれるが、竺堂は庵を結んだに過ぎず、弟子筋が寺として整備したとも伝わる。同寺は、現・三重県四日市市に現存する。

④大方詔薫

出羽国に永泉寺を開創した。但し、名目上の開山は峨山である。

註

（1）重杉俊雄「自得寺と寒江の里」（重杉俊雄・高瀬保『自得寺と古文書』一九六三年　呉羽町観光協会）。

（2）藤原良志「北陸に於ける宝篋印塔」（『史迹と美術』二九〇号　一九五九年）。

（3）大島幾太郎『那賀郡史』（一九七〇年　著述一九四〇年　大島韓太郎）六九九頁。

（4）但し、島根県編『新修　島根県史　通史編　考古・古代・中世・近世』（一九八四年　初出一九六八年　臨川書店）は岩見における無端の布教活動を認めつつも、竜雲寺は弟子、瑞巌詔鱗（第4部第3章後述）が実質開創したとし、また、その場所は当初、美濃郡種村であり、後に三隅氏の支援により、三隅郡に移ったとする（四八七頁）。

（5）『曹洞宗全書　解題・索引』一七一頁。

（6）人文社観光と旅編集部『郷土資料事典』（一九七一年　人文社）九二～九三頁。
（7）金ヶ崎町中央生涯教育センター『永沢寺遺跡』（一九九二年　金ヶ崎町教育委員会）八頁。

まとめ

以上、第3部において、峨山の弟子の内、比較的行状の分かる、一三人を考察した。「峨山二十五哲」といわれるように、峨山の弟子はこれ以外にも多数いるが、詳細不明なため、まとめに入らざるを得ない。まとめると、以下の、四つの共通点が提示できよう。

①活動範囲は北陸に留まらず、全国に及んでいる。明峯派も幾つかの地域に進出しているが、峨山派の方が広範囲である。

②寺院開創といっても、旧来の寺・堂を改宗・再建する形が多い。

③無縁の地においても檀那を獲得している。檀那獲得のために、神人化度説話等奇瑞を活用していたと考えられる。明峯派でも神人化度説話等奇瑞を使うことはあったが、峨山派の方が顕著である。

④葬祭儀礼等、檀那の要求にかなう儀礼を行っていた。

神人化度説話が記録化されたのは、主に江戸時代以降であった。従って、成立年代不明の伝説については後世の創作である可能性を充分に考慮する必要がある。しかしながら、中世には成立していたと思われるものも若干だが存した。そうなると、「峨山の弟子」という共通の枠組みを考慮し、江戸時代に記録化されたものであっても、中世に遡る可能性を有しているといえよう[1]。

なお、曹洞宗寺院の檀那であった、新興階層である在地武士は、一族の象徴として、氏寺が必要であった。またその氏寺は、当然、旧仏教以外である必要があった。そして死と向かい合わせであった中世において、氏寺では、葬祭儀礼が求められたのである。

こうした流れの中、地蔵信仰が活用されることもあった。行状から地蔵信仰を活用していたことが確認される人物として、大徹・実峰・無際・通幻の四名が挙げられる。但し、いずれも地蔵の職能はさほど明確ではなかった。例外的なのは実峰であった。実峰の語録においては地蔵の「代受苦」等が記されていた。が、実峰においても葬祭儀礼との関連は明確ではなかった。曹洞宗において、地蔵の職能が明確化されるのは次の世代、即ち峨山の孫弟子の世代を俟たなければならない。

註

(1)　近世に成立した曹洞宗説話との対比は、本書では取り扱うことができないが、堤邦彦の、神人化度説話は本来土着神鎮撫を説くものであったが、近世に業婦解脱譚が付与された、とする指摘は有効であろう。堤邦彦『近世説話と禅僧』(前掲)三五頁。即ち、業婦解脱譚を含むとすれば、その箇所は近世に付与されたと見なすことができる。

第4部　定着期

第3部では、峨山の直弟子を取り上げた。直弟子の行動範囲を全て合わせると、かなりの地域に及んだ。これが、峨山の孫弟子（さらにその弟子）になると、さらに広がってゆく。孫弟子の活動年代を西暦に当てはめると、一三八〇年代～一四〇〇年代である。それは、曹洞宗が全国に定着し始める時期といえる。

第１章　峨山の孫弟子たち

以下、第３部の順におおよそならって、峨山の孫弟子の活動を見てゆく。なお、取り上げるのは主に北陸地方以外に寺を開創した者である。

第１節　太源の弟子とその門流

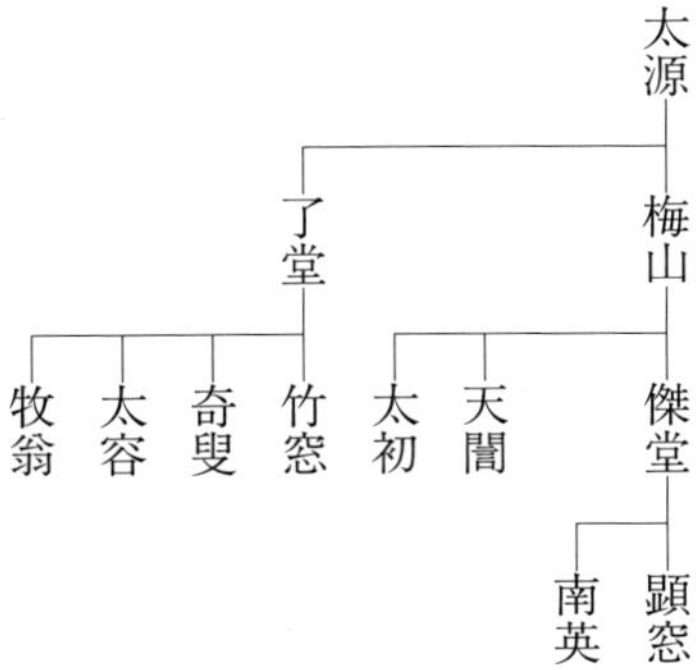

梅山聞本（?〜一四一七）は、越前国に龍沢寺を開創した。龍沢寺の観音像には身代わり説話が伝わる［史料１］。また、梅山は総持寺輪住第一一世の際、足利家の帰依を受けたことでも知られる。[1] 梅山の弟子傑堂能勝[2]が開創した越後国耕雲寺を拠点に、越後国に曹洞宗が広まった。[3] 傑堂の高弟として、顕窓慶字（?〜一四三三）と南英謙宗（一三八七〜一四六〇）がいる。顕窓は、出羽国西蔵寺を改宗・再興したと伝わる。[4] 南英は、出羽国玉泉寺（第１部第１章前述）を玉川寺と改称している。単なる改称ではなく、復興の面もあったと推測される。南英は、この他、陸奥国会津に天寧寺[5]、備中国に英常寺を開創している。梅山の弟子天誾如仲（一三六五〜一四二七）の開創した遠江国大洞院を出発点に、東海地方に曹洞宗が広まった。[6] 天誾が大洞院を開創するにあたっては神人化度説話が伝わる［史料２］。如仲の語録は葬祭関係を中心に述べられている。[7] 大洞院の現・本尊は麻蒔地蔵である。大洞院開創にあたって、麻蒔地蔵が関連したという伝説が伝わっている［史料３］。伝説の存在から、開創時より、本尊が麻蒔地蔵であった可能性が高い。

梅山の弟子太初継覚（一三四五〜一四一三）は越前国に松隠寺を開創した。太初の弟子に、明林宗哲（?〜?）・仙岩能範（?〜?）がいる。明林は、出羽国に乗慶寺を開創した。明林の弟子によって、出羽国に曹洞宗が広まった。[8] 仙岩は尾張国に常楽寺を開創した（名目上の開山は梅山である）。

了堂真覚（一三三〇〜一三九九）は、薩摩国に金鐘寺を、大和国に補厳寺を開創した。両寺とも現在は廃寺となっている。補厳寺において、了堂の弟子竹窓と世阿弥との交流があったことは既に第３部第６章で述べた。なお、竹窓とその門流によって、大和国・近江国・出雲国・九州南部等に曹洞宗は広まった。[9] 了堂の弟子としては、これ以外に奇叟異珍（?〜?）・太容梵清（?〜一四二七）・牧翁性欽がいる。太容は丹波国に玉雲寺を開き、弟子も丹波国等に寺を開創した。牧翁は、丹波国に松山寺を開創した。

第2節　月泉の弟子

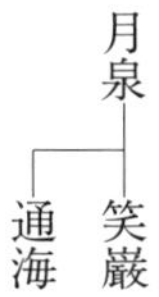

無底・月泉・道叟の門流によって、東北地方に曹洞宗は広まった。特に月泉の弟子は四〇人以上といわれ、弟子はそれぞれ陸奥国等に寺を開創している[10]。特に著名なのは、正法寺を嗣ぎ、後に陸奥国常安寺[11]を開創した笑巌慧忻(一三六七〜一四五〇)である。また、通梅良義(?〜?)は上野国に長覚寺を開創している。道叟の弟子については第7節後述。

第3節　実峰の弟子

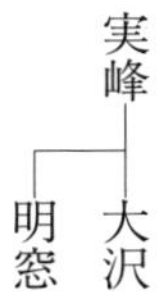

大沢慈恩は、実峰が開創した、備中国永祥寺を継ぎ、大沢の弟子は備中国に曹洞宗を広めた[12]。
明窓妙光(一三五〇〜一四一五)は、伯耆国に円福寺、薩摩国に永源寺等、日向国に安居寺・長善寺を開創した。明

窓の弟子は鳥取・島根地方に曹洞宗を広めた[13]。

第4節　通幻の弟子とその門流

通幻
- 慧明―月江
- 石屋―定庵
- 天真―英仲
- 天鷹

慧明了庵（一三三七～一四一一）は相模国に最乗寺を開創した。最乗寺開創にあたっては神人化度説話が伝わる［史料4］。最乗寺のある大雄山はもとは修験の修行場であったと考えられている。同寺を拠点に曹洞宗は関東地方に広がった[14]。その際、各地で修験との習合があったとされる[15]。現在、最乗寺は、曹洞宗三大祈禱道場の一つであり、寺では参詣者の現世利益を祈っている。その根拠は、了庵の弟子妙覚道了が、師が亡くなった際に発した五誓願による［史料5］。五誓願はおおよそ、「自分を念ずれば、現世利益を得る」といった内容である（ちなみに妙覚道了は、五誓願を発した後、天狗となったと伝わる）。このため、現在、最乗寺を訪れる人は、道了尊に詣ることを主眼とする。慧明の弟子月江正文[16]（?～一四六二）周辺には、神人化度説話が伝わる［史料6］。

石屋真梁（一三四五～一四二三）は薩摩国に妙円寺・福昌寺を開創し、石屋の弟子たちによって、九州・中国地方に曹洞宗は広まった[17]。石屋の弟子定庵殊禅（一三七三～一四三二）周辺には神人化度説話が伝わる［史料7］。

天真自性（一三六〇？～）は越後国に慈眼寺を開創した。開創にあたっては、観音に関する奇瑞が伝わっている［史料8］。天真の弟子に英仲法俊らがいる。英仲は、丹波国に円通寺を開創している。

同じく通幻の弟子天鷹祖祐（一三三六～一四一三）は、尾張国に雲興寺を改宗・復興している。元の宗派は天台宗である。

第5節　源翁の弟子

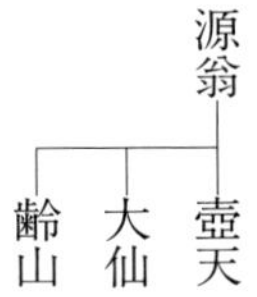

源翁の活動範囲は全国に及び、少なくとも一五ヵ寺を開創したと伝わる。しかし、弟子の行状に寺を開創したことが伝わっていないことを考えると、一五ヵ寺の中には、実質、弟子が開創した寺も含まれると考えた方がよかろう。名前の伝わる弟子としては、壺天玄晟（退休寺第二世）・大仙英仲（常在院第二世・安穏寺第二世）・齢山覚延（泉渓寺第二世）がいる。いずれも詳しい行状は伝わらない。

第6節　大徹の弟子

竺山(一三四四～一四一三)は、摂津国に護久寺、近江国に長命寺、下野国に桂林寺を開創した(第4部第2章後述)。日山良旭(?～?)は、向川寺・宝泉寺を開創するなど、出羽・奥州に曹洞宗を広めた[18]。天巌宗超(?～?)は摂津国に大広寺を開いた。祖東春岩(一三五一～一四一四)の門流は九州に曹洞宗を広めた。禅室宗安は、播磨国に真光寺を開創した。

第7節　その他

①無際

東隆眞によると、少なくとも瑞雲徹・中山環という二名の弟子がいる[19]とされるが、詳細は不明である。

②無端

無端の弟子として、瑞巌韶鱗がいる(第4部第3章後述)。

③無外

無外――妙融無著――天真融適
　　　　　　　　├大空融仙
　　　　　　　　└舟淵玄鑑

無外の弟子としては、妙融無著（一三三三～一三九三）とその門流が活躍している。妙融は、豊後国泉福寺[20]等、九州地方において八ヵ寺を開創した。泉福寺には文殊泉という泉があったが、これには開創にあたり、童子が指し示したという説話が伝わる[史料9]。「文殊泉」という名称及び近隣に文殊仙寺[21]（天台宗）が存したことから、『大分県史』では、旧仏教の勢力の強い地に進出するために、文殊の加護を受ける妙融という話が作られたとしている[22]。泉福寺を基点に、その門流は曹洞宗を九州に広めた[23]。その一例が天真融適（?～一四一三）による、筑前国瑞石寺開創である（名目上の開山は妙融）。なお、開創にあたって、英彦山の石による導きがあったと伝わる[史料10]。また、大空融仙は、出羽国に安養寺を開創している。さらに舟淵玄鑑は出羽国に曹渓寺・大慈寺、遠江国に雲巌寺を開創した。

④道叟

道叟――月庵
　　　└湖海

月庵良円（一三四八～一四二五）は、至徳元年（一三八四）、檀那の要請により、住んでいた庵を総光寺とする。総光寺の地に至るにあたり、医王仏（＝薬師仏）が導いたとする説話が伝わる［史料11］。応永一〇年（一四〇三）、下総国臼井荘に永徳寺を開創する。

湖海理元（？～？）は、応永元年（一三九四）、出羽国に海晏寺を開創する（現・山形県酒田市相生）。応永二年（一三九五）、出羽国に持地院を開創する。開創当時は、現・酒田市古湊であったとされるが、現在は酒田市日吉に移転している。

⑤竺堂

竺堂の弟子としては知用・霊珍がいるが、いずれもその生涯は不明なので省略する。

以上見てきた通り、峨山の孫弟子たちは―人が多くなったせいでもあるが―前世代以上に各地に布教を行った。その布教実態は、不明な者もいるが、神人化度説話を活用したとされる者もいる。従って、布教実態不明な者に関しても、時に奇瑞等を活用して布教したと考えられる。

峨山の孫弟子の中には、積極的に地蔵信仰を活用した者も出てきた。第2章～第4章では、地蔵信仰を積極的に受容・活用した三名を取り上げる。

註

（1）竹内弘道「梅山」（曹洞宗宗学研究所『道元思想のあゆみ2』前掲）。

（2）楠木正成の子とされる。
（3）竹内道雄『越後禅宗史の研究』（一九九八年　高志書院）四一頁。
（4）大坂高昭『秋田県曹洞宗寺伝大要』（一九九六年　無明舎）六八六～六八七頁。
（5）名目上の開山は南英の師、傑堂である。福島県会津若松市東山町石山天寧に現存する。近藤勇の墓があることで有名である。
（6）広瀬良弘「如仲天誾と遠江大洞院」（石川力山編『曹洞宗教義法話大系　第7巻』一九九一年　同朋舎出版）。
（7）広瀬良弘『禅宗地方展開史の研究』（前掲）三八五頁。
（8）中島仁道『曹洞教団の形成とその発展』（一九八六年　総持寺）四四～四五頁。
（9）中島仁道『曹洞教団の形成とその発展』（前掲）七三頁。
（10）渡部正英「月泉」（曹洞宗宗学研究所『道元思想のあゆみ2』前掲）。
（11）宮城県宮古市沢田に現存する。
（12）石川力山「実峰良秀とその門流」（同編『曹洞宗教義法話大系　第7巻』前掲）。
（13）石川力山「実峰良秀とその門流」（前掲）、中嶋仁道『曹洞教団の形成とその展開』（前掲）一二三五～一二三六頁。
（14）桜井秀雄編著『永平寺・総持寺』（一九六四年　教育新潮社）一三五頁。
（15）中嶋仁道『曹洞教団の形成とその発展』（前掲）一〇二～一〇四頁。
（16）印可は無極慧徹（一三五〇～一四三〇、了庵の弟子）より受けている。
（17）小林準道「石屋」（曹洞宗宗学研究所『道元思想のあゆみ2』前掲）。
（18）石川力山「大徹宗令とその門流」（同編『曹洞宗教義法話大系　第7巻』前掲）。

(19) 東隆眞『瑩山禅師の研究』(前掲)二二二頁。
(20) 大分県国東市国東町横手に現存する。
(21) 大分県国東市国東町大恩寺に現存する。寺は文殊山中腹にある。本尊は文殊で、日本三大文殊の一つである。
(22) 大分県総務部総務課編『大分県史　中世篇Ⅱ』(一九八五年　大分県)四二六頁。
(23) 鈴木泰山『禅宗の地方発展』(前掲)二五二頁・二六一頁。

第2章　竺山得仙（一三四四～一四一三）

第1節　生涯―地蔵信仰との関連を中心に―

竺山の伝記は『竺山大和尚行録』・『竺山和尚行録』という二書が存在する。『竺山和尚行録』によると、竺山は九歳より地蔵信仰を有していた［史料1］。『竺山和尚行録』は奥書に従うならば、応永二二年（一四一五）成立であり［史料2］、ある程度信の置ける史料である。とは言っても、竺山没後に弟子が編集したものであるから、神格化した面がある可能性は否定できない。

一九歳の時、夢を見て、これを契機に出家することになる。その夢は、地獄に堕ち、地蔵に救済される、というものであった［史料3］。

出家後、近江国永源寺にて寂室元光（一二九〇～一三六七、臨済宗大覚派）[1]、上野国吉祥寺にて大拙祖能（一三一三～一三七七、臨済宗幻住派）に学ぶなど諸処を遊学、美濃国妙応寺にて大徹に師事し、印可を受ける。康暦二年（一三八〇）、護久寺（摂津国）開創にあたり、開山に招かれるが、竺山は師である大徹を推し、自らは第二代となったとされる［第3部第7章史料15］。

なお、護久寺の本尊が大徹ゆかりの地蔵像であったことは先に論じた（第3部第7章）。

護久寺は明徳二年(一三九一)に、足利義満の命により、祈願所となる[史料4]。『竺山和尚行録』においては、足利義満は、護久寺を五山の一つとしようとしたが、竺山が拒否、代案として、祈願所となったとする[史料5]。その後、七堂伽藍が造営され、寺号は護国寺と改められた。改称の時期は不明だが、応永一八年(一四一一)の文書には護国寺の名がある[史料6]。

足利家による護久寺保護は、幕府の吹田地域への進出の一環と捉えるべきである[2]。但し、足利家は代々地蔵信仰を有する傾向がある。まず代表的事例として、足利尊氏の地蔵信仰が挙げられる[3]。また、足利義満にも地蔵信仰が存した[4]。このことが直接、護久寺の勅願所化と結びつくかどうかは、分からない(前述の如く『竺山和尚行録』は足利義満自ら祈願所としたとするが、その理由は不明)。ただ、護久寺の本尊が地蔵像であったことが勅願所化の後押しとなった可能性を指摘するのみである。確認しておけば、祈願所となることは祈禱を行うことを意味する[5]。但し、護国寺において具体的に如何なる祈禱を行っていたかは不明[6]。

応永三年(一三九六)、下野国に桂林寺を開創する。同寺は栃木県宇都宮市清住に現存する。

応永四年(一三九七)、越中国立川《りゅうせん》寺の住持となる。応永五年(一三九八)、総持寺の輪住第一四世にもなっている。

応永六年(一三九九)、竺山が総持寺住持の際、足利幕府により、総持寺は寺領を安堵されている。同年、近江国に長命寺を開創する(現・廃寺)。応永一八年(一四一一)、再び立川寺の住持となる。

応永二〇年(一四一三)、桂林寺にて没する。

第2節　地蔵信仰

竺山の生涯に地蔵信仰が深く関わっていたことを第1節で述べたが、『竺山禅師語録』には地蔵に言及した箇所が五ヵ所存在する[史料7・8・9・10・11]。単に地蔵を賛美しているにすぎないものもある[史料7]が、葬祭儀礼において地蔵を活用した語録もある[史料8・9・10・11]。史料8・10では、「現坐道場地蔵菩薩」と地蔵が現世に現れることを明記している。これまで見てきた峨山の弟子たちの語録においては地蔵を賛美するものもあったが、地蔵の職能は明確ではなかった。これに対し、峨山の孫弟子、竺山になると、地蔵の死者救済の職能が明確化されるのである。

但し、竺山は葬祭儀礼に必ず地蔵を活用していたわけではない。語録の他の箇所を見ると、葬祭儀礼において地蔵の名が出てこないものもある[史料12・13]。葬祭儀礼に地蔵のみを活用していたわけではない。「現坐道場地蔵菩薩」という語句は後述する「亡者授戒切紙」に類似語句がある(第5章後述)。

註

(1)　但し、寂室元光は、入元の際、中峰明本(一二六三～一三二三)に師事したとされる。玉村竹二『五山禅僧伝記集成 新装版』(前掲)二七三～二八〇頁。また本書との関連で言えば、大覚派の祖蘭渓道隆の開いた建長寺の本尊は地蔵である。むろん、元光が地蔵信仰を有していたという意ではなく、臨済宗が時に地蔵信仰を活用していたことを確認するのみである。

(2) 吹田市史編さん委員会『吹田市史　第一巻』(一九九〇年　吹田市)四四五～四四六頁。

(3) 八木聖弥「足利尊氏と地蔵信仰」(『博物館学年報』第二八号　一九九六年)。足利義詮の地蔵信仰については、葉貫磨哉「足利義詮の禅宗信仰とその態度」(山本世紀編『論集日本仏教史5　室町時代』一九八六年　雄山閣出版)参照。

(4) 臼井信義『足利義満』(一九六〇年　吉川弘文館)一五～一六頁、西山美香「足利義満の〈宝蔵〉としての宝幡寺鹿王院」(松岡心平・小川剛生『ZEAMI 中世の芸術と文化』第四号　二〇〇七年)。

(5) 細川武稔「室町将軍家祈願寺の諸相」(『寺院史研究』第七号　二〇〇三年)。

(6) その後、護国寺は戦国時代に一旦、焼失する。寛文年間(一六六一～一六七三)に再興される。江戸時代において、護国寺の地蔵像は、種々の現世利益を担っていた[史料14]。

第3章　瑞巌韶麟（一三四三～一四二四？）

峨山の孫弟子（無端の弟子）として、本章では瑞巌を取り上げる。

第1節　生涯

康永二年（一三四三）、能登国に生まれる。俗姓は神保氏である。神保氏は能登国守護代である。幼くして総持寺にて峨山に師事し、後、瑩山にも師事したと伝わる[史料1]。瑩山は正中二年（一三二五）没なので、瑩山に師事したとの言い伝えは何かの間違いだろう。

その後、大乗寺にて明峯、加賀国浄住寺にて無涯智洪（瑩山の弟子、第2部第2章註（1）前述）に参ず。さらに越前国祥園寺にて無端祖環（第3部第8章前述）に師事する。『日本洞上聯燈録』では瑞巌を「無端の法嗣」の項に入れている[史料1]。

後、総持寺輪住第一三世となる。さらに、応永四年（一三九七）、能登国に宗円《そうえん》寺を開く。檀那は、『重続日域洞上諸祖伝』では「肥州刺史の神保氏」とする[史料2]。能登国守護代である神保氏は、官途名を「肥前守」としていた(1)ので、「肥州の刺史の神保氏」とは、能登国守護代・神保氏を指す。『日本洞上聯燈録』では、守護畠山氏が檀那であったとする[史料3]。『瑞巌禅師語録』にも、「肥州」[史料4]とあるので、神保氏が檀那であろう。

なお、宗円寺は、『瑞巌禅師語録』に「能州賀島《ママ》郡八田郷府中、海禅山宗円禅寺」[史料5]とあるので、現・石川県七尾市府中にあったと考えられる。戦国の争乱において、上杉謙信の攻略で大破し、廃寺となったとされる②。ゆえに、詳しい所在地は不明である。

その後、能登国に慧眼寺を開いている。同寺は、石川県七尾市小島町に現存している。現・本尊は釈迦だが、平安時代末期作という阿弥陀如来像が伝わる③。阿弥陀像の造立年代は、当然、寺の開創より古く、他より移動してきたという伝承も無いゆえ、もともと阿弥陀堂があった可能性がある。

また、永光寺の住持にもなり、再度、総持寺の住持にもなっている。

応永三一年(一四二四)以降に没したと考えられている。

第2節　思想

『瑞巌禅師語録』が今に伝わる。『語録』からは「瑞巌が峨山韶碩(一二七六〜一三六六)の五位思想を継承しつつ、さらに道元禅師の純粋禅を強調していることが窺われ④」る。

本書との関係で言えば、地蔵に言及している法語があることが着目される。幾つかの法語において、地蔵は敢えて地獄に入る等、後世の引導を行う存在とされている[史料6・7・8]。

また逆修として十三仏の偈が唱えられ、その一環として地蔵に言及している法語もある[史料9]。この場合の十三仏は十王の各本地仏⑤+阿閦・大日・虚空蔵という標準的形式である。地蔵の職能は三悪趣からの救済である。但し、地蔵は十三仏の一つとしての位置付けである。なお、十三仏は中世日本で生まれた概念で、標準的形式の最古の例は応永四年(一三九七)とされる。[6] この偈がいつ唱えられたか定かではないが、瑞巌の生没年代から類推するに、標準的形式のかなり早い事例であることは間違いない。[7] 前述の如く、十三仏の標準的形式は、十王の本地仏+阿閦・大日・虚空蔵[8]なので、十三仏を創出したのは日本中世の真言宗と考えられている。[9] とすると、『瑞巌禅師語録』の記述は、曹洞宗の葬祭儀礼が形成されるにあたり、中世真言宗から影響を受けた可能性を示唆している。また、地蔵が登場する語録には、三回忌の法語もある[史料10]。三回忌の一環として、地蔵への供養が述べられている。但し、地蔵のみを供養する、という話ではない。

問題となるのは、『瑞巌禅師語録』にしばし言及される「六道能化大薩埵持地尊」である[史料11・12・13・14]。いずれも回忌を記したものである。「持地菩薩」は辞書的には「地蔵菩薩の異名」(中村元『仏教語大辞典』)の一つである。[10]「六道能化」にしても「抜苦与楽」にしても、地蔵の職能として馴染み深いものである。しかし、持地菩薩を地蔵菩薩の異名とするには留意すべき点もある。というのも、胎蔵界曼荼羅地蔵院では主尊である地蔵とは別に持地が描かれる。[11] 曼荼羅において、別に描かれるということが、別存在として認識されるかどうかは別問題として、地蔵と持地には何らかの「区分」があったとすべきであろう。

ちなみに地蔵のサンスクリット名は、Kṣitigarbha で、「大地の如く万有の母体であり、万有を平等に育成し成就せしめる力の働きを所有するもの」[12]という意である。持地のサンスクリット名は Dharaṇidhara であり、「大地を保持する」[13]という意である。従って、原語では区別があったが、意味は似通っているといえよう。とすると、『瑞巌禅師語録』における「持地菩薩」をどう解釈すべきであろうか。①持地菩薩に六道能化・抜苦与楽という名字が付いていること、②閻魔と併記されていること、の二点を考慮すると、地蔵の異名として解釈すべきかと考えられる。

但し、そうだとしても、なぜ瑞巌が持地という名称を敢えて使用したかという問題は残る。この問題は曹洞宗の葬祭儀礼の形成を考えるに興味深い。先に持地菩薩に関し、胎蔵界曼荼羅に言及したが、瑞巌の種本は必ずしも真言密教とは限らない。持地菩薩は『法華経』にも登場するからである。[14] ちなみに地蔵の名は『法華経』には登場しない。なお、「信光大師十三回忌の拈経」では『法華経』に言及している点は注目すべきであろう［史料15］。

本章では、『瑞巌禅師語録』に言及される持地菩薩を、条件つきながら、地蔵菩薩と解釈することを述べた。となると、七回忌の法語に見える「六道能化の大薩埵」［史料16］は地蔵菩薩と解釈すべきであろう。七回忌なので、葬祭儀礼である。

以上、瑞巌の地蔵信仰を見てきた。瑞巌は回忌において地蔵を供養している。即ち、地蔵を死者救済の菩薩として位置づけていた。但し、地蔵にのみ死者救済の職能を担わせていたわけではない。また、時に理由不明ながら、「持地菩薩」という表記をしていた。

註

（1）七尾市史編さん委員会『新修　七尾市史　2　古代・中世編』（二〇〇三年　七尾市役所）三三三頁。

（2）『日本歴史地名大系17　石川県』八〇九頁。

（3）若林喜三郎『七尾市史』（一九七四年　七尾市役所）一八六頁。

（4）『曹洞宗全書　解題・索引』一七一頁。

（5）続蔵経版『地蔵十王経』では第九都市王の本地仏を阿閦とし、十三仏の序列と異なるが、これは続蔵版の底本がたまたま十王の本地仏を割注で記していただけで、もともと『地蔵十王経』には本地仏が記されていなかった。清水邦彦「『地蔵十王経』考」（『印度学仏教学研究』第五一巻第一号　二〇〇二年）。

（6）内田伸「山口県徳地の応永在銘十三仏」（『史迹と美術』第四二号　一九七二年）、渡辺章悟「仏教の死後観と十三仏信仰」（高城功夫編『葬制・墓制にみる日本の死生観』二〇〇四年　東洋大学）。

（7）この点については既に、伊藤良久「中世曹洞宗禅語録に見る禅僧と檀越」（『印度学仏教学研究』第五六巻第二号　二〇〇八年）に指摘がある。

（8）標準的形式が固定化する一三八〇年頃より前には「大日・大日・大日」の順列もあった。渡辺章悟『十三仏信仰』（一九八九年　渓水社）二一六頁、植島基行「十三仏成立への展開」（『密教文化』第九四号　一九七〇年）、川勝政太郎「十三仏信仰の史的展開」（『史迹と美術』第五二〇号　一九八一年）。いずれにせよ、十王の本地仏に足されたのは大日であったことを考慮すると、十三仏信仰を形成したのは、真言宗であったと考えられる。

（9）矢島新「沼田市正覚寺蔵十王図と十三仏成立の問題」（『群馬県立女子大学紀要』第一〇号　一九九〇年）。

（10）真鍋広済『地蔵尊の研究』（一九四一年　冨山房）一七頁。

（11）八田幸雄「胎蔵界マンダラ地蔵院」（『密教文化』第八五号　一九六八年）。

（12）真鍋広済『地蔵菩薩の研究』（一九六〇年　三密堂）四～五頁。

（13）八田幸雄「胎蔵界マンダラ地蔵院」（前掲）。

（14）岩波文庫『法華経（下）』二六八頁。

第4章　普済善救(一三四七〜一四〇八)による地蔵点眼

峨山の孫弟子として、本章では普済を取り上げる。「峨山―通幻―普済」という法脈である。

第1節　生涯

貞和三年(一三四七)生まれ。加賀国河北郡の出身である。俗姓は藤原氏である。文和二年(一三五三)、加賀国観法寺の童子となる。観法寺は不詳。延文四年(一三五九)、加賀国浄住寺の寂室了光について出家する。寂室了光は同寺の第三世である。

貞治元年(一三六二)頃には越前国永昌寺に赴き、雪竇重顕『祖英集』・橘洲宝曇『光明蔵』(=『橘洲文集』)を読破する。永昌寺は不詳である[史料1]。

貞治二年(一三六三)より諸方を行脚、相模国東勝寺の天関に参じ、翌年、寿福寺に移る。現在、鎌倉市小町宝戒寺の背後に東勝寺という名の臨済宗寺院跡があり、おそらくこれが普済の居住した東勝寺であろう。東勝寺は行勇を開山とし、鎌倉五山の一つである。鎌倉幕府滅亡にあたり、北条氏が最期を遂げた場所としても知られる。

貞治四年(一三六五)、故郷に帰り、永光寺に留まる。応安五年(一三七二)には建仁寺に参じている。彼が訪れた寺は、今では不詳のものも多いが、いずれにせよ、臨済も学んでいる。

永和元年（一三七五）、浄住寺に帰り、康暦二年（一三八〇）、永光寺にて通幻に相見する。康応元年（一三八九）、悟ることあり、通幻にも認められる。その後、聖興寺の住持となる。この頃、聖興寺では、八幡・白山・住吉の三神を祀っていた[史料2]。明徳四年（一三九三）、総持寺住持となる。明徳五年（一三九四）、総持寺門前に地蔵堂を造り、地蔵点眼の儀式を行った（後述）。

応永二年（一三九五）、総持寺住持を退き、聖興寺に戻る。応永三年（一三九六）、永沢寺の住持となる。入院の日に狐が夜通し鳴くので、稲荷明神を祀ったところ、狐は鳴き止んだ、という伝説がある[史料3]。問題はこの伝記がいつまで遡れるかであるが、[史料3]は、奥書に従えば、応永二一年（一四一四）成立であり、普済没（一四〇八年）後まもなくの成立である[史料4]。従って、普済生存中には成立していた伝説なのではなかろうか。なお、狐が人となって姿を現すわけではないので、神人化度説話ではないが、一種「化度説話」ではある。

応永五年（一三九八）、越前国龍泉寺に移り、さらに願勝寺①を開創する。応永一二年（一四〇五）、越前国徳尾に禅林寺を開創する。同寺は福井県福井市徳尾町に現存する。②禅林寺は輪住制を導入し、通幻派の中心的寺であった。

応永一五年（一四〇八）、禅林寺にて没する。

第2節　地蔵点眼

普済の生涯で注目すべきは、明徳五年（一三九四）、総持寺門前において地蔵点眼を行ったことである[史料5]。この頃、普済は総持寺の住持（輪住第一一世）を勤めており、ゆえに地蔵堂建立の責任者であったと考えられる。普済が総持寺門前に地蔵像を祀った意義は大きい。周知の通り、当時、総持寺は輪住制をとっており、様々な地域出身の人が出入りしていた。総持寺放光堂にはこれ以前より放光菩薩像(観音・地蔵二体)が祀られていた(第2部第1章前述)。とはいえ、門前という誰しもが目に付く場所に地蔵像を祀ったわけであるから、他地域への普及に役立ったと考えられる。但し、総持寺に人が集まるようになったのは、天正八年(一五八〇)以降とされる③。応永元年からすぐに普及したというわけではない。

もう一つ指摘すべきは、門前という建立場所である。今日、地蔵像が寺院の門前に祀られているのは珍しいことではないが、その起源は明らかではない。少なくとも、現存する古代の地蔵像で寺の門前に祀られている(もしくは、かつて祀られていた)ものは、管見の及ぶ限り見当たらない。むろん、だからと言って、寺院の門前で地蔵像を祀るのが、曹洞宗を発祥とする、という主張をするわけではない(曹洞宗に顕著というわけでもない)。しかし、管見の及ぶ限り、文献上、門前に地蔵像を祀った一番最初である④。

なお、当該の地蔵堂は江戸時代においては門前西側に存し、現在は、同じく門前西側の興禅寺境内に存する⑤。

話を普済に戻す。普済の「地蔵点眼」法語も特徴的である。当該の法語において、地蔵が刀山剣樹等地獄に救済へ赴くことが明確に述べられているからである。こうした記述は、実峰の語録にもあった(第3部第4章前述)が、普済の葬祭儀礼に関する語録を見ると、同様の表現が見られるからである[史料6・7・8・9]。但し、史料を見て分かる通り、葬祭儀礼に地蔵を常に活用していたわけではない⑥。

普済に関し、さらに確認しておくと、―これまで取り上げた僧と同様のことだが―特に地蔵を信仰・活用していたわけではない。普済の法語には、文殊に関するもの[史料10]、「土地安座点眼」[史料11]、「薬師像安座」[史料12]、「過現未来三世仏点眼」[史料13]、「観音安座」[史料14]、「十一面観音点眼」[史料15]などがある。また、前述の如く、普救住持時の聖興寺では、八幡・白山・住吉を祀っていた[史料2]。

ここで、普済が前半生において、鎌倉の臨済宗寺院で学んだ経験のあることを再度確認する。というのも、臨済宗寺院では地蔵を死者供養に活用することが多かったからである(7)。

また、第1節前述の如く、永沢寺に入るに際し、狐を折伏した伝説が伝わる[史料3]。亡者供養の法語の存在から、普済は峨山・通幻を継承し、化度説話や葬祭儀礼を活用して曹洞宗を布教していったと考えられる。その一環として総持寺門前の地蔵堂建立が位置付けられる。但し、普済の地蔵信仰に関し、臨済宗や、もっと広く各宗派からの影響も考慮する必要がある。

註

(1) 曹洞宗福井県宗務所『曹洞宗福井県寺院誌』(二〇〇六年)等に名前が無いので、現在は廃寺と考えられる。

(2) 現・本尊は十一面観音である。境内の甘露泉は開創以来絶えたことがないと伝わる。

(3) 佃和雄『能登総持寺物語』(一九九六年　北国新聞社)五一頁。

(4) 現在、永平寺門前には地蔵院があり、地蔵院の存在は、明応四年(一四九五)まで遡ることができる(序章にて若干言及)。但し、地蔵院がもともと門前にあったかどうかは定かではない。また、門前といっても、通用門の脇である(二〇一五年八月現地調査)。

(5) 門前町史編さん専門委員会『新修門前町史　通史編』(二〇〇二年)三九〇〜三九一頁。

(6) もっとも、語録に「七分全得」の語があることは注目できる[史料16・17]。「七分全得」の語は『地蔵本願経』(国訳一切経『和漢撰述部・大集部五』二四〇頁[史料18])を典拠とし、日本の逆修供養の根拠となった。「七分全得」の語があるからといって、地蔵信仰があったというわけではない。しかし、当時の他宗派の逆修供養を曹洞宗が受容した形跡

となる。

(7) 清水邦彦「中世臨済宗の地蔵信仰」(『印度学仏教学研究』第四五巻第二号　一九九七年)。

第5章　亡者授戒切紙

中世曹洞宗における、地蔵の職能を示す史料として「亡者授戒切紙」が挙げられる［史料1・2］。「亡者授戒切紙」を見ると、地蔵は死者に戒を授ける職能を担っていたことが分かる。第2部第1章前述の如く、曹洞宗の在家用葬祭儀礼は出家用を転用して成立した。(1) 瑩山の頃には明確ではなかったが、時代が下ると、「没後作僧」の儀式を行うことを以て、在家者を出家者と見なすことで、葬祭儀礼を行うようになった。この一環として、地蔵による亡者授戒が行われたのである。なお、同様の儀式は臨済宗でも行われていた［史料3］(2)。

ここで亡者授戒の師として地蔵が選ばれた理由を考えたい。

その理由の一つは、地蔵が在家救済の菩薩であったからである。『今昔物語集』第一七巻の地蔵説話全三二話(3)では在家を救済する話が計一七話ある。(4)(5)

もう一つの理由は、中世において、地蔵は「生身《いきみ》の菩薩」であり、具体的な行為を行うにふさわしい存在であったためである。(6) なお、地蔵の「生身」性は、〈神が人間の姿を取り、現世に現れ、具体的な手助けを行う〉神人化度説話と通ずるものがある。(7) 両者の共通点・相違点の整理については今後の課題としたい。

問題は、こうした亡者授戒の儀式がどこまで遡れるか、及び中世曹洞宗において一般的であったかどうか、という二点である。

まず亡者授戒の儀式がどこまで遡れるか、考察したい。切紙の書写年代は、いずれも江戸時代である。(8) しかし、石川力山は、「中世以来の伝承を有する」(9)としている。但し、「中世」は長い。もう少し時代を限定したい。本書で確認した通り、曹洞宗で地蔵を活用するようになったのは、峨山の弟子たちであった。「亡者授戒」を曹洞宗草創期（道元・懐奘・義介）の頃まで遡らせるのは無理であろう。また峨山の弟子の代には地蔵の職能はさほど明確ではなかった。峨山の孫弟子の代になると、地蔵の職能として、死者救済が明確化される。特に、竺山の語録において、「現坐道場地蔵」（第4部第2章）とあるのは、「亡者授戒切紙」と通ずるところがある。とすると、亡者授戒の儀式はおおよそ峨山の孫弟子の頃、即ち一四〇〇年代以降に成立したと考えられる。

もう一つ問題として、「亡者授戒」の儀式が曹洞宗寺院において一般的であったかどうか、ということが挙げられる。切紙として残っているケースは少なく、中世において一般的であったかどうか、現在では不明である。但し、今後の調査によって、「亡者授戒切紙」が発見されることもありうる。本書で繰り返し述べているように、中世曹洞宗は葬祭儀礼を在家に行うことで全国展開していった。もともと中国禅宗において在家用の葬祭儀礼は想定されていなかった。そのため、日本中世の曹洞宗は、出家者用のものを在家に適用したのである。対象となる在家者が既に亡くなっていた場合、出家者と見なすためには「亡者授戒」の儀式が不可欠になる。或いは中世において全国の曹洞宗寺院で亡者授戒の儀式を行っていた可能性もある。といえるのも、中世末には戒名という言葉の意味が変化しているからである。

慶長八年（一六〇三）に刊行された『日葡辞書』「戒名」の項には「死後付けられる名前」を第一義としている［史料4］。そもそも戒名は出家した際に付けられる名前であるのに対し、「死後に付けられる名」という意が全国的に普及していたことを表している。このような変化をもたらした原因として、死者に戒を与える儀式を行っていた曹洞宗・臨済宗の布教活動を一原因と想定すべきである。中世において他の宗派で、死後に戒名を付けることを教義化していたことは管見の及ぶ限り見当たらない。『日葡辞書』の記述や江戸時代の葬式などを考慮すると、この頃には他の宗派も曹洞宗・臨済宗に倣って、死後に戒名を付けることを行っていたと推測される。

いずれにせよ、『日葡辞書』に収録されるほど、死後戒名は普及していたわけであり、その一原因として、曹洞宗の活動が想定される。とすれば、多くの曹洞宗寺院で亡者授戒の儀式を行っていたと考えられる。

註

（1）松浦秀光『禅宗の葬法と追善供養の研究』（一九六九年　山喜房）一四五頁。
（2）清水邦彦「中世臨済宗の地蔵信仰」（前掲）参照。
（3）第一七巻は全五〇話である。従って、全て地蔵説話ではないが、その主題は地蔵であった。また、『今昔物語集』にはその他、第六巻第三三話・第一三巻第一五話に地蔵が登場する。
（4）この場合、神主を含む（第一一・二七話）。
（5）第二・三・四・五・九・一〇・一一・一三・二一・二二・二三・二四・二六・二七・二八・二九・三二話。
（6）中世において、現世に生身で現れるのは地蔵に限ったわけではない。しかし、具体的な手助けを行うのは地蔵に顕著な特徴である。渡浩一「生身地蔵の出現」（小松和彦『絵画の発見』一九八六年　平凡社）、清水邦彦「日本中世における地蔵信仰受容」（『倫理学』第二四号　二〇〇八年）。「生身」を「いきみ」と読むことは、『日葡辞書』による（邦訳版三一八頁）。
（7）曹洞宗の神人化度説話において、神は「異人」もしくは「翁」の姿をとることが多い。また、時に衣冠束帯の姿をとった（第3部第7章前述の立川寺の事例等）。これに対し、中世説話において、生身の地蔵は、小さい子・小僧・僧の姿をとることが多い。清水邦彦「地蔵説話の継承と変遷」(『倫理学』第三〇号　二〇一四年)。

(8)　慶長一八年(一六一三)に幕府より発布されたとされる、「邪宗門吟味之事、御條目宗門檀那請合之掟」には、亡者授戒の儀式が記されている[史料5]。但し、同掟は、元禄四年(一六九一)以降に発布されたとされる。江戸時代中期以降、全国に流布したとされる。藤井学「近世仏教の特色」(日本思想大系『近世仏教の思想』一九七三年)・同「江戸幕府の宗教統制」(辻達也・他『岩波講座　日本歴史11　近世3』一九六三年　岩波書店)。

(9)　石川力山『禅宗相伝資料の研究　上巻』(前掲)四七五頁。

まとめ

峨山の孫弟子の代も引き続き、神人化度説話等の奇瑞・葬祭儀礼・五位思想を活用して全国津々浦々に布教していった。その際、地蔵信仰も活用され、その過程の中で地蔵の職能が明確化してくる。大徹の弟子、竺山の語録には、地蔵に言及した箇所が五ヵ所あり、そのうち四ヵ所は、葬祭儀礼に地蔵を活用した記録である。同じく無端の弟子である瑞巌の語録にも、地蔵に言及した箇所が五ヵ所あり、いずれも葬祭儀礼に地蔵を活用した記録である。

通幻の弟子である普済は、総持寺住持の際、総持寺門前に地蔵像を造立している（現在は、総持寺門前右側にある興善寺に存する）。造立の際の法語によれば、当該の地蔵像は、死者を地獄から救済する職能を期待されていた。

以上の、峨山の孫弟子三名における地蔵の職能を見ていると、いずれもその職能は死者救済であった。「亡者授戒切紙」において、地蔵が重要な職能を担っていたことを考えると、地蔵を葬祭儀礼に活用したのは、第4部で論じた三名に限定されるとは到底思えないのである。

終章

以上、本書では、中世曹洞宗における地蔵信仰の受容を考察した。

日本曹洞宗の開祖である道元(一二〇〇～一二五三)は、「只管打坐」を唱え、修行による現世利益獲得を否定していた。また、道元において、菩薩は積極的に崇拝する対象ではなかった。さらに道元は通俗的な葬祭儀礼は行っていない。従って、道元思想において〈通俗的な意での〉地蔵信仰の入り込む余地は無かった。但し、土地神等呪術的要素を全て否定していたわけではない。

道元を継承したのは懐奘(一一九八～一二八〇、永平寺第二世)である。懐奘は『正法眼蔵』の編集を行うなど、今日的に言えば、道元の秘書的存在であった。ゆえに、道元の、忠実な継承者であったと考えられる。

多少動きがあったのは、義介(一二一九～一三〇九、永平寺第三世)の時代である。義介は五軀神を祀る等の永平寺の伽藍整備を行った。五軀神を祀ること自体は、土地神を認める道元思想から導き出されることであった。しかしながら、こうした新たな要素導入を一因として、義介は永平寺から身を引かざるを得ない状況となる。なお、永平寺から身を引いた原因として、先行研究では、檀那との関係も指摘されている。永平寺から身を引いた義介は、冨樫氏の庇護の下、大乗寺を改宗し、活動拠点とする。

曹洞宗に現世利益的要素を導入したのは、瑩山(一二六八～一三二五、大乗寺第二世・総持寺開山)である(従来は「密教的要素」としてきたが、本書ではその表現は取らない)。その一例として、放光菩薩像(観音・地蔵二体)の安産利益を荘民に唱えたことが挙げられる。なお、放光菩薩という形とはいえ、地蔵像を曹洞宗寺院で祀ったことが文献で確認できる第一号である(但し、総持寺は以前は密教系の寺院であり、放光菩薩も総持寺以前より祀られていたと考えられる)。また『瑩山清規』では種々の神々への祈禱が述べられており、その功徳は檀那・施主に向けられるものであった。さらに瑩山は檀那＝特定の個人に対し、葬祭儀礼を行っていた。道元も縁者の忌日に上堂を行ってはいたが、その功徳は特定の個人に向けられるものではなく、通俗的な葬祭儀礼とは異なる。瑩山の導入した葬祭儀礼は、在家を出家と見なすことで成立していた。これは、もともと中国の禅宗では、在家を対象とする葬祭儀礼が無かったため、日本曹洞宗では出家用を在家に転用したのである。

この傾向をさらに推し進めたのが峨山(一二七五～一三六五、総持寺第二世)である。峨山の特徴として、五位思想を導入して、在家に分かりやすく禅の教えを説くようにしたことが挙げられる。なお、道元は時に五位思想に否定的であったが、峨山が道元思想との会通に苦労した形跡はない。このことは当時、曹洞宗内でさほど『正法眼蔵』が読まれていなかったことと関連していよう。また、五位思想は、君臣のあり方を五段階に分けるものでもあるため、檀那である在地領主の立場を理論的に肯定するものとなる。

また、峨山の特徴として、竈神を調伏する破竈堕説話を説いたことが挙げられる。というのも、破竈堕説話は、後に曹洞宗で盛んに説かれる神人化度説話の先駆けだからである。破竈堕説話の源流として、中国宋代の伝記集『景徳伝灯録』とともに、恭翁運良(一二六七～一三四一、臨済宗法燈派)の、神を見下す態度も考慮に入れる必要がある。なお、峨山の著作には、葬祭儀礼に関して言及がないが、峨山住持時代の総持寺に対して、後生菩提目的の寄進があったことから、峨山は、瑩山を継承して、葬祭儀礼を行っていたと推測される。

峨山の弟子は、神人化度説話等の奇瑞、葬祭儀礼を活用して、全国に布教していった。この過程において、地蔵信仰も活用されるようになった。大徹(一三三三～一四〇八)は摂津国護久寺の本尊として地蔵像を作ったとされる。これが史実ならば、中世曹洞宗で敢えて作られた地蔵像の最初期のものである。また、寺の本尊として地蔵像を祀る最初期のものである。護久寺第二世の竺山(実質の開創者)が熱心な地蔵信仰者であることを考慮すると、本尊として祀られたことは確かであろう。

峨山の弟子実峰(一三一八?～一四〇五)の語録に「地蔵菩薩賛」があり、通幻(一三二二～一三九一)の語録にも「地蔵点眼」がある。但し、これらの事例において、地蔵の職能は概して具体的ではない。

峨山の孫弟子の代も、引き続き神人化度説話等の奇瑞、葬祭儀礼、五位思想を活用して全国津々浦々に布教していった。その際、地蔵信仰も活用され、その過程の中で地蔵の職能が明確化してくる。大徹の弟子竺山(一三四四～一四一三)の語録には、地蔵に言及した箇所が五ヵ所あり、そのうち四ヵ所は、葬祭儀礼に地蔵を活用した記録である[第4部第2章史料8・9・10・11]。同じく無端(?～一三八七)の弟子である瑞巌(一三四三～一四二四?)の語録にも、地蔵に言及した箇所が五ヵ所あり、いずれも葬祭儀礼に地蔵を活用した記録である[第4部第3章史料6・7・8・9・10]。

通幻の弟子である普済(一三四七～一四〇八)は、総持寺住持の際、総持寺門前に地蔵像を造立している(現在は、総持寺門前右側にある興善寺に存する)。造立の際の法語によれば、当該の地蔵像は、死者を地獄から救済する職能を期待されていた。

以上、峨山の孫弟子三名における地蔵の職能を見ていると、いずれもその職能は死者救済であった。「峨山の孫弟子」という時代区分がどこまで有効か留意すべきではある。孫弟子たちの生没年代から類推される活動年代はいずれも一四〇〇年前後である。一四〇〇年であれば、峨山の直弟子である大徹・実峰はまだ生存している。ということを踏まえてまとめると、曹洞宗が地蔵信仰を取り入れたのは、一四〇〇年頃であり、峨山の直弟子も担い手だったが、孫弟子たちが主であったといえる。なお、一四〇〇年代というのは、曹洞宗で葬祭儀礼が盛んに行われるようになった時期である。(1)

本書で繰り返し述べた通り、道元自身は、通俗的な葬祭儀礼を積極的に行ってはいなかった。にもかかわらず、中世曹洞宗は、葬祭儀礼を活用することによって、全国に展開していった。この一環に、地蔵信仰の受容と活用が位置付けられる。道元は入宋経験のある、高名な僧であり、自然と檀那が集まってきた。これに対し、無縁の地に布教を行った僧は、檀那の求めるものを行う必要があった。本書で述べた通り、曹洞宗の檀那となったのは、在地の武士であった。死と向かい合わせであった中世の武士は、葬祭儀礼を必要とし、ゆえに曹洞宗でも葬祭儀礼を積極的に行うようになったのである。その一環に地蔵信仰が位置付けられる。このことの証左として、「亡者授戒切紙」が挙げられる。この切紙に記される、亡者授戒の儀礼において、地蔵は死者に戒を授けるという不可欠な職能を担っていた。現存する「亡者授戒切紙」の書写年代は江戸時代だが、儀礼自体は中世に遡れると考えられている。もともと中国の禅宗では、在家を対象とする葬祭儀礼は存在しなかった。そのため、日本中世の曹洞宗は、在家を出家と見なすことで出家用の葬祭儀礼を在家に適用したのである。亡くなった在家を出家と見なすためには、亡者授戒の儀礼が必要だったのである。このことは中世末において「戒名」という言葉の意味が変化していたことからも裏付けられる。

以上をまとめると、中世曹洞宗は一四〇〇年代以降、葬祭儀礼の一環として、地蔵を死者救済の菩薩として活用するようになったのである。

では、中世曹洞宗において、地蔵の現世利益的職能は無かったのか。「序章」の書き出しに記した通り、今日、東京巣鴨の高岩寺は、「とげぬき地蔵」として、関東中からお年寄りが来訪し、現世利益を祈っている。しかしながら、本書作成にあたり閲覧したあまたの史料からは、中世曹洞宗において地蔵の現世利益的職能は確認できなかった。但し、このことは、直ちに中世曹洞宗における地蔵の現世利益的職能が否定されるわけではない。摂津国護国寺（護久寺改称）は足利家の祈願所であったゆえ、護国寺は足利家の現世利益を祈ったこともあったと想定される。とすれば、護国寺の本尊である地蔵像に現世利益を祈ったことも十分ありえよう。

その他、中世の曹洞宗寺院の檀那は在地武士であり、とすれば、在地武士の平穏を寺が祈ることはあったであろう。というのも大乗寺・永光寺・総持寺といった初期曹洞宗の基幹寺院は皆、天皇や幕府の祈願所となっているからである。大乗寺は観応二年（一三五一）に、永光寺及び総持寺は、文明一一年（一四七九）に祈願所となっている。これらは祈願を希望する主体が朝廷・幕府であったゆえ、記録に残ったわけである。記録に残らなかったが、地方の諸寺が同様に在地武士の「祈願所」となっていた可能性は充分にある。例えば、『竺山禅師語録』には、檀那の繁栄を祈念する儀式を行った記録が残る［史料1］。こうした状況において、曹洞宗寺院に祀られる地蔵像が活用されたことも十分ありえる。（中世においても一般に、地蔵の現世利益の職能は多くの人が期待するものであった。）[3]但し、曹洞宗の地蔵像の現世利益は中世文献では確認できなかったゆえ、仮説として提示するに留める。

文献で曹洞宗寺院の地蔵像の現世利益が確認できるのは、江戸時代に入ってからである。一例を挙げると、摂津国護国寺の地蔵像であり、詳しくは第4部第2章［史料14］を参照して欲しい。このことは江戸時代の方が記録化されやすいという時代性とも関連していよう。江戸時代は寺請制の時代であり、そういった意味では信仰の自由は制約を受けていた。しかし、人々が現世利益を求めて寺を参詣するにあたっては、寺請制の制約を受けず、選択の自由があった。[4]ゆえに、寺の側も参詣客増加を目的に現世利益の奇瑞を宣伝した。[5]このため、江戸時代の方が、記録に残りやすくなっているのである。

なお、念のためではあるが、最後に今一度本書の立場を確認しておく。道元において地蔵信仰は見られず、また、道元は葬祭儀礼を積極的に行ったわけではない。これと比較して、中世曹洞宗は、葬祭儀礼を活用し、その一環として地蔵信仰も活用されるようになるわけだが、だからといって本書は「宗祖からの堕落」史観の立場に立っているわけではない。道元没後、道元の思想をどう布教していくのか、という難題に対し、葬祭儀礼を活用するようになった思想過程もまた思想史として評価すべきものと思っている。連関して確認しておけば、葬祭儀礼を活用するようになったからといって、坐禅を疎かにするようになったわけではない。例えば第3部第5章で言及した通幻は、葬祭儀礼を行いつつも、弟子に厳しい修行を課していた[6]。先行研究では、坐禅を行っている僧だから葬祭儀礼に説得力を持ったという解釈もある[7]。しかし、例えば一四〇〇年代以降の曹洞宗の僧の実態といった問題に関しては今後の課題とし、本書を閉めることとする。

註

（1）広瀬良弘「曹洞宗の発展と民衆化」（『禅宗地方展開史の研究』前掲）。
（2）野々市町史編纂専門委員会『野々市町史　通史編』（前掲）二〇七頁。
（3）圭室諦成「治病宗教の系譜」（『日本歴史』一九六三年一一月号）。
（4）圭室文雄『日本仏教史　近世』（一九八七年　吉川弘文館）。
（5）宮田登「流行神の性格」（圭室文雄・宮田登『庶民信仰の幻想』一九七七年　毎日新聞社）
（6）その他、石川力山は、文明年間（一四六九〜一四八六）、曹洞宗寺院において坐禅が行われていた史料を挙げている。石川力山「『人天眼目抄』について」（『印度学仏教学研究』第二六巻第二号　一九七八年）。

（7）　広瀬良弘「曹洞禅僧における神人化度悪霊鎮圧」（『禅宗地方展開史の研究』前掲）・佐々木宏幹『〈ほとけ〉と力』（二〇〇二年　吉川弘文館）一五八～一五九頁。

参考文献

＊複数の参考論文を含む論文集は書名のみ記載。
＊著者と発行所とが同一の場合、発行所を省いた。

浅見龍介『禅宗の彫刻』二〇〇八年　至文堂
東　隆眞「道元と儀礼について」『日本仏教学会年報』第四三号　一九七八年
東　隆眞「『瑩山和尚清規』にあらわれた道元禅師の影響」『宗学研究』第二〇号　一九七九年
東　隆眞「寒巌義尹の師承異説をめぐって」『印度学仏教学研究』第一六巻第一号　一九六七年
東隆眞編『徹通義介禅師研究』二〇〇六年　大法輪閣
東　隆眞「ある禅僧―渡辺順応のこと―」二〇〇八年　講演「禅のおはなし」資料
東　隆眞『瑩山禅師の研究』一九七四年　春秋社
東　隆眞『敬礼　大乗寺開山　徹通義介禅師』二〇〇七年　大乗寺
東隆眞監修『図説永光寺ものがたり』二〇〇二年　永光寺
東　隆眞『太祖瑩山禅師』一九九六年　国書刊行会
阿部肇一『禅宗社会と信仰』一九九三年　近代文芸社
阿部正道「鎌倉地蔵尊二十四所巡礼について」『鎌倉』第六号　一九六一年
有馬嗣朗「中世曹洞教団と聖仏教」『曹洞宗研究員研究紀要』第三二号　二〇〇二年
安藤嘉則「中世禅宗における幻住派の密参禅について」『印度学仏教学研究』第五三号第二号　二〇〇二年
安藤嘉則「中世臨済宗幻住派の公案禅」『日本文化研究』(駒沢女子大学)第四号　二〇〇二年
池田廣司「狂言詞章」『国語と国文学』第三四巻第一号　一九五七年

池田魯参『宝慶記』一九八九年　大東出版社
池田魯参・他『探訪・信州の古寺Ⅲ』一九九六年　郷土出版社
池見澄隆『中世の精神世界』一九八五年　人文書院
石井修道「中国の五山十刹制度について」『印度学仏教学研究』第三一巻第一号　一九八二年
石井　進『中世のかたち』二〇〇二年　中央公論新社
石川県羽咋市教育委員会文化財室『永光寺史料調査報告書』二〇〇〇年　羽咋市教育委員会
石川力山「『建撕記』の史料的価値　上・中・下」『駒澤大学仏教学部論集』第九・一〇・一一号　一九七八・七九・八〇年
石川力山「中世仏教における菩薩思想」『日本仏教学会年報』第五一号　一九八五年
石川力山「寂円派研究序説」河村孝道・石川力山編『道元』一九八三年　吉川弘文館
石川力山『禅宗相伝資料の研究　上巻・下巻』二〇〇一年　法藏館
石川力山「三代相論再考」『宗学研究』第三一号　一九八九年
石川力山「中世曹洞宗の地方展開と源翁心昭」『印度学仏教学研究』第三一巻第一号　一九八二年
石川力山「『人天眼目抄』について」『印度学仏教学研究』第二六巻第二号　一九七八年
石川力山編『曹洞宗教義法話大系　第7巻』一九九一年　同朋舎出版
逸見梅栄「総持寺の仏像」瑩山禅師奉讃刊行会『瑩山禅師研究』一九七四年　瑩山禅師奉讃刊行会
伊東史朗『薬師如来像』一九八六年　至文堂
伊藤忠太「五山十刹図に就いて」『東洋建築の研究　上巻』一九六八年　龍吟社
伊藤正敏『日本の中世寺院』二〇〇〇年　吉川弘文館
伊東良久「中世曹洞宗禅語録に見る禅僧と檀越」『印度学仏教学研究』第五六巻第二号　二〇〇八年

伊藤良久「総持寺五院の開創時期」『宗学研究』第四〇号　一九九八年
伊藤良久「曹洞宗教団における葬祭史」『宗学研究紀要』第一四号　二〇〇一年
伊藤良久「総持寺九世実峰良秀の行状（一）（三）（四）」『宗学研究』第四六・四七号　二〇〇四・〇五年『宗学研究紀要』第一八号　二〇〇五年
伊藤良久「解説　実峰良秀禅師語録」『訓註曹洞宗禅語録全書　第二巻』二〇〇四年　四季社
井上鋭夫「中世鉱業と太子信仰」『山の民・川の民』一九八一年　平凡社
今井雅晴編『中世仏教の展開とその基盤』二〇〇二年　大蔵出版
今枝愛真『道元とその弟子』一九七二年　毎日新聞社
今枝愛真『中世禅宗史の研究』一九七〇年　東京大学出版会
今枝愛真『禅宗の歴史』一九八六年　至文堂
今枝愛真「瑩山と峨山」同編『曹洞宗』一九八六年　小学館
岩手県立博物館『奥の正法寺』一九八七年　岩手県立博物館友の会
植島基行「十三仏成立への展開」『密教文化』第九四号　一九七〇年
上野徳親「源翁心昭と擯斥問題」（『宗学研究』第五一号　二〇〇九年）
臼井信義『足利義満』一九六〇年　吉川弘文館
内田　伸「山口県徳地の応永在銘十三仏」『史迹と美術』第四二号　一九七二年
梅津次郎「常謹撰「地蔵菩薩応験記」公刊に際して」『大和文化研究』第一〇〇号　一九六六年
永平寺史編纂委員会『永平寺史　上巻』一九八二年　永平寺
衛藤即応『宗祖としての道元』一九四四年　岩波書店

及川大渓『東北の仏教』一九七三年　国書刊行会
追塩千尋「凝然の宗教活動について」『北海学園人文論集』第三五号　二〇〇六年
大分県総務部総務課編『大分県史　中世篇Ⅱ』一九八五年　大分県
大久保道舟『道元禅師伝の研究』一九五三年　岩波書店
大坂高昭『秋田県曹洞宗寺伝大要』一九九六年　無明舎
大島幾太郎『那賀郡史』一九七〇年　大島韓太郎　＊著述は一九四〇年
大島由起夫「玉藻の草紙」徳田和夫『お伽草子事典』二〇〇二年　東京堂出版
大谷哲夫「中世曹洞宗に関する諸問題」田中良昭『禅学研究入門』一九九四年　大東出版社
太田博太郎「禅宗建築はいつ伝来したか」『日本建築学会論文集』第四二号　一九五二年
大友泰司「世阿弥と禅宗」今枝愛真編『禅宗の諸問題』一九七九年　雄山閣出版
大友泰司『世阿弥と禅』二〇〇七年　翰林書房
岡田　哲『ラーメンの誕生』二〇〇二年　ちくま新書
奥田楽々斎『多紀郷土史考　上巻』一九五八年　臨川書店
岡本素光博士喜寿記念会編『禅思想とその背景』一九七五年　春秋社
小川　信『細川頼之』一九七二年　吉川弘文館
越智通俊『沙門凝然』一九七二年　愛媛文化双書
遠賀郡誌復刊刊行会編『改訂増補　遠賀郡誌　上巻』一九六一年
海部町史編集部『海部町史』一九七一年　徳島県海部郡海部町教育委員会
「加賀吉野祇陀寺の歴史」編集委員会編『加賀吉野　祇陀寺の歴史』一九九四年　吉野谷村教育委員会

鏡島元隆「正法眼蔵抄の成立とその性格」『駒澤大学仏教学部研究紀要』第二二号　一九六四年
鏡島元隆『道元禅師とその周辺』一九八五年　大東出版社
加藤周一「世阿弥の戦術または能楽論」日本思想大系『世阿弥　禅竹』一九七四年　岩波書店
角川源義「曽我物語ノート」岡見正雄・角川源義編『日本古典鑑賞講座　第一二巻』一九六〇年　角川書店
河北郡役所発行『石川県河北郡誌』一九二〇年　石川県河北郡
神岡町史編纂室『神岡町史』二〇〇二年　神岡町
河合正治「中世武士団の氏寺氏神」小倉豊文編『地域社会と宗教の史的研究』一九六三年　柳原書店
川勝政太郎「十三仏信仰の史的展開」『史迹と美術』第五二〇号　一九八一年
川添　登「巣鴨とげぬき地蔵(万頂山高岩寺)の変容と発展」『国立歴史民俗博物館研究報告』第三三号　一九九一年
川添　登『おばあちゃんの原宿』一九八九年　平凡社
菊池章太「地蔵信仰の原風景」『東方』第二二八号　二〇〇〇年
菊池勇次郎「中世奥山庄の真言修験」『新潟史学』第一号　一九六八年
木越祐馨「富樫氏」『北陸の名族興亡史』一九八九年　新人物往来社
木村清孝「『光明蔵三昧』の撰述意図とその思想基盤」『鶴見大学仏教文化研究所紀要』第七号　二〇〇二年
桐野好覚「宗門の葬送と信仰」『宗学研究紀要』第一四号　二〇〇一年
倉石進編『大都市高齢者と盛り場とげぬき地蔵をつくる人びと』一九九三年　日本評論社
久保尚文『越中中世史の研究』一九八三年　桂書房
熊倉功夫編『禅と能楽・茶』一九九七年　ぺりかん社
熊本県立博物館『寒巌派の歴史と美術』一九八六年

黒田正男「洞山・曹山の五位思想と世阿弥の能楽論」『宮城教育大学紀要』第九号　一九七四年
倉石進編『大都市高齢者と盛り場：とげぬき地蔵をつくる人びと』一九九三年　日本評論社
栗山泰音『総持寺史』一九三八年　大本山総持寺
栗山泰音『嶽山史論』一九一一年　鴻盟社
紅林毅郎『一四世紀における北陸地方の禅宗と武士』金沢大学文学部史学科卒業論文　二〇〇九年
胡　建明「初期日本曹洞宗における若干の疑問点を提示して」『仏教経済研究』第四二号　二〇一三年
小池覚淳「曹洞宗の儀礼にあらわれた密教的要素」『日本大学文学部研究年報』第七輯第一分冊　一九五七年
香西　精『世阿弥新考』一九六二年　わんや書店
国書刊行会編集部「行基ゆかりの寺院」井上薫編『行基事典』一九九七年　国書刊行会
小中　博『夢幻　仏陀禅寺』一九七〇年
小西瑛子「「地蔵菩薩霊験記」について」『仏教民俗』第五冊　一九七二年
小西洋子「中世永光寺瑩山派の尼について」加能地域史研究会『地域社会の歴史と人物』二〇〇八年　北国新聞社
小林月史『上田秋成と鎌倉地蔵縁起』一九七六年　真如堂史研究会
小林月史『玄翁禅師伝現出と真如堂信仰』一九七八年　真如堂研究会
小林準道「興聖寺の寺名および開創の意義について」『宗学研究』第一号　一九五六年
小林太市郎「童子経法及び童子経曼荼羅」『密教研究』第四八号　一九四三年
五味文彦『躍動する中世』二〇〇八年　小学館
斉藤善夫「『支那禅刹図式』の中の何山寺鐘」斉藤善夫・大熊恒靖『加賀大乗寺蔵『支那禅刹図式』と摂津仏眼寺鐘』二〇〇三年

材満やえ子・鍵和田孜・大江長次郎「中国古典家具の研究1」『デザイン学研究』第四四号　一九九七年
坂内龍雄「曹洞宗における密教の受容」『密教学研究』第七号　一九七五年
桜井甚一『図説富来町の文化財』一九八四年　富来町教育委員会
桜井秀雄編著『永平寺・総持寺』一九六四年　教育新潮社
笹尾哲雄『秋田県における曹洞宗史の研究』一九七八年　大悲禅寺
佐々木喜善「地蔵雑話」『土の鈴』第一二套　一九二二年
佐々木宏幹『〈ほとけ〉と力』二〇〇二年　吉川弘文館
佐々木閑『出家とはなにか』一九九九年　大蔵出版
佐々木徹「奥の正法寺の開創」入間田宣夫編『日本・東アジアの国家・地域・人間』二〇〇二年　入間田宣夫先生還暦記念論集編集委員会
佐藤悦成『総持二世　峨山禅師』一九九六年　大本山総持寺
佐藤俊晃「石動山信仰と能登瑩山教団」『宗教学論集』第一二輯　一九八五年
佐藤秀孝「出羽玉泉寺開山の了然法明について」『駒澤大学仏教学部研究紀要』第五二号　一九九四年
佐藤秀孝「恭翁運良・孤峰覚明と初期曹洞宗教団」『禅学研究』第七七号　一九九九年
佐藤秀孝「明峰素哲の生涯とその功績(一)(四)」『駒澤大学仏教学部論集』第三〇・三一号　一九九九・二〇〇〇年
同『明峯素哲禅師の生涯』(二〇〇九年　光禅寺)にまとめられたので、こちらを活用した。
佐藤秀孝「恭翁運良の活動と曹洞宗(上)(中)」『駒澤大学仏教学部論集』第二七・二九号　一九九六・一九九八年
佐藤秀孝「恭翁運良の伝記史料」『駒澤大学禅研究所年報』第一二号　二〇〇一年
佐藤秀孝「無底良韶の伝記史料」『駒澤大学禅研究所年報』第一三・一四合併号　二〇〇二年

佐藤弘夫『アマテラスの変貌』二〇〇〇年　法蔵館
佐橋法龍『日本曹洞宗史論』一九五二年　禅宗史学研究会
佐橋法龍『峨山韶碩』一九六四年　御茶水書院
澤田瑞穂『鬼趣談義』一九九〇年　平川出版社
塩谷順耳編『中世の秋田』一九八二年　秋田魁新報社
重杉俊雄・高瀬保『自得寺と古文書』一九六三年　呉羽町観光協会
島根県『新修　島根県史　通史編　考古・古代・中世・近世』一九八四年　臨川書店　＊初出は一九六八年
清水邦彦『『地蔵菩薩応験記』の基礎的研究』『日本文化研究』(筑波大学)第三号　一九九二年
清水邦彦「法然浄土教における地蔵誹謗」『日本思想史学』第二五号　一九九三年
清水邦彦「中世臨済宗の地蔵信仰」『印度学仏教学研究』第四五巻第二号　一九九七年
清水邦彦「日本における放光菩薩信仰の展開」『比較民俗研究』第一六号　一九九九年
清水邦彦「『地蔵十王経』考」『印度学仏教学研究』第五一巻第一号　二〇〇二年
清水邦彦「日本中世における地蔵信仰受容」『倫理学』第二四号　二〇〇八年
清水邦彦「F. Wang-Toutain 著『五～十三世紀の中国地蔵信仰』考」『宗教研究』第三三五号　二〇〇三年
清水邦彦「地蔵説話の継承と発展」『倫理学』第三〇号　二〇一四年
下室覚道「道元禅師の中有観と葬祭」『宗学研究紀要』第一四号　二〇〇一年
新川哲雄『「生きたる」ものの思想』一九八五年　ぺりかん社
真野俊和「冥界からの救済」『日本遊行宗教論』一九九一年　吉川弘文館
吹田市史編さん委員会『吹田市史　第一巻』一九九〇年　吹田市

鈴木泰山『禅宗の地方発展』一九四二年　畝傍書房
鈴木泰山『曹洞宗の地域的展開』一九九三年　思文閣出版
珠洲市史編さん専門委員会編『珠洲市史　第二巻＝資料編　中世・寺院・歴史考古』一九七八年　石川県珠洲市役所
清泉女学院郷土研究部「地蔵を求めて　鎌倉二十四所地蔵尊の研究」『鎌倉』第二五号　一九七五年
関口欣也「中世五山伽藍の源流と展開」『五山と禅院』一九八三年　小学館
関口道潤『曹洞宗大本山　総持寺祖院』一九九三年　大本山総持寺祖院
曹洞宗文化財調査委員会『曹洞宗文化財調査目録解題集7　北信越管区編』二〇〇六年　曹洞宗宗務庁
曹洞宗学研究所『道元思想のあゆみ1・2』一九九三年　吉川弘文館
曹洞宗宗務庁編『授戒会の研究』一九八五年
高崎直道「瑩山禅師のヴィジョン」『鶴見大学仏教文化研究所紀要』第四号　一九九九年
高瀬重雄『古代山岳信仰の史的考察』一九六九年　角川書店
高柳さつき「日本中世禅の見直し」『思想　禅研究の現在』二〇〇四年四月号
田川捷一「石動山の文献と年表」『能登の文化財』第八輯　一九七二年
竹内弘道「瑩山禅師と密教の関係について」『印度学仏教学研究』第四九巻第一号　二〇〇〇年
竹内弘道『曹洞宗教団史』一九七一年　教育新潮社
竹内弘道『永平二祖孤雲懐弉禅師伝』一九八二年　春秋社
竹内道雄『道元』一九六二年　吉川弘文館
竹内道雄『越後禅宗史の研究』一九九八年　高志書院
辰口町史編纂専門員会『辰口町史　第二巻』一九八七年　石川県能美郡辰口町役場

田島柏堂『峨山韶碩禅師』一九六五年　大法輪閣
田島柏堂「新資料・峨山韶碩禅師の仮名法語について」『印度学仏教学研究』第一四巻第二号　一九六六年
田島柏堂「峨山韶碩禅師の遺著とその真偽(上)」『愛知学院大学論叢　一般教育研究』第一三号　一九六六年
舘　残翁『加賀大乗寺史』一九七一年　北国出版社
田中　淡「中国建築の知識は如何なる媒介を通じて日本に伝えられたか」東野治之・他著『考古学の学際的研究』二〇〇一年
昭和堂
田中久夫『地蔵信仰と民俗』一九八九年　木耳社　＊二版以降は岩田書院より刊行
田邊　泰「大唐五山諸堂図に就いて」『早稲田建築学報』第八号　一九三一年
玉村竹二『五山禅僧伝記集成　新装版』二〇〇三年　思文閣出版
田村圓澄『法然』(一九五九年　吉川弘文館)
圭室諦成「治病宗教の系譜」『日本歴史』一九六三年一一月号
圭室諦成『葬式仏教』一九六三年　大法輪閣
圭室文雄「とげぬき地蔵と治病」『風俗史学』第九号　一九九九年
圭室文雄『日本仏教史　近世』一九八七年　吉川弘文館
佃　和雄『能登総持寺物語』一九九六年　北国新聞社
佃　和雄『峨山禅師物語』二〇〇二年　北国新聞社
辻善之助『日本仏教史　中世編』一九四九年　岩波書店
堤　邦彦『近世説話と禅僧』一九九九年　和泉書院
角田泰隆「宗門と葬祭」『曹洞宗研究員研究紀要』第二三号　一九九二年

堤　邦彦『近世仏教説話の研究』一九九六年　翰林書房
傳燈寺保存会『加賀傳燈寺』一九九四年
東京国立博物館・日本経済新聞社編『鎌倉　禅の源流』二〇〇三年　日本経済新聞社
富来町史編纂専門委員会編『富来町史　通史編』一九七四年　富来町
富　山　県『富山県史　通史編Ⅱ　中世』一九八四年
富　山　県［立山博物館］『神像・仏像は語る』一九九八年
鳥越村史編纂委員会『石川県鳥越村史』一九七二年　鳥越村役場
中尾良信「大日房能忍の禅」『宗学研究』第二六号　一九八四年
中尾良信「瑩山禅師と法燈派」『曹洞宗宗学研究所紀要』第一号　一九八八年
中尾良信「日本の禅の特質」高崎直道・木村清孝編『日本仏教論』一九九五年　春秋社
中尾良信『日本禅宗の伝説と歴史』二〇〇五年　吉川弘文館
中嶋仁道『曹洞教団の形成とその発展』一九八六年　曹洞宗大本山総持寺
中野豈任「白河庄の中世鉱業と修験」『新潟史学』第一号　一九六八年
二階堂善弘「祠山張大帝考」『関西大学中国文学会紀要』第二八号　二〇〇七年
二階堂善弘「海神・伽藍神としての招宝七郎」『白山中国学』第一三号　二〇〇七年
西田長男「神道思想史断章」『ぐんしょ』第八号　一九六二年
西野春雄「『自家伝抄』考」『芸能史研究』第三二号　一九七一年
日本宗教史研究会『組織と伝道』一九六七年　法蔵館
西山郷史・他『能登国三十三観音のたび』二〇〇五年　北国新聞社

西山美香「足利義満の〈宝蔵〉としての宝幢鹿王院」松岡心平・小川剛生『ZEAMI 中世の芸術と文化』第四号　二〇〇七年
根本誠二『行基伝承を歩く』二〇〇五年　岩田書院
納富常夫「瑩山禅師と総持寺教団」『加能史料研究』第九号　一九九九年
納富常夫「『総持寺住山記』について」『鶴見大学仏教文化研究所紀要』第四号　一九九八年
野々市町史編纂専門委員会『野々市町史　通史編』二〇〇六年　野々市町
野村俊一「『五山十刹図』製作・将来者再考」『仏教芸術』第三三六号　二〇一四年
文倉清・伊藤時彦『お稲荷様って、神様?仏様?』二〇一〇年　築地書館
八田幸雄「胎蔵界マンダラ地蔵尊」『密教文化』第八五号　一九六八年
花部英雄「幽霊譚の系譜」・「幽霊出産譚」小松和彦編『幽霊』二〇〇一年　河出房新社
葉貫磨哉『中世禅林成立史の研究』一九九三年　吉川弘文館
葉貫磨哉「足利義詮の禅宗信仰とその態度」山本世紀編『論集日本仏教史5室町時代』一九八六年　雄山閣出版
原田弘道「中世曹洞禅の一考察」『駒澤大学仏教学部研究紀要』第三三号　一九七五年
原田弘道「中世における幻住派の形成とその意義」『駒澤大学仏教学部研究紀要』第五三号　一九九五年
原田正俊「五山禅林の仏事法会と中世社会」『禅学研究』第七七号　一九九九年
原田正俊『日本中世の禅宗と社会』一九九八年　吉川弘文館
原田正俊「高野山金剛三昧院と鎌倉幕府」大隅和雄編『仏法の文化史』二〇〇三年　吉川弘文館
原田正俊「臨済宗五山派と加賀・能登」『加能史料研究』第一八号　二〇〇六年
氷見市史編さん委員会『氷見市史　通史編一　古代・中世・近世』一九九八年　氷見市
氷見市寺社所蔵文化財調査委員会『氷見市寺社調査報告書　平成6・7年度　臨済宗国泰寺派・浄土宗・日蓮宗・高野山真言

宗・曹洞宗の部』一九九六年　氷見市教育委員会
平岡定海『日本弥勒浄土展開史の研究』一九七七年　大蔵出版
広神　清「神道理論の成立と神仏論争」今井淳・小沢富夫編『日本思想論争史』一九七九年　ぺりかん社
広瀬良弘『禅宗地方展開史の研究』一九八八年　吉川弘文館
広瀬良弘「大智禅師とその門下の寺院相承について」『宗学研究』第一四号　一九七二年
広瀬良弘「曹洞宗の展開と地域社会」『鶴見大学仏教文化研究所紀要』第一〇号　二〇〇五年
広瀬良文「中世前期禅宗と神祇・神人化度とその周辺」『曹洞宗研究員研究紀要』第四三号　二〇一三年
広瀬良文「中世禅宗の土地伽藍神について」『印度学仏教学研究』第六二巻第二号　二〇一五年
平泉　澄『平泉寺史要』一九三〇年　福井県大野郡平泉寺村
兵庫県編集専門委員会『兵庫県史　第三巻』一九七六年　兵庫県
藤井　学「江戸幕府の宗教統制」辻達也・他『岩波講座　日本歴史11　近世3』一九六三年
藤井　学「近世仏教の特色」日本思想大系『近世仏教の思想』一九七三年
藤島秀隆『加賀・能登の伝承』一九八四年　おうふう
藤吉慈海「法然と道元」『講座道元　Ⅵ』一九八〇年　春秋社
藤原良志「北陸に於ける宝篋印塔」『史迹と美術』二一九〇号　一九五九年
船岡　誠「無底良韶の正法寺開創」大濱徹也編『東北仏教の世界』二〇〇五年　有峰書店新社
船木　清『津軽の祭りと行事』一九九〇年　北方新社
船津洋子「『傘松道詠集』の名称・成立・性格」『大妻国文』第五号　一九七四年
古田紹欽「道元と懐奘」『古田紹欽著作集　第三巻』一九八一年　講談社

古田比呂子「宗教的・儀礼的性格を持つ解釈用語の問題点」国語語彙史研究会『国語語彙史の研究　十九』二〇〇〇年　和泉書院
細川武稔「室町将軍家祈願寺の諸相」『寺院史研究』第七号　二〇〇三年
細川武稔「中世五山禅院の外門」『禅文化研究所紀要』第二二号　二〇〇六年
松井昭典「宗門における葬祭の展開」『教化研修』第一〇号　一九六七年
牧野和夫「常謹撰『地蔵菩薩応験記』和訳絵詞、その他」『実践女子大学文学部紀要』第三三集　一九九一年
松尾剛次「安国寺・利生塔再考」『山形大学紀要　人文科学』第一四巻第三号　二〇〇〇年→『日本中世の禅と律』二〇〇三年　吉川弘文館　に再録
松尾剛次『日本中世の禅と律』二〇〇三年　吉川弘文館
松尾剛次『破戒と男色の仏教史』二〇〇八年　平凡社新書
松尾剛次『鎌倉新仏教の研究』一九九五年　講談社現代新書
松尾剛次『勧進と破戒の中世史』一九九五年　吉川弘文館
松波直弘「〈道元門下〉の立脚地」『哲学会誌』第三一号　二〇〇七年
松波直弘『鎌倉期禅宗思想史の研究』二〇一一年　ぺりかん社
真鍋広済「三井寺上座実睿編集「地蔵菩薩霊験記」再攷」『龍谷大学論集』第三五二号　一九五六年
真鍋広済『地蔵尊の研究』一九四一年　冨山房
真鍋広済『地蔵菩薩の研究』一九八〇年　三密堂
三浦圭一「鎌倉時代における開発と勧進」『日本史研究』第一九五号　一九七八年
三橋　正「臨終出家の成立とその意義」・「臨終出家から死後出家へ」『平安時代の信仰と宗教儀礼』二〇〇〇年　続群書類従

完成会
水上　勉『禅とは何か』一九八八年　新潮社
峰岸秀哉「中世曹洞教団の地方伝播とその受容層」『教化研修』第一七号　一九七四年
宮崎円遵「法燈円明国師之縁起について」萩須純道編『禅と日本文化の諸問題』一九八六年　平楽寺書店
宮田　登「流行神の性格」圭室文雄・宮田　登『庶民信仰の幻想』一九七七年　毎日新聞社
三山　進『鎌倉の禅宗芸術』一九八二年　かまくら春秋社
三山　進「伽藍神考」『Museum』第二〇〇号　一九六七年
三吉朋十『武蔵野の地蔵尊　都内編』一九七二年　有峰書店
室峰梅逸『総持寺誌』一九六五年　大本山総持寺
桃崎祐輔「律宗文物からみた東国の律宗弘布の痕跡」『律宗文化』第二号　二〇〇三年
望月友善「中世の石大工」『日本の石仏』第八号　一九七八年
門前町史編さん専門委員会『新修門前町史　資料編2　総持寺』二〇〇四年　門前町
門前町史編さん専門委員会『新修門前町史　通史編』二〇〇五年　門前町
八木聖弥「足利尊氏と地蔵信仰」『博物館年報』第二八号　一九九六年
矢島　新「沼田市正覚寺蔵十王図と十三仏成立の問題」『群馬県立女子大学紀要』第一号　一九九〇年
安川浄生『道元禅師入宋帰朝地点の研究』一九六九年　明光寺
柳田国男「隠れ里」初出一九一八年→『一つ目小僧その他』所収→『柳田国男全集6』
柳田国男『山の人生』初出一九二五年→『遠野物語　山の人生』岩波文庫
柳田聖山「無著道忠の学問」『勅修百丈清規左觿・庸峭余録』一九七七年　中文出版社

矢巾町史編さん委員会『矢巾町史　上巻』一九八五年　矢巾町
山折哲雄『道元の世界』一九九一年　佼成出版社
山上嘉久『櫛比の御厨と総持寺』一九八二年　北国出版社
山口正章『通幻禅師と龍泉寺』一九八八年　龍泉寺
結城市史編さん委員会『結城市史　第四巻　古代中世通史編』一九八〇年　結城市
横山秀哉『禅の建築』一九六七年　彰国社
横山秀哉「道元禅師の伽藍観について」『宗学研究』第二〇号　一九七九年
横山秀哉「支那禅刹図式の研究(一)(二)」『東北建築学報』第一・二号　一九五二年
横山秀哉「塩釜神社の神仏混淆の諸相について」『日本建築学会報告集』八九号　一九六三年
横山秀哉「黒石正法寺の伽藍に就いて」『日本建築学会研究報告』第一一号　一九五一年
吉田俊英「曹洞宗における秋葉信仰」『宗学研究』第三四号　一九九二年
吉田雅男「とげぬき地蔵の信仰調査」『仏教と民俗』第二号　一九五八年
由谷裕哉『白山・石動修験の宗教民俗学的研究』一九九四年　岩田書院
由谷裕哉『立山地獄説話への一試論』一九九六年　富山県[立山博物館]
由谷裕哉「顕彰される仏法興隆の聖地—館残翁の加賀大乗寺史研究について」(由谷裕哉・時枝努編『郷土史と近代日本』二〇一〇年　角川学芸出版)
米林勝二・山瀬晋吾「龍護寺旧蔵の木彫仏」『金沢大学資料館紀要』第一号　一九九九年
若林喜三郎『加賀能登の歴史』一九七八年　講談社
若林喜三郎『七尾市史』一九七四年　七尾市役所

和嶋俊二『奥能登の研究』一九九七年　平凡社
和田有希子「無住道暁と鎌倉期臨済禅」『文芸研究』第一五三集　二〇〇二年
和田有希子「鎌倉中期の臨済禅」『宗教研究』三三八号　二〇〇三年
和田有希子「鎌倉初期の臨済禅」『仏教史学研究』第四九巻第一号　二〇〇六年
和田有希子「禅林の思想と文化」苅部直・他編『日本思想史講座2—中世』二〇一二年　ぺりかん社
渡辺章悟「仏教の死後観と十三仏信仰」高城功夫編『葬制・墓制にみる日本の死生観』二〇〇四年　東洋大学
渡辺章悟『十三仏信仰』一九八九年　渓水社
渡　浩一「生身地蔵の出現」小松和彦編『絵画の発見』一九八六年　平凡社
『奥の正法寺　正法寺総合調査報告書　建築編』一九八七年　水沢市教育委員会
『週刊古寺を巡る　建長寺』二〇〇七年　小学館
『世界ガラス美術全集　第5巻　日本』一九九二年　求龍堂
『曹洞宗福井県寺院誌』二〇〇六年　曹洞宗福井県宗務所
『禅の世界』一九八三年　読売新聞社
『山形大百科事典』一九八五年　山形放送
Bernard Faure “Visions of Power” 1994 Princeton U. P.
F. Wang-Toutain “Le bodhisattva Kṣitiigarbha en Chine du Ve au XIIIe siècle” 1998 Presses de l'École française d'Extrême Orient
William Bodiford “Sōtō Zen in Medieval Japan” 1993 Hawaii U. P.

史料編

凡例

一　二行割注は、〔 〕で示した。
一　原文史料において小字の箇所は、これに倣った。
一　原漢文は書き下して引用し、注釈でその旨を述べた。漢文体の箇所を含む史料も原則書き下した。
一　JIS第一水準・第二水準の範囲で、原史料の字体をそのまま記した。同字で異なる字体が、第三水準の場合、第一・二水準に改めた。無論、親字が異なる場合、この限りではない。
一　文意が変わらない範囲で改行を省いた。
一　…は引用者による省略である。傍線は原則、引用者による(例外は注記した)。
一　出典書の振り仮名については、原則として削除したが、難読と思われるものは残した。逆に、出典書に振り仮名が付されていないものに、引用者が付したものもあるが、いちいち注記はしていない。なお、振り仮名はすべて平がなに統一した。

序章

［史料1］道元『学道用心集』（『道元禅師全集　第五巻』二三頁）
行者自身のために仏法を修すと念うべからず、名利のために仏法を修すべからず。果報を得んがために仏法を修すべからず、霊験を得んがために仏法を修すべからず。ただ、仏法の為に仏法を修する乃ちこれ道なり。

要旨：道元は、何かを得るために修行するのではなく、仏道修行そのものを「道」としていた。

［史料2］道元『正法眼蔵』「仏性」（『道元禅師全集　第一巻』一四頁）
釈迦牟尼仏言、一切衆生、悉有仏性①。如来常住、無有変易。…世尊道の一切衆生悉有仏性は、その宗旨いかむ、是什麼物恁麼来の道、転法輪なり。あるいは衆生といひ、有情といひ、群生といひ、群類といふ。悉有の言は、衆生なり、即有なり。すなはち悉有は仏性なり、悉有の一分を衆生といふ。

要旨：道元は衆生を「悉有の一分」と位置付けていた。

注釈：①一切衆生、悉有仏性＝『大般涅槃経』の文言であり、通例、「一切衆生、悉く仏性有り」と読む（『国訳一切経　涅槃部一』一五五頁）。その意は、「人はみなブッダになる可能性がある」（田上太秀『ブッダ臨終の説法　完訳　大般涅槃経1』（一九九六年　大蔵出版社　二五〇頁）となる。これに対し、道元は、「悉有は仏性なり」と読む。であれば、「全ての存在は仏である」と解するしかない。

［史料3］道元『正法眼蔵』「唯仏与仏」（『道元禅師全集　第二巻』五二四頁）

この、仏と我とひとし、とは、又いかにか心うべき。

要旨：道元は、ある点では、仏と衆生とを同一の存在と位置付けていた。文意は反語である。

［史料4］懐弉編『正法眼蔵随聞記』（『道元禅師全集　第七巻』六二一〜六二三頁）

仏々祖々、皆本は凡夫也。凡夫の時は、必ず悪業もあり、悪心あり、鈍もあり、癡もあり。然ども、皆改ためて、知識に従がひ、教行に依しかば、皆仏祖と成りし也。

要旨：道元の、仏祖観を示した文言。衆生が修行をして、仏祖となったことを確認している。

［史料5］道元『正法眼蔵』「大悟」（『道元禅師全集　第一巻』九七頁）

諸仏の大悟は、衆生のために大悟す、衆生の大悟は、諸仏の大悟を大悟す、前後にかかはれざるべし。而今の大悟は、自己にあらず、他己にあらず、

要旨：道元は、仏と衆生との関係を悟りの観点から同一の存在と位置付けていた。

［史料6］道元『正法眼蔵』「諸法実相」（『道元禅師全集　第一巻』四六一頁）

いはゆる一切菩薩は、一切諸仏なり。諸仏と菩薩と異類あらず、老少なし、勝劣なし。

要旨：道元における仏と菩薩との関係を示した文言。ここでは、仏と菩薩とを同一視している。

[史料7] 道元『正法眼蔵』「四馬」(『道元禅師全集　第二巻』四一六～四一七頁)

つひに仏果にいたりて、はじめ初発心のときのごとく、菩薩・声聞・人天大会のためにこれをとく。…かくのごとくなるがゆえに、諸仏の所説と菩薩の所説と、はるかにことなり。

要旨：道元における仏と菩薩との関係を示した文言。ここでは、仏と菩薩との区別を立てており、[史料6]とは一見矛盾する。

[史料8] 道元『道元和尚広録』(『道元禅師全集　第三巻』二九頁)

凡夫は七賢①七聖②に比することなく、七賢七聖は、未だ十聖③三賢④に及ばず、

要旨：道元における衆生と菩薩との関係を示した文言。ここでは、衆生と菩薩との区分を立てている。

注釈：①七賢②七聖③十聖④三賢＝いずれも菩薩の位である。

[史料9] 道元『正法眼蔵』「面受」(『道元禅師全集　第二巻』五六頁)

而今の数十代の嫡嫡は、面面なる仏面なり、本初の仏面に面受なり。この正伝面受を礼拝する、まさしく七仏釈迦牟尼仏を礼拝したてまつるなり、迦葉尊者等の二十八仏祖を礼拝供養したてまつるなり。

要旨：道元における仏の位置付けを示した文言。個別の仏は、仏道を伝えてきた先師であるゆえ、礼拝の対象となる。

[史料10] 道元『正法眼蔵』「礼拝得髄」(『道元禅師全集　第一巻』三〇八頁)

仏法を修行し、仏法を道取せんは、たとひ七歳の女流なりとも、すなはち四衆の導師なり、衆生の慈父なり。…供養恭敬せんこと、諸仏如来にひとしかるべし。これすなはち仏道の古儀なり。

要旨：［史料9］に同じ。いかなる人であろうと、覚者であれば、尊崇の対象となる。

［史料11］道元『正法眼蔵』「弁道話」（『道元禅師全集　第二巻』四六二頁）

さらに焼香・礼拝・念仏・修懺・看経をもちいず、ただし打坐して身心脱落することをえよ。

要旨：道元の修行観を示した文言。礼拝等ではなく、まずは坐禅すべき旨が述べられている。

［史料12］道元『永平広録』（『道元禅師全集　第三巻』一七頁）

焼香・礼拝・念仏・修懺・看経を抛却して、祇管打坐すべし。

要旨：［史料11］と同じ。

［史料13］道元『永平広録』（『道元禅師全集　第三巻』一三三頁）

育父源亜相①のための上堂。永平の拄杖、一枝の梅。天暦年中②、種を殖え来れり。五葉、芳を聯《つら》ね、今に未だ旧《ふ》りず。根・茎・果実、誠に悠なるかな。

要旨：道元が育父・久我通具の忌日に行った法語の一節。

注釈：①育父源亜相＝久我通具。育父の解釈に関しては、実父説と養父説とが並立している。竹村牧男は、「近年の研究では」という形で実父説を紹介している。竹村牧男『禅の思想を知る事典』（二〇一四年　東京堂）六四頁。一方、大谷哲夫編『道元読み解き事典』（二〇一三年　柏書房）は養父説を取る（二一～二二頁）。②天暦年中＝九四七～九五七年。

[史料14] 道元『永平広録』（『道元禅師全集　第三巻』二五七頁）

天童和尚①忌上堂。天童、今日、巾斗を打す。手もて三千および大千を挙ぐ。東方阿閦国を見るといえども、眼睛未だ別人の辺に到らず。

要旨：道元が師である如浄の忌日に行った法語の一節。

注釈：①天童和尚＝道元の師である如浄。

[史料15] 道元『永平広録』（『道元禅師全集　第三巻』二七七頁）

先妣忌辰の上堂。廃村、禿株の梅。洪炉、一点の雪。驪珠、草鞋を背す。誰か怨みん、長天の月。向来は且く致《お》く。永平門下またかつ如何。山僧今日報恩の句あり。拄杖、他に向って親しく解く説く。

要旨：道元が母の忌日に行った法語の一節。

[史料16] 道元『永平広録』（『道元禅師全集　第四巻』六一頁）

先妣忌辰の上堂。乞児、鉢盂を打破する時、桃李縦《ほしいまま》に霜と雪とを経るなり。吾が仏の毫光、十方を照らす。光光微妙にして法を演説す。這箇《これ》はこれ仏祖の処分する底《ところ》、さらに衲僧行履のところに向いてまたかつ如何。

要旨：[史料15]に同じ。

［史料17］道元『永平広録』（『道元禅師全集　第四巻』九五～九七頁）

天童①忌の上堂。云く。先師今日忽ち行脚し、従来生死の関を趯倒《てきとう》す。雲惨《いた》み風悲しみ渓水潑《そそ》ぎ、稚児《ちに》恋慕して尊顔を覓《もと》む。這箇《これ》はこれ遷化円寂底句。永平門下、知恩報恩底句、また作麼生《いかん》が道はん。良久して云く、恩を恋うる年月、雲何ぞ綻《ほころ》びん、涙、衲衣を染め、紅にして斑《まだら》ならず。

要旨：［史料14］に同じ。

注釈：①天童＝前出。

［史料18］道元『永平広録』（『道元禅師全集　第四巻』一〇五頁）

源亜相①忌の上堂。云く。父母の恩を報ずる、乃ち世尊の勝躅《しょうちょく》なり。恩を知り恩に報いる底句、作麼生《いかん》が道わん。恩を棄てて早く無為の郷に入る。霜露蓋《なん》ぞ消えざらん慧日の光。九族、天に生ず。なお慶《よろこ》ぶべし。二親の報地、あに荒唐ならんや。挙す。薬山、坐する次《おり》、僧あつて問う、「兀兀地に什麼《なに》をか思量する。」山云く、「箇《こ》の不思量の底《ところ》を思量す。」僧云く、「不思量の底、如何が思量せん。」山云く、「非思量。」

要旨：［史料13］に同じ。

注釈：①源亜相＝前出。

［史料19］懐弉編『正法眼蔵随聞記』（『道元禅師全集　第七巻』九八頁）

夜話の次に、弉公、問て云、父母の報恩等の事、作すべきか。

示云、孝順は尤も用ひる所也。但し、其の孝順に、在家出家の別在り。在家は孝経等の説を守りて、生をつかふ、死につかふること、世人皆知り。出家は恩を棄て、無為に入りて、無為の家の作法は、恩を一人に限らず、一切衆生斉く父母の、恩の如く深しと思て、作す所の善根を、法界にめぐらす。別して今生一世の父母に限らず。是、則ち無為の道に背かざる也。日々の行道、時時の参学、只、仏道に随順しもてゆかば、其を真実の孝道とする也。忌日の追善、中陰の作業なんど、皆な在家に用いる所也。衲子は、父母の恩の深き事をば、実の如く知るべし。余の一切、又、同く重くして知るべし。別して一日をしめて、殊に善を修し、別して一人をわきて、回向をするは、仏意にあらざるか。戒経の、父母兄弟、死亡の日、の文は、暫く在家に蒙らしむるか。大宋叢の衆僧、師匠の忌日には、其の儀式あれども、父母の忌日には、是を修したりとも見ざる也。

要旨：道元の葬式観を示した文言。在家者が父母の葬式を行うのは構わないが、出家者は別である。

注釈：漢文体の箇所を書き下した。

［史料20］道元『正法眼蔵』「安居」（『道元禅師全集　第二巻』二二五〜二二六頁）

四月十四日の斎後に、念誦牌を僧堂前にかく。諸堂、おなじく念誦牌をかく。至晩に、知事、あらかじめ土地堂に香華をまうく、額のまへにまうくるなり。…つぎに土地堂①にむかうて問訊して、おもてをきたにして、土地堂にむかうて念誦す。

要旨：道元は迷信に否定的といわれるが、土地神を祀ることは認めていた。

注釈：①土地堂＝出典書の注によると、「寺院の境内を守護する土地神を祀った堂」。

［史料21］『訂補建撕記圖會　巻之下』（『曹洞宗全書　史伝下』一一三頁上段）

コノ古寺トアルハ、永平寺ノ地、モト古寺ノ趾ナリ、今ノ地蔵院ハ、弘法大師ノ開闢ニテ、自作ノ千體佛ノ地蔵尊アリ、…

要旨：永平寺内の地蔵院に祀られる地蔵像が空海作であるという伝説。

注釈：もともと存した『建撕記』に、面山（一六八三～一七六九）が補足したものが『訂補建撕記』であり、宝暦三年（一七五三）成立。これに絵図を加えたものが、『訂補建撕記図絵』であり、文化三年（一八〇六）刊。

［史料22］「越前國吉田郡志比庄永平寺幷諸塔塔頭靈供田目録」（『永平寺史　上巻』四七九頁）

地蔵院

一散田　三町八反六十歩錢、これ在り。波多野寄進諸聖靈の爲也…明應四年①十二月廿四日②

要旨：波多野氏は永平寺内の地蔵院に対し、寄進を行ったが、その目的は、葬祭儀礼を行ってもらうことであった。

注釈：漢文体の箇所を書き下し、句読点を加えた。①明應四年＝一四九五年。②廿四日＝地蔵の縁日。

［史料23］道元『正法眼蔵』「光明」（『道元禅師全集　第一巻』一四四頁）

地蔵院真応大師云く、典座、庫に入る。

要旨：道元の著作で「地蔵」の名が見られる箇所。但し、人名である。

注釈：『景徳伝灯録』第二四巻の一節を踏まえたもの。『景徳伝灯録』の該当箇所は、『国訳一切経　和漢撰述部・史伝部一五』六五一頁に当たる。

［史料24］遠賀郡誌復刊刊行会編『改訂増補　遠賀郡誌　上巻』（一九六一年　原本一九一七年刊）七三九頁

地蔵堂…本尊延命地蔵尊、道元禅師入宋帰朝の時村民の請に応じ悪病退除の為に安置せられし河隣庵の址と云伝ふ、慈雲山と号し蘆屋町安養寺の末庵なり。

要旨：福岡県遠賀郡水巻町で祀られる地蔵像が道元ゆかりのものとする伝説。

注釈：安川浄生『道元禅師入宋帰朝地点の研究』（一九六九年　明光寺）二九頁の指摘による。

［史料25］『寺院明細帳』「大乗寺」（駒澤大学蔵）

地蔵尊　木像立身御丈一寸八分　高祖大師①彫造

要旨：この史料に従うと、石川県金沢市・大乗寺に道元ゆかりの地蔵像があったとされる。

注釈：本史料は、明治一九年（一八八六）成立。①高祖大師＝道元。

第1部　草創期

第1章　道元の直弟子

〔史料1〕懐弉『光明蔵三昧』（『曹洞宗全書　室中・法語・頌古・歌頌・寺誌』一二二頁下段）

大毘盧遮那成佛神變加持經入眞言門住心品第一に云く、「時に簿迦梵、金剛手に告げて言く、菩提心を因と爲し、大悲を根本と爲し、方便を究竟と爲す。秘密主、如何が菩提とならば、謂く實の如く自心を知るなり。秘密主、これ阿耨多羅三藐三菩提は乃至彼の法として少分も得べきこと有る無し。なんとなれば、虚空相はこれ菩提なり。知解の者も無く、また開曉無し。なんとなれば、菩提は無相なるが故に。秘密主、諸法は無相なり。謂く虚空相なり①」と。又云く、「秘密主、大乘の行あり。無縁乗の心を發して、法に我性無し。なんとなれば彼れ往昔にかくの如く修行せし者の如く、蘊の阿頼耶を觀察して、自性は幻と陽焰と影と響と旋火輪と乾闥婆城の如しと知る。秘密主、彼かくの如く無我を捨つれば、心主自在にして自心の本不生を覺る。なんとなれば、秘密主、心は前後際不可得なるが故に。かくの如く自心の性を知るは、二劫を超越する瑜伽行なり」と。

謂ふ所、前後不可得とは、自心不生なるが故に、是れ毘盧の大智光明かくのごとくなり。

要旨：懐弉が『光明蔵三昧』において、『大日経』を引用した箇所。ここより、懐弉は密教的であったという説が生まれた。

注釈：原漢文を書き下し、カタカナを平がなに改めた。①「」内＝『大日経』の引用だが、『新国訳大蔵経　大日経』四三～四四頁・五〇～五一頁に当たる。

[史料2] 懐弉『光明蔵三昧』（『曹洞宗全書　室中・法語・頌古・歌頌・寺誌』一二二頁上段）

正法眼蔵中に光明の巻あり、今更に此一篇を示すことは、偏に佛家の面目は、光明三昧なることを脱體ならしめんとなり、

要旨：懐弉は、『正法眼蔵』「光明」を明らかにする目的で『光明蔵三昧』を執筆したのであった。

注釈：カタカナを平がなに改めた。

[史料3] 日蓮『開目鈔』下巻（『昭和新修日蓮聖人遺文全集　上巻』八三六頁）

建仁年中①に、法然・大日②の二人出來して、念佛宗・禪宗を興行す。…此の兩義國土に充滿せり。

要旨：日蓮は、大日能忍を法然と並んで、批判対象としていた。

注釈：①建仁年中＝一二〇一～一二〇四年。②大日＝大日能忍。所謂、日本達磨宗の祖。

[史料4]『御遺言記録』（『曹洞宗全書　宗源下』二五七頁下段）

堂頭和尚①嗣書竝びに袈裟を傳ふる事、委細を示して言く、先師②、内家にてこの事に至り、能く知る者、惟、我一人のみ。餘人知る、總じて一人も無きことを。この事に至り、傳法すべき者、人、これを知る。

要旨：懐弉が道元嗣法の弟子は自分のみと述べている。これを全面的に信用して良いかは疑問が残る。

注釈：①堂頭和尚＝ここでは懐弉の意。②先師＝ここでは道元の意。

[史料5]『宝慶由緒記』（『曹洞宗全書　室中・法語・頌古・歌頌・寺誌』三七九頁上段）

薦福山寶慶寺開山寂圓禪師は、大宋國落陽の人なり。幼年、大白山①に登り、剃髪受戒す。如浄禪師に依り悟を得る。…貞應二年②、道元禪師入宋の時、天童山に在り、始めて相見す。心心相投ず。遂に師弟の契約有るなり。大宋寶慶三年、日本安貞元丁亥年③、道元禪師歸朝の時、寂圓禪師同行す。

要旨：寂円は宋出身であり、天童山で道元と出会い、この縁で来日した。

注釈：原漢文を書き下した。①大白山＝太白山。現・陝西省南部。②貞應二年＝一二二三年。③安貞元丁亥年＝一二二七年。

[史料6]『日本洞上聯燈録』（『曹洞宗全書　史伝上』二三三頁下段）

まさに羽黒神社に詣る。若王坂に至る。一りの村翁有り。出迎て曰はく、「釋子、名何ぞ」と。師曰はく、「法明」と。曰はく、「既に是れ法明なるか。今、山神に詣でんとす。何を求むる所か」と。師曰わく、「唯だ遊山翫水のみ」と。翁、師を引き、殿前に抵《いた》る。所在を失す。師、愕然として殿に登る。忽ち、翁、自ら帳を攘《かか》げ、神光を現す。異香芬馥す。師、深く冥助を祈る。既に歸りて善見村①に至る。觀音の聖境なり。その山川奇絶を見、側らに盧を結びて處る。

要旨：この史料によると、法明は羽黒山信仰との摩擦を避けて布教活動を行っていたとされる。

注釈：原漢文を書き下した。①善見村＝後、国見村と改称、現・山形県鶴岡市羽黒町玉川に当たる。

第2章　徹通義介

[史料1]『永平寺三祖行業記』（『曹洞宗全書　史伝上』七頁下段）

弉公①、ある時、嘱して云く、先師が宗旨の建立は公に憑る。諸方叢林・宋朝の風俗、なかんずく先師が道を傳へし天童山の規矩②及び大刹叢林の現規、記録し來りて當山の叢席を一興すべし。

要旨：義介は懐弉の命を受けて、宋に渡り、規矩等を記録したとされる。

注釈：原漢文を書き下した。①弉公＝懐弉。②規矩＝本書では、「規矩」に『五山十刹図』を含める解釈をとった。これに対し、野村俊一は、『五山十刹図』を「絵図」としている。野村俊一「『五山十刹図』製作・将来者再考」（『仏教芸術』第三三六号　二〇一四年）。野村の言う通り、中世において、「規矩」と「絵図」とは別な言葉だが、一方、『五山十刹図』を「絵図」に限定してしまうのは問題が残る。

[史料2]『永平寺三祖行業記』（『曹洞宗全書　史伝上』八頁上段）

本寺に歸る。山門を建て、兩廓を造る。三尊を安置す。祖師三尊・土地・五駆《ママ》①、悉くこれを造る。四節禮儀・初後更點・粥罷諷経・掛塔《ママ》儀式等禮法、悉く師の調行せし所なり。

要旨：義介は入宋経験を踏まえて、山門を建てるなど永平寺を整備した。

注釈：原漢文を書き下した。①五駆＝表記は、『元祖孤雲徹通三大尊行状記』（『曹洞宗全書　史伝上』一八頁上段）・『禅林象器箋』[史料4]から「五軀」が正しいと考えられる。

[史料3] 懐弉編『正法眼蔵随聞記』(『道元禅師全集　第七巻』八九頁)

当世の人、多、造像起塔等の事を仏法興隆と思へり。又、非也。直饒《たとひ》、高堂大観、珠を磨て、金をのべたりとも、これに因つて、得道の者あるべからず。只、在家人の財宝を仏界に入て、善事をなす福分也。小分大果を感ずることあれども、僧徒の此事を営は、仏法興隆に非る也。只、草庵樹下にても、法門の一句をも思量し、一時の坐禅を行ぜんこそ、実の仏法興隆にてあれ。

要旨：道元は、華美な伽藍を造立することを仏道修行とは認めていなかった。

注釈：漢文体の箇所を書き下した。

[史料4] 道忠『禅林象器箋』(柳田聖山編『禅林象器箋』一九七九年　中文出版社　一七五頁下段)

鎌倉建長寺、伽藍神五軀相竝　張大帝①　大権修利　掌簿判官　感應使者　招寶七郎②

要旨：建長寺には、張大帝等五体の伽藍神が祀られていた。

注釈：①張大帝＝「祠山張大帝」の略称と考えられる。「祠山大帝」とも呼ばれる。義堂『空華日用工夫略集』には、月心の言として、「唐國祠山大帝すなわち盧山皈宗の土地神なり。大覺禪師夢に感ず。それ日本に縁有るの意を示す者、三度す」(原漢文・辻善之助編　一九三九年　太洋社　一四五頁)とある。これに従えば、蘭渓道隆は祠山大帝の勧めにより来日したことになる。辻善之助『日本仏教史　中世編』(一九四九年　岩波書店)一二五頁、三山進「伽藍神像考」(前掲)。現在、張大帝が祀られている寺院の多くは蘭渓道隆ゆかりの寺であり、蘭渓道隆が張大帝の伝播に一役買ったと考えられる。二階堂善弘「祠山張大帝考―伽藍神としての張大帝―」(『関西大学中国文学会紀要』第二八号　二〇〇七年)。②招寶七郎＝『永平開山道元和尚行録』に「寶慶三年…忽ち化神有りて現前す。師曰く、いかなる神かと。曰く、我、龍天なり。支那に在て招寶七郎と曰ふ。…我、來たりて随ひ、正法を護る」(原漢文・『曹洞宗全書　史伝下』一六五頁下段)とある。これに従えば、道元は帰国の際、招寶七郎に会ったことになる。しかし、『永平開山道元和尚行録』は延宝三年(一六七五)頃の成立であり、同書の記述を道元の史実とするには疑義がある。

[史料5]　瑩山『瑩山清規』(『瑩山禅　第六巻』一〇四頁)

土地堂諷経　二日、十六日

本地の風光、現前の一衆、和して同じく大悲円満無礙神咒・消災妙吉祥神咒を諷誦す。集むる所の鴻福は、当山の土地・護法竜天・合堂の真宰・三界の万霊・今年歳分・主執陰陽・護法伽藍神・招宝七郎大権修理菩薩に回向す。

要旨：瑩山は総持寺において、招宝七郎大権修理菩薩等の護法神を祀っていた。

[史料6]　瑩山『瑩山清規』(『瑩山禅　第六巻』一一七頁)

居常粥了諷経

上来、神咒を諷誦する功徳は、真如実際無上仏果菩提に回向す。護法の竜天・護法の聖者・三界の万霊・十方の至聖・日本国内大小の神祇・当山土地・当山竜王・護伽藍神・十八善神・招宝七郎大権修理菩薩・白山・八幡・監斉使者・多聞・迦羅・稲荷神等、合堂の真宰、今年歳分・主執陰陽・権衡造化・南方火徳星君・火部聖衆に祝献す。集むる所の殊勲は、本寺の檀那・十方の施主・合山の清衆の本命元辰、当年属星・守道守宮・一切聖造に祝献す。

要旨：[史料5]に同じ。

注釈：第2部第1章[史料17]と同じ。但し、傍線箇所が異なる。

[史料7]　瑩山『瑩山清規』（『瑩山禅　第七巻』二一〇～二一一頁）

右、集むるところの鴻福は、日本開闢天照大神・天神七代・地神五代・人皇九十六代今上皇帝本命元辰・当年属星・七曜九曜・二十八宿・王城鎮守諸大明神・五畿七道大小神祇・仏法大統領白山妙理権現・当道前後の鎮守・両社の大菩薩・当郡当保の諸社・当山の土地・当山の竜王・今年歳分主執陰陽・権衡造化・善悪聡明・南方火徳・火部星衆・護伽藍神一十八所・当国一の宮気多大菩薩部類眷属・招宝七郎大権修菩薩部類眷属・多聞天・迦羅天・打給青面使者・随遂白衣天子・旧鎮守稲荷大明神・新羅擁護八幡大菩薩に祝献したてまつる。

要旨：[史料5]に同じ。

[史料8]　瑩山『瑩山清規』（『瑩山禅　第七巻』一五二～一五三頁）

大仏頂万行首楞厳神咒を諷誦する功徳の鴻因は、真如実際・無上仏果・無見頂相・化諸如来・五五円通・一切諸尊・護法の竜天・三界の万霊・大梵天王・天帝四王・伊勢太神宮・八幡大菩薩・当道前後気比気多・仏法大統領白山妙理大権現・護伽藍神・十八善神・招宝七郎大権修利菩薩、打給青面使者・給仕白衣天子・護法多聞天・供給迦羅天・合堂の真宰・一切聖造・当山旧鎮守稲荷大明神・当山土地・当国当保総社別社・六十余州三千余座の神祇・今年歳分主執陰陽・権衡造化・合山の清衆の本命元辰・本寺の檀那、諸堂の檀越、結縁の諸檀の本命曜宿・当年属星・行疫流神・南方火徳星君・火部星衆に回向す。

　要旨：[史料5]に同じ。

[史料9]道元『典座教訓』(『道元禅師全集　第六巻』七頁)

然る後、明日の斎料を理会す。先ず米裏に虫・緑豆・糠塵・砂石等あらんを択び、精誠に択び了れ。米を択び菜を択ぶ等の時、行者諷経して竈公①に回向す。

要旨：道元は、旧仏教と異なり、神祇に対し否定的であったが、竈神を祀ることは認めていた。

注釈：①竈公＝出典書の注によると、竈の火の守護神のこと。

[史料10]義介「義鑒附法状①」(『曹洞宗古文書　下巻』四〇八〜四〇九頁)

紹瑾長老に示す、

それ佛法には、必ず嗣法有り、嗣法には定めて嗣書を帯ぶ。七佛相嗣、四七二三、青原・南嶽兩流門下、五家七宗諸師宗匠、皆、嗣書を帯ぶ。先師永平元和尚②、宋に在りし日、諸師を遍参す。五家嗣書を拝見す。この事、委しく先師、所作の一巻の書に在り。嗣書と名づく。然るに予、兩師、これを見る。両家の書を帯ぶ。所謂、臨濟家と洞山家となり。臨濟は、大惠上足、佛照禪師、佛在世の生主法の壽例を引く。面を見ずと雖も、遥かに、日本の能忍上人③に嗣ぐ。忍を嗣ぐは覺晏なり。晏を嗣ぐは、吾が師、懷鑒④なり。鑒を嗣ぐは予なり。予、師命を稟く。重ねて當家を嗣ぐ。その由は、建長五年⑤の夏、鑒公、嗣書相傳の事、先師御尋の時、當家の嗣書の事、委しくこれを示す。その時、二代和尚⑥、同座して證知し、別帋を委ぬ。また同秋、最後の上洛の尅⑦、永平寺の留守を仰せ付けらる。特に種々の契約を蒙る。別帋に具す。先師、圓寂の後、予、永平二代和尚に参ず。即ち當家の書を嗣ぐ。建長乙卯⑧より嘉元丙午⑨に至りて、五十二年、これを保持す。先年、既に予、汝⑩に嗣げ畢んぬ。宜しく善く保護す…抑も二代に相承す。師の嗣書を以て、付せらるる事、先蹤の引く所、口傳在り。相承の作法、付属を受くは、先師の門人の中、獨り二代のみ。別帋に見る。然るに或る家、二代に於て疑謗に致すこと有りと、これを聞く。つとめて、これを信ずべからず。佛祖傳来の古法、あに謀計、今案するを構ふべけんや。聖眼照覧、古今、無私なり。相傳の事に於て疑謗を致す者は、必ず罪業を招かん。これを怖るべし、恐るべし。

嘉元四年⑪〔丙午〕八月廿八日

前住大乗寺義鑒、これを示す（花押）

要旨：義介は曹洞宗入門後も、日本達磨宗の「嗣書」を保持していた。

注釈：原漢文を書き下した。①義鑒＝日本達磨宗における義介の名前。②永平元和尚＝道元。③能忍上人＝大日能忍。前出。④懐鑒＝日本達磨宗における、義介の師。⑤建長五年＝一二五三年。⑥二代和尚＝ここでは懐弉を指す。⑦尅＝刻の誤りか。⑧建長乙卯＝一二五五年。⑨嘉元丙午＝一三〇六年。⑩汝＝ここでは瑩山を指す。⑪嘉元四年＝一三〇六年。

第3章　大乗寺蔵「五山十刹図」考

［史料1］永平寺本『支那諸刹図』巻首識語（『永平寺史料全書　禅籍編　第二巻』八〇頁上段）

本書大乗寺□之　謹奉應　尊命寫之者也

要旨：永平寺本『五山十刹図』は大乗寺本より書写されたことを示す添え書き。
注釈：『支那諸利図』は『五山十刹図』の別名である。□には下巻冒頭から「有」があったと考えられる。出典書一一一頁上段参照。

［史料2］永平寺本『支那諸刹図』巻首識語（『永平寺史料全書　禅籍編　第二巻』八〇頁上段）
當山開闢大禅佛御真筆寫也
要旨：永平寺においては、『五山十刹図』の著者が道元とする言い伝えがあったことを示す添え書き。

第2部　確立期

第1章　瑩山

［史料1］瑩山『洞谷記』（『瑩山禅　第八巻』一二三頁）

観音は当山の先きの本尊なり。故に是を主位の脇士と為す。

要旨：永光寺の地にはもともと観音堂のようなものがあり、この観音像を瑩山は脇士とした。

［史料2］瑩山『洞谷記』（『瑩山禅　第八巻』八頁）

予、夢みらく、当国の守護神来りて曰く、一国に告報して菜一種を供加せんと。是れ大鎮守、一宮①の冥報なり。

要旨：永光寺開創にあたり、瑩山の夢には護法神が登場し、野菜を届けてくれたとする。

注釈：①一宮＝出典書は、「能登一宮である気多大社」とする。

［史料3］瑩山『洞谷記』（『瑩山禅　第八巻』一二三頁）

中尊釈迦牟尼仏は、加賀国井家の庄①、中田右馬尉、悲母十三回忌追善の為に、参拾貫を以て木作す。

要旨：永光寺本尊である、木造釈迦牟尼仏は、葬祭儀礼を目的に檀那が寄進したものであった。
注釈：①井家の庄＝河北郡にあった荘園。河北平地中央部に位置する。

［史料4］瑩山『洞谷記』（『瑩山禅　第八巻』二頁）
能州賀島郡①酒井保の内、中河の地頭は酒匂八郎頼親なり。其の嫡女は信州の住、海野三郎滋野信直と夫婦なり。正和元年②壬子の春、彼の両人、共に発心して、予③に此の山を施与す。
要旨：永光寺は、酒匂八郎頼親とその娘を檀那として、開創された。
注釈：①賀島郡＝鹿島郡の表記が正しい。②正和元年＝一三一二年。但し、一三一二年の寄進は古文書の裏付けが取れない。③予＝ここでは瑩山を指す。

［史料5］瑩山『洞谷記』（『瑩山禅　第八巻』八頁）
文保元年①丁巳、平氏の女、舎兄中河の地頭酒匂平八頼基、終焉の時、遺命して、親父頼親の屋を以て、彼の追善と、及び自身と大姉との善願の為に、之を施与して、以て方丈を造立すべしと。
要旨：［史料4］に同じ。加えて、寄進の目的が葬祭儀礼であることが分かる。
注釈：原漢文を書き下した。①文保元年＝一三一七年。

［史料6］「平氏女某寄進状」（『曹洞宗古文書　上巻』一一九〜一二〇頁）
右くたんの山やてんはくくは、さかわの八郎より、□□女□□平のうちの女、さかいの十郎さへもん□とした、、なら

ひに與三のりかねのはう□□《けん》のしやうにまかせて、りやつうのあんとの□ふみを申給はりて、ちきやうするしりよう□、しかあるを、平のうちの女むしやうほたいのた□《め》に、あんとの御下ふみ二つう、はうけん二つう、□ほんすのてつきのあんもんらをあいそえ□《て》、なかくせうきん①をしやうにたてまつ□《り》おはりぬ、し々そんそんさらにいらんすへ□《か》□《ら》す、よてこ日のために、きしんのしやうくたんの□□□《ことし》、

□《ふ》んほう二年②十月廿五日　平のうちの女(花押)

要旨：[史料4]に同じ。

注釈：傍註は出典書の通り。①せうきん＝瑩山紹瑾。②ふんほう二年＝文保二年＝一三一八年。[史料4・5]ともに古文書で裏付けが取れないため、或いはこの年が寄進の初めの可能性がある。

読みやすいよう、濁点を加え、漢字に直せる箇所を試みに直すと、以下のようになる(『加能史料　南北朝二』を参考とした)。

右件の山野・田畠《てんはく》は、酒匂八郎より、女□□平のうち女、酒井十郎左右衛門□利忠、並びに與三章兼の放券の状に任せて、両通の安堵の御文を申し給はりて、知行する所領也。しかあるを、平のうちの女、無上菩提の為に、安堵の御下文二通、放券二通、□ほんすの手継の案文らを相添へて、永く紹瑾和尚に奉り畢りぬ。子々孫々、更に違乱すべからず。よつて後日の為に、寄進の状、件の如し。

文保二年十月廿五日　平のうち女

[史料7]「物持寺由来縁起」(『加能史料　鎌倉二』四五九～四六〇頁)

物持寺は、元來、諸嶽寺と號す。行基菩薩の創建にして、眞言宗の地なり。

要旨：本縁起において、総持寺は、行基開創の真言宗寺院の地に建てられたとする。

注釈：原漢文を書き下した。本縁起の成立は貞享二年（一六八五）に過ぎない。ゆえに、本縁起の記述に全面的に信を置くことはできない。

［史料8］「総持寺文書」（『曹洞宗古文書　拾遺』二頁）

諸岳寺①観音堂寺領敷地事

合四至分限

右、件の寺地の境、趣彌分に非ずと雖も、東、火尾に限り、南、厨谷向谷に限り、西は長峰に限り、北は荒志の横道に限る。末代の爲に、これを寄進し奉る。仍つて違犯せしむること勿かれ。庄元百姓等、後見の爲の状、件の如し。

元亨元年②七月廿二日　権律師定賢（花押）

要旨：総持寺観音堂の地は、もともと他宗派の地であった。

注釈：原漢文を書き下した。①諸岳寺＝総持寺。②元亨元年＝一三二一年。

［史料9］瑩山「総持寺中興縁起」（『瑩山禅　第一〇巻』二三四頁）

鎮守は三所の権現なり。一所は白山、一所は山王、一所は行基。

要旨：総持寺の鎮守は白山・山王・行基であった。鎮守は、曹洞宗改宗以前の宗派を反映していると考えられる。

［史料10］「総持寺文書」（『曹洞宗古文書　拾遺』一頁）

奉寄進寶幢院護摩堂料所事

能登國櫛比庄二ヵ村領家一圓　支名内

合伍者、〔宇田ノ谷、又一郎次、〕

右、件の田地は、毎月一七ヶ日供料田と爲す。…定賢、三密修法勤行の仁、彼の院、永代に限り此の地寄進し奉る所なり。本家領家の爲に御祈禱現當二世なり。…永仁三年①十一月廿一日

要旨：総持寺の地の寄進文書だが、もとは密教系寺院であったことを示す史料。

注釈：原漢文を書き下した。①永仁三年＝永仁は七年までなので、東隆眞は永仁三年を永仁四年（＝一二九六年）と解釈する（『瑩山禅師の研究』一九七四年　春秋社　二三五頁）。

［史料11］　瑩山「総持寺中興縁起」（『瑩山禅　第一〇巻』二二五～二二六頁）

放光菩薩は大唐広善寺①門上の霊場なり。僧形の観音・地蔵二菩薩なり。常に光明を放つて、人をして敬信せしむ。両尊これ同じきゆえに倶に放光菩薩と称す。当帝后妣、妊孕の時、参詣祈念あり、放光しきりに新たにして、産生平安、王子誕生す。それより以後、数百年、大唐・日本の皇后・将相、悉く皆これに帰し、産生平安を祈請す。当庄の妊婦、これを祈るべし。霊験必ず掲ぐべし。…諸人、心を同うし、力を合わせ、当寺の山門に立て、円通の冥応を仰ぐべし。…元亨元年歳次辛酉（一三二一）六月十七日記録して披露す。諸岳総持寺中興沙門釋迦牟尼佛五十四世傳法瑩山紹瑾記録（華押）

要旨：総持寺門上に祀ってあった、放光菩薩の霊験を著すことで、在地の人々に対して信仰を鼓舞している。

注釈：文中の西暦年号は出典書の通り。①広善寺＝不詳。

［史料12］瑩山「総持寺中興縁起」（『瑩山禅　第一〇巻』二二五頁）

入寺の後、三十日を経てまた夢みる。本尊おんみずから予に勧めてのたまはく、門を立つべしと。

要旨：総持寺開創に当たり、瑩山は夢で観音より門を立てろというお告げを受けた。

［史料13］常謹「地蔵菩薩応験記」（梅津二郎翻刻「地蔵菩薩応験記」『大和文化研究』第一〇一号　一九六五年）

梁朝漢州徳陽県善寂寺の東廊壁上に張僧繇の畫く地蔵菩薩・觀世音菩薩各一軀あり。…麟徳三年①、王記、資州の刺史に任ぜらる。當に以て摸寫し精誠供養す。同行の船十隻有り。忽ち悪風頓起に遇ふ。九隻の船没す。この波濤に遭へども、唯だ王記の船、更に恐怖無し。將に知る。菩薩の弘大慈悲にはかくの如くの力有りと。垂拱二年②に至り、天后③これを聞き、勅して人④をして摸寫を畫かしむ。光發前の如し。内道場に於て供養す。…帝乃ち心を虔して其の光を頂禮讃歎す。菩薩現る時、國當に安泰なるべし。復た商人の妻有り。任⑤娠して廿八月を得れども、産まず。忽ち光明を観る。すなはち摸寫す。一心に菩薩を發願す。當夜便ち一男を生下す。相好端厳なり。見る者歓喜す。世を挙げて放光菩薩と号す。

要旨：漢州徳陽県善寂寺の東廊壁上にある放光菩薩は霊験あらたかであり、則天武后も信仰していた。

注釈：原漢文を書き下した。異本『地蔵菩薩像霊験記』続蔵経所収と校訂を行い、難読箇所は改めた。①麟徳三年＝六六六年。②垂拱二年＝六八六年。③天后＝則天武后。④人＝原史料では「又」だが、続蔵経により改めた。⑤任＝続蔵経だと、「姙」とある。

［史料14］常謹「地蔵菩薩応験記」（梅津二郎翻刻「地蔵菩薩応験記」前掲）

久安四年①〔戊辰〕六月廿三日、これを寫す。法隆寺僧覺印（花押）

要旨：『地蔵菩薩応験記』写本の奥書。これにより、『地蔵菩薩応験記』が少なくとも一一四八年には、日本に入ってきていたことが分かる。

注釈：原漢文を書き下した。①久安四年＝一一四八年。

［史料15］瑩山『洞谷記』（『瑩山禅　第八巻』一七五頁）

總持寺は、當國第三の僧所なり。檀那、未だ正信せずと雖も…

要旨：当時、総持寺には固定的な檀那がいなかったことを示す。

［史料16］『総持寺十箇条之亀鏡』（『門前町史　資料編二』一四頁上段）

当寺は檀越無きに依つて、挖鉢を以て住持を勤めんと欲す。…正中元年〔甲子〕①三月十六日

要旨：［史料15］に同じ。

注釈：原漢文を書き下した。①正中元年＝一三二四年、と言いたいところだが、元亨四年から改元されたのは、十二月である。したがって、この文書の年月日は偽造されたものであろう。

［史料17］瑩山『瑩山清規』（『瑩山禅　第六巻』一一七頁）

居常粥了諷経

上来、神咒を諷誦する功徳は、真如実際無上仏果菩提に回向す。護法の竜天・護法の聖者・三界の万霊・十方の至聖・日本国内大小の神祇・当山土地・当山竜王・護伽藍神・十八善神・招宝七郎大権修理菩薩・白山・八幡・監斉使者・多聞・迦羅・稲荷神等、合堂の真宰、今年歳分・主執陰陽・権衡造化・南方火徳星君・火部聖衆に祝献す。集むる所の殊勲は、本寺の檀那・十方の施主・合山の清衆の本命元辰、当年属星・守道守宮・一切聖造に祝献す。

要旨：瑩山は寺で祀る神を日本の神祇に拡大したことを示す箇所。

注釈：既に第1部で引用した史料だが、引用趣旨が異なるので、再度引用する。

［史料18］「総持寺文書」（『曹洞宗古文書　上巻』三七頁）

右の田地は、聖朝安穏の爲に奉る。天長地久、本家領家の御願成就、永代に限り、彼の寺に寄進し奉る處なり。仍つて後證の爲、仰せに依り、執達、件の如し。

元弘三年①十二月（ママ）　日

領家（花押）

要旨：総持寺への土地を寄進した目的を示す文言。

注釈：原漢文を書き下した。①元弘三年＝一三三三年。瑩山は一三二五年没なので、瑩山没後の文書である。

［史料19］瑩山『瑩山清規』（『瑩山禅　第六巻』一三四頁）

又〔歎偈は前に同じ。是れ檀那の中、崇重の人の回向。〕

山門、今月今日、伏して過去〔某甲禅門〕覚霊月忌の辰に値う。謹しんで合山の清衆を集め、大仏頂万行首楞厳咒を諷誦す。集むる所の功徳は、尊霊①の為にし奉つり、報地に荘厳せんことを。…十方三世云々。

要旨：瑩山は、檀那の葬祭儀礼を積極的に行っていたと考えられる。というのも某甲とあるので、この法語は雛型であり、適宜、名前が入るからである。

注釈：①尊霊＝古態を残しているとされる禅林寺本では、「覚霊」となっている。尾崎正善「翻刻・禅林寺本『瑩山清規』」（『曹洞宗宗学研究所紀要』第七号　一九九四年）八一頁。

［史料20］瑩山『瑩山清規』（『瑩山禅　第六巻』一四三頁）

又〔歎偈、前に同じ。是れ在家平人の回向。〕

上来、現前の清衆、大仏頂万行楞厳神咒を諷誦す。集むる所の功徳は、〔某甲〕の為にし奉つり、幽霊を資助して、報地を荘厳せんことを。…十方三世云云。

要旨：［史料19］と同じ。

注釈：「平人」の箇所は、禅林寺本では、「等人」となっている。尾崎正善「翻刻・禅林寺本『瑩山清規』」（前掲）八一頁。いずれも竹内弘道「瑩山禅師門下の葬儀観」（『宗学研究』第四五号　二〇〇三年）の指摘による。

［史料21］瑩山『洞谷記』（『瑩山禅　第八巻』一八四〜一八五頁）

佛の言く、篤信の檀那、之を得る時、佛法、断絶せず云云と。又云く、檀那を敬うこと、佛の如くすべし。戒定慧解、皆、檀那の力に依って成就す云云と。然る間、瑩山今生の佛法修行は、此の檀越の信心に依って成就す。

要旨：瑩山は、檀那を仏と同等に尊崇する存在として位置付けていた。

第2章　明峯とその弟子

［史料1］『氷見光禅寺書類』（山崎明代編『越中古文書』一九九一年　桂書房　四一四頁下段）

当時、唐嶋①ニ有ルハ鬼門守護ノ大鎮守唐嶋大弁才・吉祥天女・大悲観世音菩薩・弘法大師地蔵尊②也、境内鬼門守護ハ像王大権現・大鎮守トシテ古来ヨリ之通リ大切ニ可相守事

要旨：唐嶋には、鬼門の鎮守として地蔵等が祀られていた。

注釈：中黒を補った。①唐嶋＝現・富山県氷見市氷見漁港沖の無人島。光禅寺が所有する。②弘法大師地蔵尊＝一語と解した。

［史料2］『光禅開山老和尚行業記』（佐藤秀孝『明峯素哲禅師の生涯』二〇〇九年　光禅寺　二五〇頁）

越中州の檀越、再び請して光禅に帰せしむ。…地主像王権現、寺の鎮守に契い、永く食輪を転じ、終に円寂の地と為す。

要旨：明峯は、光禅寺に地主像王権現を祀り、これによって、在地の人々の信仰を集めた。

［史料3］『続扶桑禅林僧宝伝』（『続曹洞宗全書　寺誌・史伝』六五九頁下段）

尋常、室中の示衆、其の剴切を極め、聞く者は皆な信入す。俄かに一人の形の甚だ都雅なるが見《あら》はる。王者の状の若し。敬を致し畢りて乃ち言く、「弟子はこれ白山の神なり、佛戒を受けんことを乞ふ」と。哲①、授け畢る。神問て曰

く、「師には須《もと》むる所有りや否や」と。哲曰く、「我が此の山は夷曠にして、林木は繁茂し、良く所懐に愜《こころよ》し。但し闕くる所は水なり。これを運ぶこと甚だ労なり。神、よくこれを致すか」と。神、応諾して去る。翌日、寺の南、一池と成り、泓く澄みて甘美なり。亢旱と雖も竭れず。今に至るまで過れば、指さして白山神水と爲すと云ふ。

要旨：明峯の説法中、白山神が現れ、授戒を希望した。これのお礼として、明峯は境内に水源を求めた。これが大乗寺の池の由来である。

注釈：原漢文を書き下した。①哲＝明峯素哲。

［史料4］『氷見光禅寺書類』（山崎明代編『越中古文書』前掲　四一七頁下段）

一　当山開祖執持払子　壱

開祖明峯和尚支那天童山ヨリ賜ルモノト

一　青磁鉢　同上

一　同花瓶　同上

要旨：光禅寺の払子・青磁鉢・花瓶は、天童山由来である。

［史料5］明峯『明峯和尚法語』（『曹洞宗全書　室中・法語・頌古・歌偈・寺誌・金石文類』一三五頁上段）

坐禅ト者、本是大安樂ノ法門也、内ニ片縁ノ起ルコト無ク、外ニ萬境ノ嫌ナシ、一片ニシテ思量ヲ用ヒズ、消然トシテ終日ヲ送ル、…

要旨：明峯の坐禅観を記した法語の一節。

[史料6] 大智『仮名法語』（『日本の禅語録　第九巻　大智』三一七頁）

先日三宝の御前に焼香発願候し様に、道行の菩薩は、たとひ輪王の果報来りのぞむとも行道の支縁ならず。外は有漏の業報来りのぞむとも、これをすつること糞土涕唾のごとくにしてうくることなかれ。在家菩薩最上の要心也。此の願を堅固におこしましますゆゑに、数段をかきて進せ候也。堅固に護持し給ふべき者也。

要旨：『仮名法語』が在家に対して書かれたことを示す。

[史料7] 大智『十二時法語』（『日本の禅語録　第九巻　大智』三〇五頁）

仏祖の正伝はただ坐にて候。

要旨：坐禅の重要性を述べている。

[史料8] 大智『仮名法語』（『日本の禅語録　第九巻　大智』三一一頁）

生死の大事を截断すること、坐禅にすぎたる要径なし。

要旨：[史料7]に同じ。

[史料9] 大智『仮名法語』（『日本の禅語録　第九巻　大智』三一四頁）

行道の人、在家の菩薩としては、随分五戒を堅持すべし。

要旨：在家に対して持戒の重要性を述べた法語の一節。

［史料10］大智「大智契状」（『日本の禅語録　第九巻　大智』五八～六〇頁）

歓喜殿①、豊後よりひかれ候しに、ゐらどの所〻の難所をきりふたぎ候て、…この寺を深御たのみ候て、…愚身啓白し候て、信心をこらして、大般若を読誦、五ヶ日の中ニ歓喜殿帰国候て、再《ふたたび》御目にかゝりて、御悦候し事、不思議の霊験に候歟。…九州にかたき・御方、昔よりなき程の名をあげられ候て、歓喜殿を事ゆへなくとほされて候し。思出候へば、併《しかしながら》大般若の十六善神の御力をあらわされし事、いかでか御報謝なくては候べき。…当山②正法を立てじとは、只御はからいたるべく候。

要旨：檀那である、菊池氏の安穏を祈っている法語。

注釈：①歓喜殿＝菊池武重。②当山＝ここでは広福寺の意。

［史料11］菊池武重「寄進状」（『日本の禅語録　第九巻　大智』三九～四〇頁）

みぎ、きしんたてまつる心ざしは、大ちしやう人、しんざんぜんじやくのちにおいて、仏そのしやうほうをせうりうし給ふしぐわんじんぢうにましますあいだ、武重しやうじやうけんごのしんじんをおこして、たう山入にて、じんみらいざい大ちしやう人にきふしたてまつるところなり。…ふしてねがはくは、仏祖かびごねんし給ひて、かもんひさしくさかりに、しそんていしんにして、ぶりやくを天だうまぼて、ながくほんてうのちんしやうたらん。

要旨：菊池武重の寄進の目的が家の永続であることが述べられている。

注釈：寄進状を試みに漢字に直すと以下のようになる（出典書の現代語訳を参考とした）。

右、寄進奉る志は、大智上人、深山禅寂の地において、仏祖の正法を紹隆し給ふ志願深重にましますす間、武重、清浄堅固の信心を起こして、当山入にて、尽未来際、大智上人に寄附し奉るところなり、…伏して願はくは、仏祖加被護念し給ひて、家門久しく盛りに、子孫貞信にして、武略を天道守りて、永く本朝の鎮将たらん。

[史料12] 太田頼資『能登名跡志』（日置謙校訂『能登名跡志』一九七〇年　初出一九三一年　石川県図書館協会　五三頁下段～五四頁上段）

又蟹寺とてあり。法成山永禪寺と云。此寺昔は教院也しが、妖怪のために住持を取殺すこと度々也。依て住持する人なし。然る處貞和の比、同國永光寺瑩山の弟子に月庵と云僧、行脚の折此寺に住みて、或夜客殿に座禪しておはせしに、丑滿の比震動して、眼日月の如くなるもの顯れ出る。禪師曰、問ことあり、汝如何なるものぞ。彼者云、小足八足大足二足右行左行眼天に有と云。禪師汝は蟹にありやとて、拂子を以て打給へば忽ち消て失にけり。夜明て里人來り見れば、禪師の恙なきことをふしぎに思ひ、事のやうすを尋みるに、後の山に深き池あり、其水の面に幾年ふるともしれぬ一丈餘りの蟹の、甲八つにやぶれ死して浮び居たり。その後妖怪なし。則月庵を中興開山とす。…又蟹の住し池あと、後の山にあり。此月庵和尚は俗姓曾我氏にて、至ての美僧也と云り。今も曾我永禪寺と云。

要旨：もともと永禅寺は「教院」（旧仏教の寺）であったが、蟹の妖怪のため、住持が喰い殺されてしまった。月庵が問答により妖怪を調伏し、住持となった。月庵の出自は曽我氏である。

[史料13]「蟹寺の由来」（北日本放送『伝説とやま』一九七一年　三〇一～三〇二頁）

婦負郡細入村①は、富山県と岐阜県ざかいの関門で、神通峡谷の美で知られている。ここの蟹寺は、神通川のカゴの渡しで古来知られたところだが、蟹寺の地名の由来として、次の話が残っている。むかしこの谷地に、水草の繁った小さい沢が多くあったので、もとは小沢村といっていた。ところが、今を去ること二四〇年あまり前のこと、村の西方に大きな池があり、ここに大きな蟹の化物をかしらに三匹の妖怪が住み、夜な夜な池をはい出して村人を喰い殺す。池の岸辺にあった慈眼院というお寺の和尚さんまで、喰いころされてしまった。

富山県梅沢町の海岸寺の僧で、元気のよいのが、「衆の難儀は捨てておけぬ。しかも仏に仕える僧をくらうとは。言語道断」と、月明の神通峡を登って慈眼院を訪れた。門を叩くと「どうれー」出てきた僧。「何用あって参られた」「わしは、この寺の住職の甥だが、和尚は在寺かな」「ちと所用があって、他出中じゃが」「しらばくれるのもいいかげんにしろ。和尚は、蟹の化け物に喰い殺されたと聞いた。怪しい僧め。さしづめお前は化け物であろう。正体を現わせ」「ワハハ…伯父の仇というわけか。ちょこざいな。お前も僧職にある身なら、わしの問答に応えられるか」…翌朝、村人たちが心配して、おそるおそる寺にきてみると「大池にいってみてくれ。おそらく鯉の化け物が浮いていよう。また、この寺の天井裏に大工が忘れていった鎚があるはず。おそらく頭が外れていよう。それから沢を探してみてくれ。蟹の化け物がつぶされているはず」という。僧のいったとおり、鯉が浮き、首のとれた鎚があった。沢には、はさみを石につぶされて、大蟹の化け物が死んでいる。はさみに石、まるでジャンケンである。村人たちは、この海岸寺の僧の勇気をたたえて、慈眼院を再興、蟹化け退治の寺という意味を含めて、蟹寺[2]を名付けた。これが蟹寺の地名の由来で、富山市の曹洞宗海岸寺には、このときの化け蟹の甲羅が、寺宝として由来を書いて、保存してあったという。

要旨：海岸寺に伝わる「化け蟹退治譚」。

注釈：出典書の該当箇所は、『立山千夜一夜』（初出一九四七～一九四八年）を出典とする。言葉遣いなどを見ても、伝承の過程でかなりの改変があったと想定される。また、この退治譚には、海岸寺を開創した、月庵の名前が登場しないが、海岸寺ではこの僧を月庵とする（藤島秀隆『加賀・能登の伝承』一九八四年　おうふう　一二五頁）。蟹の妖怪が現れた、寺の名前は「慈眼院」であり、旧仏教系であったと想定される。旧仏教系の寺より曹洞宗の方が、法力があるとする、この退治譚は、中世に遡る可能性を有している。①婦負郡細入村＝合併により、現在は富山市域となる。②蟹寺＝正式には、慈眼院という名称で、昭和八年（一九三三）頃まで、現・富山市蟹寺にあったとされる。中世から近世初頭にかけては海岸寺の別院であったとされる（細入村史編纂委員会『細入村史』一九八七年　六三頁下段）。

［史料14］『日本洞上聯燈録』（『曹洞宗全書　史伝上』二九三頁下段）

遊化して山陽防州に抵《いた》る。乃ち鯖山勝境を得て、梵刹を創建す。名づけて法幢山禪昌寺と曰ふ。時に護伽藍神白蛇にして出現し、瑞を呈するを感ず。

要旨：慶屋が禅昌寺開創にあたり、護伽藍神が白蛇となって現れた。

注釈：原漢文を書き下した。

第3章　峨山韶碩

［史料1］『延宝伝灯録』第七巻（鈴木学術財団版『大日本仏教全書　第六九巻』一八六頁上段）

能州總持二世峨山紹碩①禪師、姓は源、本州の人なり。…十六歳にて、叡山に陟《のぼ》る。髫《たれがみ》を剪り、戒を納む。瑩山に加の②大乗に于《おい》て謁參す。…師、愕然と開悟す③。山、即ち印可す。去りて諸方を勘験す。④翁良に謁恭す。

要旨：峨山の出自が、本州であり、比叡山に登った後、瑩山・峨山・運良に師事したことが述べられている。

注釈：原漢文を書き下した。①峨山紹碩＝傍線は出典書の通り。②加の大乗＝加賀国大乗寺。③山＝ここでは瑩山を指す。
④翁良＝運良。

[史料2]「足利直義寄進状」（『曹洞宗古文書　上巻』一三五頁）

能登國永光寺の塔婆に佛舎利二粒〔一粒東寺、〕を安置し奉る。
右、六十六州の寺社に於て、一國一基の塔婆を建て、忝く申請に任せ、既に勅願爲り。仍つて東寺の佛舎利を奉り、各、これを奉納す。伏して冀くは、皇祚悠久、衆心悦怡、佛法紹隆、利益平等なり。安置の儀の旨趣、件の如し。

暦應三年①正月一日　左兵衛督源朝臣直義

要旨：足利直義は、平和祈願・民心慰撫を目的として、永光寺の利生塔に仏舎利を寄進した。

注釈：原漢文を書き下した。難読文字の箇所は、出典書傍注に従った。①暦應三年＝一三四〇年。

[史料3]　峨山『山雲海月』（『訓註曹洞宗禅語録全書　第三巻』五八頁）

見ずや五位君臣、大極・功功従り正中来に至りて功妙理なり。又た正中来従り大極に収まる妙理なり。向・奉・功・共功・功功、究竟するを「相続主中の主」と謂う。

要旨：法語において、峨山が五位思想を述べた一節。

[史料4] 道元『正法眼蔵』「春秋」（『道元禅師全集　第一巻』四一一頁）

かつて仏法の道闈を行李せざるともがら、あやまりて洞山に偏正等の五位ありて人を接す、といふ。これは胡説乱説なり、見聞すべからず。ただまさに上祖の正法眼蔵あることを参究すべし。

要旨：道元が五位思想を「胡説乱説」であると、否定的に述べた箇所。

[史料5] 道元『正法眼蔵』「仏経」（『道元禅師全集　第二巻』二一一頁）

高祖の三路・五位は節目にて、杜撰のしるべき境界にあらず。宗旨正伝し、仏業直指せり、あえて余門にひとしからざるなり。

要旨：[史料4]と異なり、道元は、ここでは五位思想を肯定的に述べている。

[史料6] 瑩山『洞谷記』（『瑩山禅　第八巻』二四一～二四二頁）

僧曰く、①虎嘯《うそぶ》けば風生じ、龍吟《うめ》けば雲起る。五位位別に、君臣道合す。

要旨：瑩山が五位思想に言及した箇所。①僧曰く＝以下は瑩山の発言ではない。とはいえ、瑩山の著述に五位思想があることを確認する意で引用した。

[史料7] 峨山『峨山紹碩和尚法語集』（『続曹洞宗全書　法語』一三頁下段）

常に破竈堕を思ふ。是は全く化身を云なり。かまど神、天生て謝を成す。師云く、汝が本有の性、吾が強《しい》て言に非ず。神、再拝して没す。これは有りのままの理を以てせめられて、自ら破堕落するなり。非情の物なりと云へども、久して霊を成して業を受く。汝、本、土を摶《うち》て合成す。霊、何より来て、聖、何より起くる。この語は、尤も人に四大五蘊の合成の時、心いまだ生ぜざる時、是同か是別か。纔《わずか》に心生ずれば、物我ありと執する時、業を受けたり。破竈堕の一句、森羅萬象の上、非情物靈何より來り、聖何より起こる。全く無生法を説く。故にかまの神悟り去るなり。

要旨：竈神が調伏された伝説。所謂「破竈堕説話」。

注釈：カタカナを平がなに改め、濁点を付した。一部、読点を句点に改めた。漢文体の箇所を書き下し、読点を付した。

[史料8]『景徳伝灯録』（『国訳一切経　和漢撰述部・史伝部一四』一一〇～一一一頁）

嵩嶽の破竈堕和尚は名氏を称さず。言行、計り叵《がた》く、嵩嶽に隠居す。山塢に廟有り、甚だ霊し。殿中に唯だ一竈のみを安ず。遠近、祭祀して輟《や》まずして物の命を烹殺すること甚だ多し。師、一日、侍僧を領して廟に入り、杖を以て竈を敲くこと三下して云はく。咄。此の竈は只だ是れ泥瓦合成す。聖、何れよりか来り、霊、何れよりか起りて、恁麼に物の命を烹宰すると。又、打つこと三下するに、竈乃ち傾破し堕落す。〔安国師、号して破竈堕と為す。〕須臾にして一人の青衣①峩冠なるもの有り。忽然として拝を師の前に設く。師曰く。是れ恁麼人ぞ。云はく。我れ本、此の廟の竈神なり。久しく業報を受くるも、今日、師の無生の法を説くを蒙り、此の処を脱することを得たり。生じて天中に在るも特に来りて謝を致すと。師曰く。是れ汝が本有の性なり。吾の彊ひて言ふに非ずと。神、再礼して没す。少選して侍僧等、師に問ふて云はく。某等諸人、久しく和尚の左右に在るも、未だ師の苦口の直に某等の為にせることを蒙らず。竈神、什麽の径旨を得てか、便ち天に生ずることを得ると。師曰く。我れ只だ伊に向つて道へり。本、是れ泥瓦合成すと。別に也《ま》た道理の伊が為にせるもの無しと。侍僧等、立ちて言無し。

要旨：[史料7]の基となった、中国の破竈堕説話。傍線部が共通している。

注釈：①青衣＝この話は、『雨月物語』「青頭巾」に影響を及ぼしたとされる。堤邦彦「『雨月物語』「青頭巾」と青衣寃冠の得脱者」（『近世仏教説話の研究』一九九六年　翰林書房）。とすると、この破竈堕説話が日本に与えた影響は大きいと考えられる。

［史料9］「大日本国越中州黄龍山興化護国禅寺開山勅賜仏林恵日禅師行状」（『加能史料　南北朝一』二二九頁）

白山の麓、眞光寺①に住居す。時に徒衆、多く瘟に染《かか》る。寺の土地妙理権現なり。師、これを呵りて河に投げる。これに由つて病僧、日ならずして皆、痊《いえ》る。

要旨：白山の麓に在る、真光寺において、病が流行った際、運良は神を川に投げ捨てた。これにより病は鎮まった。運良の、神を神とも思わない態度を表している。

注釈：原漢文を書き下した。①眞光寺＝不明。出典書は、加賀国石川郡とするが、「白山の麓」であれば、加賀国に限定されない。

［史料10］「大日本国越中州黄龍山興化護国禅寺開山勅賜仏林恵日禅師行状」（『加能史料　南北朝一』二二九頁）

越①に往き、途を直生山②に取り、因《よ》つて八幡神祠に詣ず。廟中に向て尿す。巫祝蠭怒す。神託に曰く、「我、特にこの師を恭敬す。汝等、慎んで触忤《しょくご》③することなかれ」と。巫、皆、戟手して、駭異す。

要旨：運良は神に対して尿を掛けるが、神は怒らず、神官に対して、運良を手厚く扱え、と託宣を下した。

注釈：原漢文を書き下した。①越＝ここでは越中国の意。②直生山＝埴生山。佐藤秀孝「恭翁運良の伝記史料」（前掲）による。現・富山県小矢部市には、埴生護国八幡宮が存す。③触忤＝大修館『大漢和辞典』によると「人の気にふれさからふ」。

［史料11］「大日本国越中州黄龍山興化護国禅寺開山勅賜仏林恵日禅師行状」（『加能史料　南北朝一』二三〇〜二三一頁）

行状後序　　前南禪華岳建冑叟

越の興化禪寺開山勅諡佛林恵日禪師實録、予、周覧すること、數十回、一字も曽て増損すべきこと無くんば…

要旨：「大日本国越中州黄龍山興化護国禅寺開山勅賜仏林恵日禅師行状」には、原史料があり、それを基に同書が作成されたとする。むろん、この記述に全面的な信を置いて良いわけではない。

注釈：原漢文を書き下した。

［史料12］「藤原たたより（ママ）寄進状案」（『曹洞宗古文書　上巻』四〇〜四一頁）

きしんしたてまつる、のとくにとき①のいんあゆかみむらの地頭しきの内の田地の事、右かのしよりやうは、よりたゝちうたいさうてんのしよりやうなり、しかるにこしやうほたいのために、てんそのみたうを、ししやうかさんおしやうに、はしめてまいらせおき候により、…ふんは三ねん②八月廿五日　ふちわらのよりたゝ

要旨：富来の地頭は、総持寺に田地を寄進した。その目的は総持寺に葬祭儀礼を行ってもらうことであった。

注釈：①とき＝富来。石川県能登半島の地名。現在は志賀町に含まれる。②ふんは三ねん＝文和三年、一三五四年。漢字に直すと、以下のようになる。なお、『加能史料　南北朝一』を参考としている。

寄進し奉る、能登国富来の員鮎上村の地頭職の内の田地の事、右かの所領は、よりただ重代相伝の所領なり、然る

に後生菩提の為に、典座の御堂を、師匠峨山和尚に、初めて参らせ置き候により…

[史料13]「左衛門尉信氏寄進状案」(『曹洞宗古文書　上巻』四一～四二頁)

寄進

能登國櫛比庄内保村田事、

…

右の所は、信氏相傳の地なり、…信氏月忌日の為に、惣持寺に於て盡未來、寄進し奉る所也、子々孫々に於て、違亂を致す煩輩は、不孝の子爲るべし。仍つて寄進の状、件の如し、

延文三年①十一月四日　　左衛門尉信氏

要旨：[史料12]に同じ。

注釈：原漢文を書き下した。①延文三年＝一三五八年。

[史料14]「長谷部秀連遺言状」(『曹洞宗古文書　上巻』四二～四三頁)

さり申候のとのくに櫛比のしやうの中、さい所、ほりこしのみやのまゐの田百かり、さとう太郎入たうかつくり、右田はゐんせうしゆその御ほいたうのために、さり申候なり、たたしゐんせうしゆその御一こののちは、あまこゆふれいのほたいのために、ゐいたいを、そうちしかさんをしやうの御たちうにきしん申たてまつり候なり、…

康安元年①十二月廿五日　　長谷部秀連(花押)

要旨：[史料12]に同じ。

注釈：①康安元年＝一三六一年。漢字に直すと、以下のようになる。
さり申候能登国櫛比の庄の中、在所堀越の宮の前の田百かり、さとう太郎入道か作り、
右田はゑんせう首座の御陪堂の為に、さり申候なり、但しゑんせう首座の御一この後は、尼こ幽霊の菩提の為に、
永代をそうちし峨山和尚の御塔頭に、寄進申し奉り候なり、…康安元年十二月廿五日　長谷部秀連

［史料15］「尼しゅん寄進状」（『曹洞宗古文書　上巻』四四〜四五頁）
きしん申候のとくにたかはたけこくぬきむら①のうち、あましゅんかちきやうするたの事、…
右かのしよりやうは、あましゅんちきやうさおいなきしよりやうなり、しかるに、こしやうほたいのために、ほんゆ
つりしやうともに、ししやうかんさんおしやうの御たんちうへ、ゑいたいきしん申候、…
ちやうち四年②三月八日　　あましゅん（花押）
要旨：［史料12］に同じ。
注釈：①こくぬきむら＝小柴村。現・石川県鹿島郡中能登町小金森とされる。②ちやうち四年＝貞治四年、一三六五年。
漢字に直すと、以下のようになる。
寄進申候、能登国高畠小柴村の内、尼しゅんが知行する田の事…
右、かの所領は、尼しゅん、知行相違無き所領なり、然るに、後生菩提の為に、本譲状共に、師匠峨山和尚の御塔
頭へ、永代寄進申候、…貞治四年三月八日　尼しゅん

［史料16］「尼りやう譲状」（『曹洞宗古文書　上巻』四五頁）

ゆつりたひ候のとのくにたかはたけこくぬきむらのうち、あましゆんの御はらのゆつりたひ候たの事、…
右かのしよりやうは、はしらのしゆんの御はらのちきやうさおいなきしよりやうなり、しかるに、りやうこにゆつりたひ候とゆへとも、こしやうほたいのために、ししやうかつさんおしやうの御たんちうへきしん申候…
ちやうち四ねん①五月十五日　あまりやうこ（花押）

要旨：[史料12]に同じ。

注釈：①ちやうち四ねん＝貞治四年、一三六五年。漢字に直し、濁点を付すと、以下のようになる。

譲り賜び候、能登国高畠小柴村の内、尼しゆんの御はらの譲り賜び候田の事、…
右、かの所領は、はしらのしゆんの御はらの知行相違無き所領なり、然るに了悟に譲り賜び候と云へども、後生菩提の為に、師匠峨山和尚の御塔頭へ寄進申候、…貞治四年五月十五日　尼りやうこ

第4章　恭翁運良と地蔵信仰

[史料1]「大日本国越中州黄龍山興化護国禅寺開山勅賜仏林恵日禅師行状」（『加能史料　南北朝一』二二七頁）

師、従容に告げて曰く、我が師法燈、昔、ここに遊ぶ。時に戒壇叡尊①、直指の道を探し、省有り。…尊、乃ち旦過を戒壇院に建つ。

要旨：運良は東大寺旦過寮に一時期滞在するが、旦過寮は叡尊が造ったものとされる。

注釈：原漢文を書き下した。①叡尊＝（一二〇一～一二九〇）西大寺流真言律宗の祖。

[史料2]「大日本国越中州黄龍山興化護国禅寺開山勅賜仏林恵日禅師行状」(『加能史料　南北朝一』二二八頁)

即ち、空なる大乗寺の住持と爲らしむ。…師、南面①行事し、鐘鼓魚板、一時、響を改む。…殆ど臨濟爲り。

要旨：運良は大乗寺住持の期間、同寺に臨済的要素を導入していた。

注釈：原漢文を書き下した。①南面＝『例文仏教語大辞典』では「南の方角に面すること。尊重なものの向かう方角で、天子をはじめ、仏殿、あるいは学徳の高い僧の座位は南に向かって設けられる」とする。

[史料3]「大日本国越中州黄龍山興化護国禅寺開山勅賜仏林恵日禅師行状」(『加能史料　南北朝一』二二九頁)

瑞應山傳燈寺の邊民覺圓①、始め自産の莊田・山林を捨《ほどこ》し、一梵刹を創る。師を請て始祖と爲す。

要旨：傳燈寺は在地の覚円が自身の土地に寺を建て、運良を請うて開創した。

注釈：原漢文を書き下した。①覺圓＝不詳。

[史料4]『貞享二年寺社由緒書』(『加越能寺社由来　上巻』二三九頁上段)

禅栖院(臨)…

一瑞応山伝燈寺開山運良、生国者羽州之僧態ニ御当地大乗寺江来、其より加賀郡至牧村①ニ応長元年②ニ一寺を建立、則号伝燈寺与居住之候処、

要旨：応長元年、運良は傳燈寺を開創した。この史料には檀那・覚円の名前が出てこない。

注釈：合字は平がなに直した。①牧村＝現・石川県金沢市牧町周辺。②応長元年＝一三一一年。

［史料5］「傳燈寺地蔵縁起」（傳燈寺保存会『加賀傳燈寺』一九九四年　一二二頁上段）

加州長井谷村傳燈寺石地蔵尊乃由来幷霊験之事

襄年仏林慧日禅師、既に鷲峰開山法燈国師の印を佩て、夐に北徼に来り、勝地を揆卜せんと欲して、河北郡の山林に経遊す、榛莽途に塞りて、人跡殆希也、山行一理余、長井谷村に至る、尖頭の茅舎あり、師彼に至れハ、一の女紡績して居けるが、驚き瞰て曰、僧何ぞそれ此所に来れるや、吾夫は山賊なり、攙奪の為に他に適、帰来らば生命惟危し、某の林中に地蔵堂あり、此に行て身を蔵し給へと、ねんごろに指教す、師尋行バ、荊杞の中に傾斜せる茅堂に、石像の地蔵尊を安ず、師乃対譚して日旰れぬ、彼山賊家に帰り、物色して其の所以を問、婦実を以て答、此者遂て堂に至り、覲覦バ譚論の声林巒に響く、然して何れも其とも分弁し難けれハ、其実を験試せんと欲して、佩刀を抜て、暗中に之を斬る、翌朝来て看れバ、禅師自若として端座し給ふ、地蔵の鼻端に刀の痕あり、渠大ニ慚謝して、即髪を剃、弟子と為て随侍す、師此地に精藍を建、今の瑞応山傳燈禅寺是也、其傍に堂宇を営構して、地蔵尊を鎮守と称す

要旨：傳燈寺の地にはもともと地蔵堂があり、これを基に運良は傳燈寺を開創した。［史料3］と若干矛盾する。

注釈：同内容は宝永元年（一七〇四）刊『地蔵菩薩応験新記』上末第一二話「加州長井谷村伝灯寺石地蔵の由来幵霊験の事」（『仏教説話集成［二］』国書刊行会　四二頁）にもある。

［史料6］河北郡役所『石川県河北郡誌』（一九二〇年　四七〇〜四七一頁）

夕日寺。字夕日寺は同名の寺院ありしを以て名く。初め下日寺の字を用ふ。其由來にいふ、泰澄越前越智山を降るや、臥行者・浄定行者を従へ、積雪を踏みて白山に登り、山上に白山妙理大權現を勧請す。此年又醫王山に登り、惣海・皆往・醫王・躰玄等多数の寺坊を建つ。次で山を降り、井家郷に至りて道路を通じ橋梁を架し、諸人往來の便を計る。

一夜寶龜山に至り土窟中に臥せしに、越中布施の觀音山上日寺に詣づるを夢む。夢覺めて西方を見るに、山溪の間一道の瑞氣昇騰し、光明眼を射る。因りて其地に抵り四方を觀るに、幽邃閑雅の風景得も言はれず、傍に佳木を僵れて奇瑞を現す。泰澄大に喜び、伽藍を建てて養老山下日寺と名け、佳木を割て自ら千手觀音を作り、納めて以て本尊となす。又鎮守堂を寺内に建てられ白山比咩神を祭り、觀音の餘材を以て二軀の高麗狗を刻し、之を堂内に置く。寛弘四年①華山法皇近臣藤原義懐②を随へ、諸國遍歴の途に上り、各地の舊刹に詣で霊蹤を訪ね、遂に下日寺に至り給ふ。當時堂宇破損の状を攣はせられ之を修繕を加へ、一條天皇は寺領若干を寄せ給へり。時に義懐法皇の命を奉じて下日寺記を選ぶ。已にして延徳三年③兵火に罹り、寺記寺寶悉く空し。唯幸にして觀音像及び高麗狗を存すといふ。

要旨：旧・河北郡にあった、夕日寺は泰澄が開創したとする。むろん、史実とは認めがたい。

注釈：①寛弘四年＝一〇〇七年。②藤原義懐《よしちか》＝（九五七～一〇〇八）花山天皇の側近で、在位中は蔵人頭を勤める。③延徳三年＝一四九一年。

［史料7］「大日本国越中州黄龍山興化護国禅寺開山勅賜仏林恵日禅師行状」（『加能史料　南北朝一』二二九頁）

丈室の後ろ、翠屛①、列峙し、嵩泉、倒懸す。阿闍②大明王、金恕③の相を飛流の中に現す。光欻、一道し、然も瀑雪、以て爍々す。寺衆、識る者無し。唯だ師のみ時々目撃す。

要旨：伝燈寺裏手の滝において、運良のみが阿閦を目撃したという奇瑞。

注釈：原漢文を書き下した。①翠屛＝ここでは「緑の山々」の意。②阿闍＝阿閦と解釈した。③金恕＝出典書傍注では「忿怒カ」とする。

［史料8］「大日本国越中州黄龍山興化護国禅寺開山勅賜仏林恵日禅師行状」（『加能史料　南北朝一』二三〇頁）
佛祖法眼をして不滅ならしむ故に、正法眼蔵之語①有り。禪戒正傳、佗の邪綱②を破るが故に、血脈相承之訣③有り。人及び物を愛し、これを等しくするに、慈を以てす。故に、假名見性鈔④有り。怒罵嬉笑、佛事にあらざること莫し。故に、種々の法語有り。

要旨：運良に『正法眼蔵之語』等著作があったことを示す史料。残念ながら、著作は今に伝わらない。

注釈：原漢文を書き下した。①正法眼蔵之語＝書名と解釈したが、道元『正法眼蔵』との関係は不明。②邪綱＝出典書は「網カ」と傍注を付す。「邪網」だと、「誤った迷妄。よこしまな考えを、束縛して解き放つことのできない網に喩えた語」（『例文仏教語大辞典』）。③血脈相承之訣＝書名と解釈した。佐藤秀孝は、書名を「禪戒正傳血脈相承之訣」とする（佐藤秀孝「恭翁運良・孤峰覚明と初期曹洞宗教団」前掲）。④假名見性鈔＝書名と解釈した。

［史料9］『太平記』（新編日本古典文学全集『太平記③』二〇八～二一〇頁）
この高遠ただ一人敵の中を打ち破つて、壬生の地蔵堂①の中へぞ走り入りたりける。何所にか隠れましと彼方此方を見るところに、寺僧かと覚しき法師一人堂の中より出でたりけるが、この高遠を打ち見て、「左様の御姿にては叶ふまじく候ふ。この念珠を太刀に取り代へて持たせ玉へ」と云ひける間、げにもと思ひて…太刀を袖の下に引きそばめて持ちたる法師、堂の傍らに立つたるを見付けて、「すは、ここにこそ落人はありけれ」とて、抱手三人走り寄つて、中に挙げて打ち倒し、高手小手に禁《いましめ》て…仏壇の御戸を開かせて、本尊を見奉るに、忝くも六道能化の地蔵薩埵の御身、ところどころ刑鞭のためにつしみ黒み②、高手小手に禁めしその縄いまだ御衣の上に付きたりけるこそ不思議なれ。

要旨：武士が壬生の地蔵堂に逃げると、地蔵が代わりとなって敵に捕まり、難を逃れた話。身代わり地蔵説話。

注釈：①壬生の地蔵堂＝壬生寺。壬生狂言で著名とともに、新撰組の屯所があったことでも知られる。②つしみ＝出典書の注によると、「ちし（血染）む」の音韻変化。

［史料10］柳田国男「隠れ里」（『柳田国男全集6』ちくま文庫　三七二頁）

石川県河北郡伝燈寺村①字アラヤシキ小字椀貸穴という処には、口の幅二尺七寸高さ三尺ほどの横穴が田の岸根に一つある。今ではただ穴の内に石が多く投げ込んであるが、昔この穴にいた古狐が椀を貸したという話がある。

要旨：傳燈寺域には、お椀を貸してくれる、不思議な穴があったという話。「椀貸穴」として全国で採録されている。

註釈：初出一九一八年。後、『一つ目小僧その他』所収。①石川県河北郡伝燈寺村＝現・石川県金沢市伝燈寺町。椀貸穴の場所は、現在は傳燈寺域外だが、昔は寺域内。

第3部　展開期

第1章　太源宗真

［史料1］『日本洞上聯燈録』（『曹洞宗全書　史伝上』二五八頁上段）

加州佛陀寺太源宗眞禪師、本州の人なるも、その氏族を逸す。幼きより群より逸す。世縁控勒を受けず。某寺に於て脱白す。峩山を總持に參ず。

　要旨：太源は本州で生まれ、旧仏教の寺に入門の後、総持寺にて峨山に入門した。

　注釈：原漢文を書き下した。

［史料2］『洞上伽藍諸堂安像記』（『曹洞宗全書　清規』八三〇頁上段）

記して云く、荒神の由來、梵漢釋典に載せず。但し、日本冊に於て往往にしてこれを見る。舊事記その權輿なるか。上に三寶兩字を加れば、頗るその威逆を宥すの祟詞に似たり。能州總持寺に荒神像有り。傳へて謂はく、普蔵院の大《（ママ）》源眞和尚、寺に在る時、池中より出現す。和尚と護法の約有り。今に至るまで大《（ママ）》源門派、専らにこれを祭る。また謂はく、神、火を穢すことを忌む。この故に罏《かめ》に臭き物を禁じて焼かずと云ふ。世に荒神經一巻有り。蓋しこれ、倭人の構なり。

要旨：総持寺の荒神の由来。太源が調伏したことで護法神となった。

注釈：原漢文を書き下した。

［史料3］鳥越村史編纂委員会編『石川県鳥越村史』（一九七二年　一二二頁）

観音山は、もちろん白山の観音を勧請したもので、これを正面から拝する位置に仏大寺がある。この廃寺址は北陸曹洞宗の一大拠点となった仏陀寺にほかならず、のち押野上宮寺①（現在金沢市）がその跡に入ったため、仏大寺部落は上宮寺の土門徒《つちもんと》②となっているが、本来は白山の観音信仰が曹洞に転じた好個の事例たるべきものである。

要旨：仏陀寺は観音信仰を基に開創されたが、周辺の人々が全て浄土真宗門徒となったため、廃寺となった。

注釈：①押野上宮寺＝浄土真宗が東西に分かれた際、上宮寺も四つに分裂した。現在、創建の地である石川県野々市市押野にも上宮寺が再建されている。②土門徒＝共同体全体が真宗門徒であること。

［史料4］森田柿園《しえん》『加賀志徴』第七巻（石川県図書館協会復刻版上巻　四一一頁上段～下段）

遣水観音堂　佛大寺村。〇能美郡名蹟誌に、佛大寺村に、遣水山といふ処に、十一面觀音の木像、泰澄の作佛とて小堂に安置す。此山は今も女參詣する事を禁ず。といへり。

要旨：遣水山に祀られる木造十一面観音像が、泰澄由来とする伝説。即ち、遣水山が、もともとは白山天台の山であったことを示唆している。

注釈：原史料は、森田柿園（一八二三～一九〇八、郷土史家）の草稿を息子外与吉が昭和一二年（一九三七）に整理したもの。

[史料5]『日本洞上聯燈録』(『曹洞宗全書　史伝上』二五八頁上段)

一日、山①、衆に謂ひて曰く、「我若し市鄽に在りて、魚肉を販らんとす。誰かこれ、後に随ひて以てその銭を貫かん」と。師曰く、「宗眞、在り」と。

要旨：峨山と太源との禅問答。峨山が「これから市場に行って、魚肉を売ろう(当然、戒律違反である)と思うが、誰か付いてくるか」と問うたのに対し、太源は「私が参ります」と返事をした。即ち、峨山と太源との間にのみコミュニケーションが成立したのである。

注釈：原漢文を書き下した。①山＝ここでは峨山を指す。

[史料6]『日本洞上聯燈録』(『曹洞宗全書　史伝上』二五八頁上段)

上堂。洞上の宗乗、五位を以て事理を究め、君臣を以て上下を分かつ。然恁麼と雖も、回互轉變の機無くんば、即ち卻《かえ》つて乃祖の旨を失ふ。當にすべからく位中、位明らかにし、言中、言を遺りて、相應の分有るべし。

要旨：太源は説法において五位思想を活用していた。

注釈：原漢文を書き下した。

第2章　無底良韶

[史料1]道叟道愛『大梅拈華山円通正法寺開山無底良韶和尚行業記』(佐藤秀孝「無底良韶の伝記史料—『大梅拈華

山円通正法寺開山無底良韶和尚行業記』の訳註―」『駒澤大学禅研究所年報』第一三・一四合併号　二〇〇二年　一四六頁）

元弘辛未の歳①（師の歳は十九）に霊夢を感じて紀の熊野山権現に参じ、一生の願の満つるを祈り、通夜、証誠殿に在りて睡臥す。夢に一老人有り、袖の中より一箇の黒石を出だして焉《こ》れを持ちて云く、「汝、須く俗を捨て出家すべし、仏法を修行して純熟せん。預め仏法興隆の為に、奇石一箇、汝に授け畢りぬ」と云々。

要旨：無底は一九歳の時、夢告により、熊野に参じた際、夢で老人に会い、黒石を渡され、出家を勧められた。これを契機に無底は出家した。［史料2］に熊野の名が無いことから、この記述は後になって成立したものと考えられる。

注釈：『大梅拈華《だいばいれんげ》山《さん》円通正法寺開山無底良韶和尚行業記』は、康暦元年（一三七九）に成立。編者・道叟道愛は、無底の弟子にあたる。①元弘辛未の歳＝元弘元年、一三三一年。

［史料2］「良韶祈願文」（『曹洞宗古文書　下巻』五九～六〇頁）

新造の為に、寺造榮の時、奉請す。般若法味を回向し奉るべし。良韶が佛法を靈山の如く守護し給へ。

當國一宮氣多大菩薩　白山妙理大權現　天滿大自在天神　稲荷大明神　山王大權現

右、起願、かくの如し。

康永四年①五月廿一日　良韶（花押）

要旨：「新寺」開創にあたり、無底は種種の神々に祈願した。「新寺」の名前を断定できないが、正法寺文書であり、正法寺開創が一三四八年であることを考慮すると、正法寺開創にあたっての祈願と解釈される。

注釈：原漢文を書き下した。①康永四年＝一三四五年。

［史料3］道叟『大梅拈華山円通正法寺開山無底良韶和尚行業記』（佐藤秀孝「無底良韶の伝記史料」前掲　一五八～一五九頁）

同四乙酉の歳[1]、誓願を起つるに、「新たに寺を造りて宗風を唱えんが為に、日本の大小の神祇を請し奉り、般若の法味に回向す。良韶が仏法を霊山の如くに守護したまえ。〔神の名を記さず、神筆有り〕…」と。

要旨：無底は寺を建てるにおいて、日本の神祇に対して守護を願った。

注釈：①同四乙酉の歳＝康永四年、一三四五年。

［史料4］道叟『円通正法寺開山無底良韶和尚行業記』（佐藤秀孝「無底良韶の伝記史料」前掲　一六三～一六七頁）

同年[1]、師自ら思惟すらく、「良韶が頭上の一点の黒石、下ろせば即ち艮の字なり。蓋し我が縁は艮の方に在らん」と。径に奥州に下り、白河の関を過ぎて明神に詣でて祈るには「同国の黒石郷は何処に有りや、伏して願わくは、神よ之を示したまえ」と。明神、一老翁に化して問うて曰く「白河農、水乃底奈留、黒石於、手遠茂奴羅左天、如何取可志」（白河の、水の底なる、黒石を、手をも漏らさで、如何が取るべし）と。師、答えて曰く、「老僧、力無し」と。乃ち下りて黒石郷を尋ぬるに三処有り、二処は師の意に会わず。則ち早池峰権現在り、師に参じて得道し、菩薩戒を授けて妙泉と号す。尓の後、妙泉、胆沢郡黒石の深山をトし、…之れを告ぐ。

師、赴いて、初め黒石正瑞入道の門に臨んで地を施さんことを乞うに、正瑞諾す。師、黒石嶽に入り、一夜坐禅して祈念するに「此の山、永く仏場と成すべくんば、一瑞有れ」と。其の夜半、瑞鳥来たりて仏法僧と称す。師、歓喜して云く、「也太奇、也太奇、我が此の仏法、尽未来際、滅ぶべからず」と。次の夜、坐定すること昨夜の如し。鹿の牝牡、来たりて前に踞り、恰も言わんと欲するが如くに相い似たり。師問う、「此の地、永く仏法の霊場と作すべきや」と。鹿、低頭して去る。又た次の夜、峩冠の人、来りて曰く、「昨夜の鹿は我が身是なり、乃ち此の山の主林神なり、如今、師の此に来りて縁を吾が輩に結ぶを喜ぶ、罪を滅して善心を生ずべし。未来際を期して、師の仏法を須め去らん」と。師乃ち此に於いて草庵を結ぶ。尓の後、正瑞入道・長部重義、両心を合して梵刹を建立す。実に貞和四戊子の歳②四月五日なり。

要旨：無底が正法寺を開創するにあたり、当地の神の導きがあった。無底が東北を目指した理由も示されている。

注釈：①同年＝貞和二年、一三四六年。②貞和四戊子の歳＝一三四八年。

［史料5］「正法寺由来記」（『続曹洞宗全書　寺誌・史伝』二一九頁上段）

一　貞和四戊子年①菊月五日。高躑躅・胸撞・茅苅場・大水平・間畑・左衛門五郎畑・枯吹・離森・主山・羅漢巌・菩提坂・蘿物澤・早池峯・松原・大谷・瀧澤・北經塚・北獅子鼻・寺屋敷、右この通りは、黒石越後守正瑞、寄附せらる。

一　同年九月五蓂。屋形峯・鍬臺澤・中澤。扇子洞・鷲巣・三井・白膠木峒・湯舟澤・油畑・寺峠・椈嶋・水晶山・案山平畑・温石山・松倉長峯・南經墓・南獅子鼻・花立・久太坂・滑石・白石澤、右この通りは、長部近江守清長、寄附なり。

要旨：正法寺開創にあたり、黒石正瑞と長部清長とが土地を寄進した。

注釈：原漢文を書き下した。①貞和四戊子年＝一三四八年。

[史料6] 佐々木喜善「地蔵雑話」（『土の鈴』第一二套　一九二二年　六二一～六二三頁）

岩手縣江刺郡黒岩村、①正法寺境内に鼻曲り地蔵と云ふ石地蔵がある。口碑に據ると、昔源義朝の臣で、ヒタチカイドウと云ふ者が黒石附近の山に入つて仙人の生活をして居た。でも餘り退屈になると山を出て正法寺に参り、住職と四方山話をするのを樂しみにして居た。けれども決して自分の素性を明かさなかつたが、端無く其れも境内の石地蔵が知つて居て、窃に住職に密告した。或夜住職は其れをヒタチに云つて鼻を明かした。ヒタチは大層不審に思うて氣を腐らしながら寺を出づると、門前の石地蔵が變に煙度い顔をしたので、其れと心付き、己れの素性を喋言つたのはお前だなとて、いきなり其の鼻をヒン捻ぢ曲げた。それが今でも其の通りになつて居るのだと云うて居る。

要旨：正法寺門前に在る、鼻曲がり地蔵の由来を示したもの。常陸坊海尊の正体を地蔵が和尚に告げ口したため、常陸坊は地蔵の鼻を曲げてしまい、そのまま現在に至る。

注釈：奥村寛純補訂『新編日本地蔵辞典』（一九八九年　村田書店）二四七頁に現代語に書き直されて再録。①岩手縣江刺郡黒岩村＝現・岩手県北上市黒岩に当たる。

[史料7] 柳田国男『山の人生』（『遠野物語・山の人生』岩波文庫版　一四三頁）

陸中江刺郡黒石の正法寺で、石地蔵が和尚に告げ口をしたために常陸かいどうの身の上が露れた。帰りにその前を通ると地蔵がきな臭いような顔をしたので、さてはこやつが喋ったかと、鼻をねじたといって鼻曲り地蔵がある。

要旨：[史料6]に同じ。

注釈：初出一九二五年。

第3章　月泉良印

[史料1]『正法二世瑞雲開山月泉良印禅師行状記』（『続曹洞宗全書　寺誌・史伝』五三五頁上段）

師、諱は良印、月泉と號す。姓、藤原、熊谷直頼の子なり。元應①元己未仲春二十四日を以て、奥州本吉郡②に生る。

要旨：月泉の出生地が奥州本吉郡であることを示す。[史料2・3]と矛盾する。

注釈：原漢文を書き下した。①元應元＝一三一九年。②奥州本吉郡＝現・宮城県東部。

[史料2]『月泉禅師行状記』（『続曹洞宗全書　寺誌・史伝』五三九頁上段）

師、諱、良印なり。初め、暉通と名す。月泉と號す。大和國吉野の人なり。

要旨：月泉の出生地が大和国吉野であることを示す。[史料1・3]と矛盾する。

注釈：原漢文を書き下した。

[史料3]『日本洞上聯燈録』（『曹洞宗全書　史伝上』二六一頁上段）

奥州拈華山正法寺月泉良印禪師、姓は藤氏、能州の人なり。碧歳①、教院に投じ、祝髪②す。

要旨：月泉を「能登の人」とする。[史料1・2]と矛盾する。

注釈：原漢文を書き下した。①碧歳＝若年の意。②祝髪＝髪を剃り落として僧侶となること。

〔史料4〕『正法二世瑞雲開山月泉良印禅師行状記』（『続曹洞宗全書　寺誌・史伝』五三五頁上段）

正慶元①壬申〔師、歳十有四〕、父母に白して出家を求む。父母、喜んでこれに随ふ。乃ち鹽竈教院②に投ず。業を受け、眞言を習ふ。建武二③乙亥〔師、歳十有七〕、護摩供を執行す。同年、野州藥師寺の戒壇に登る。

要旨：月泉は塩竈の教院で修行し、真言宗を学び、下野国薬師寺で戒を授かったとする。〔史料5〕と矛盾する。

注釈：原漢文を書き下した。①正慶元＝一三三二年。②鹽竈教院＝不詳だが、現・塩竈神社に附随する神宮寺のようなものであった可能性がある。③建武二＝一三三五年。

〔史料5〕『月泉禅師行状記』（『続曹洞宗全書　寺誌・史伝』五三九頁上段）

孤貧にして頼むところ無し。尋常、山野草華を折り、以て金峰山上下の人に販る。…賈客と共に越の敦賀に來る。日、商船貨物を負ひ、以て度業と爲す。たまたま丹生①府中の小院に遊ぶ。僧、金剛經を誦すを聞き、感じて悟る。便ち院主僧により落髪す。

要旨：月泉は幼い頃、金峰山に参詣する人々に草花を売って生活し、後、越前国丹生郡の寺に行き、『金剛経』を聞き、出家したとする。〔史料4〕と矛盾する。

注釈：原漢文を書き下した。①丹生＝越前国丹生郡、現・福井県丹生郡。

〔史料6〕『正法二世瑞雲開山月泉良印禅師行状記』（『続曹洞宗全書　寺誌・史伝』五三五頁下段）

或る日、一丈夫有り。師に語りて曰く、「禪門直指の大眼目を具す。宗匠は、能州總持主と爲る。往きて見て、己事を了らして、廣く群品を度す」と。師、喜躍してこれに従ふ。是歳曆應三①〔師、歳廿有二〕、總持峩山禪師に參ず。

要旨：月泉は、ある人の導きによって、一三四〇年に総持寺の峨山に参じた。

注釈：原漢文を書き下した。①暦應三＝一三四〇年。

［史料7］『正法二世瑞雲開山月泉良印禅師行状記』（『続曹洞宗全書　寺誌・史伝』五三五頁下段）

貞和三①丁亥佛生日、雲堂を出で、佛殿に赴く。因つて雀兒、眸を遮りて去る。師、忽然と大悟し、遍體に汗流る。

要旨：月泉は、一三四七年に覚った。

注釈：原漢文を書き下した。①貞和三＝一三四七年。

［史料8］月泉『補陀開山月泉禅師語録』（『訓註曹洞宗禅語録全書　第二巻』二八七頁）

近世の諸禅徳は、高遠の事を浮慕し、卑近の理を談ずるを恥じ、必ず比れ等の説を聞きては輒《たやす》く頭を掉《ふ》り耳を掩《おお》う。自ら上智と称する者は、誣《し》いてこれに及ばずと言う。聖言の定量を棄て、至教の指南に背く。己の慢は熾盛にして、先達の道を履まず。

要旨：月泉は、当時の禅僧のあり方に関し、苦言を呈していた。

［史料9］月泉『補陀開山月泉禅師語録』（『訓註曹洞宗禅語録全書　第二巻』二六二～二六三頁）

今時の諸禅徳は、世情は去り難しと言つて、毎に非を以て是と為し、只だ偽つて柔和を現じ、乍ろ手に念珠を廻す。口に空の理を説くと雖も、凡そ心は有の中に在り。意と口と相応せざるは、真正の行儀に非ず。是の如き行法は、皆な仏法に非ず、行道人に非ず。

要旨：月泉は世俗の人々に倫理を説いていた。

［史料10］月泉『補陀開山月泉禅師語録』（『訓註曹洞宗禅語録全書　第二巻』二八一～二八二頁）

父母に孝養を為し、兄弟に愛敬を致し、主君に忠心を励《つと》め、朋友に親実を遂ぐ。

要旨：［史料９］に同じ。

第４章　実峰良秀

［史料１］『六代祖譜』（信濃史料刊行会『信濃史料　第七巻』一九五六年　二六二頁）

師、諱は良秀、實峰はその字なり。洛陽人、俗名は實秀、姓は藤氏、長谷部信連の後胤なり。

要旨：實峰は長谷部氏の出で、京都で生まれたとする。［史料４］と一見矛盾する。

注釈：原漢文を書き下した。『六代祖譜』の成立年代は不詳。

［史料２］『延宝伝灯録』（鈴木学術財団版『大日本仏教全書　第六九巻』一八七頁中段）

能州定光寺實峯良秀禪師、京城官族より出づ。

要旨：京都生まれは［史料１］と同じだが、「官族」の出とすることは若干異なる。但し、長谷部氏が大番役を勤めていたとしたら、必ずしも矛盾するわけではない。

注釈：『延宝伝灯録』は延宝六年（一六七八）成立。

［史料3］『日域洞上諸祖伝』（『曹洞宗全書　史伝上』四八頁下段）

師、諱は良秀、字は實峰、洛陽の官族なり。

要旨：［史料2］に同じ。

注釈：原漢文を書き下した。

［史料4］『能州諸嶽山総持禅寺住山之次第』別名：『総持禅寺開山以来住持之次第』（納富常夫『総持寺住山記』について」『鶴見大学仏教文化研究所紀要』第四号　一九九八年　二九頁下段）

九世〔示寂　入牌〕實峯和尚諱良秀〔受業　嗣法〕峩山和尚　能州人事

要旨：実峰は能登生まれであるとする。［史料1・2・3］とは一見矛盾する。

［史料5］『六代祖譜』（信濃史料刊行会『信濃史料　第七巻』一九五六年　二六二頁）

建仁に投じ、剃髪受具す。十九歳なり。

要旨：実峰が一九歳の時、京東山・建仁寺（臨済宗）にて出家したことを示す。

注釈：原漢文を書き下した。

［史料6］実峰『実峰良秀禅師語録』（『訓註曹洞宗禅語録全書　第二巻』三九三頁）

通幻禅師一周①の忌辰の上堂、師乃ち云く、「…我が兄②、通幻霊禅師、三つところに梵刹を建てて化席を開けば、則ち五湖の緇素、道徳を嚮伏す。…」

要旨：法語の中で、実峰と通幻との関係を示す箇所。通幻を兄弟子と呼んでいることから、実峰が峨山に入門した時期が推測される。

注釈：『実峰良秀禅師語録』の編者は、弟子の宗裔である。①通幻禅師一周の忌＝通幻は明徳二年（一三九一）没。②我が兄＝兄弟子の意。

［史料7］『日本洞上聯燈録』（『曹洞宗全書　史伝上』二六四頁上段）

本州太守某氏、定光寺を創る。①挽ひて第一代開山と為す。

要旨：定光寺は、檀那が造立し、実峰を開山に招いた。

注釈：原漢文を書き下した。①挽ひて＝この場合、「高い位置に引き上げる」という意。

［史料8］「総泉寺略縁起」（『続曹洞宗全書　寺誌・史伝』一三九頁上段）

伯州會見郡米子府、大龍山總泉寺は、始め作州に在りて青蓮寺と曰ふ。備前・美作・播磨三州の刺史、赤松範資は、先考圓心の爲、この寺を造立す。堅く綱庵和尚を請して居せしむるも、庵、本師實峰禪師を請して開山の祖と爲す。その時、将軍源義滿、庄田若干を割りて、以て香積を瞻《あお》ぐ。

要旨：赤松範資が葬祭儀礼を目的に青蓮寺（後の総泉寺）を造立し、綱庵を開山に招こうとしたが、綱庵は師実峰を開山とした。

注釈：原漢文を書き下した。①至徳三年＝一三八六年。

［史料9］『重続日域洞上諸祖伝』（『曹洞宗全書　史伝上』一五九頁上段）

貞治元年①太守赤松氏、實峰和尚を第宅に延《まね》き、法要を咨叩す。峰、偶《たまた》ま師の骨相を見るに凡ならず。その父母に謂て曰く、「これ釋氏の種なり。蓋し以て我に乞《あた》へたまへ」と。父母これを許す。峰、即ち薙度して弟子と爲す。尋ねて大戒を受く。

要旨：一三六二年、赤松氏は実峰を邸宅に招き、葬祭儀礼を行った。一三六二年、実峰が既に美作国に居たことを示す。

注釈：原漢文を書き下した。①貞治元年＝一三六二年。

［史料10］『太平記』（新編日本古典文学全集『太平記④』二二七頁）

阿保①肥前入道信禅俄に敵に成りて但馬国へ馳せ越え、長左衛門②と引き合ひて、播磨へ打つて入らんと企てける間、赤松、「さらば東方に城郭を構へ、路々に警固の兵を置け」とて、法華山に城を構へ、大山越えの道を切り塞ぎて、五箇所に勢をぞ差し向けける。

要旨：能登を本拠地とする、長谷部氏の一族が、美作の戦い（康安元年（一三六一））に参加した。史料には明記されていないが、その際、実峰も同行したと考えられる。

注釈：①阿保＝武蔵七党の一つ、児玉党に属する氏族。②長左衛門＝長谷部信連の子孫とされる。

［史料11］『新訂作陽誌』（作陽新報社復刻版第三巻六七〜六八頁）

当寺は上河内下村にあり、…瑞景は、もと随慶となし、或いは椙寺と号す。実峰良秀和尚開基にして、曹洞派下の名刹なり。実峰は関東の人、峨山に嗣法す。美作・備中の間を往来し、道風は遐邇を被う。永徳年中①、三浦下野守三浦貞宗〔本州高田城に在り〕、峰の徳望に帰して、常に参訪して宗門に傾心す。遂に剃落して長林道祐と号す。…乃ち楛林精基を構え、峰を延《まね》き、この主とす。…慶長九年②十一月二日

要旨：瑞景寺は三浦貞宗を檀那として、永徳年間、実峰によって開創された。

注釈：慶長九年記録化。①永徳年中＝一三八一～一三八四年。②慶長九年＝一六〇四年。

[史料12]「那須長高寄進状写」（『井原市史　第三巻』一九八頁下段）

寄進し奉る

備中国後月郡荏原郷道祖児村、禅洞山永祥寺、田畠並びに山林等の事…

右、彼の御寺は、資道・資英の父子後生菩提の為に立て置かるる所なり、仍つて田畑・山林等父子両判形をもつて、本寄進状ありといへども、紛失あるに依り、長高重ねて寄進状を誘い、申す処明鏡なり。若し子孫の中、彼の御寺に於て違乱の煩を致す輩は、不孝の逆子為るべき者なり。依つて後証のため重ねて寄進の状、件の如し。

時永享十二年①〔庚申〕四月初八日　那須蔵人長高（花押）

要旨：永祥寺は那須資道・資英によって、葬祭儀礼を行うことを目的に立てられたが、寄進状が紛失したため、長高が再度、寄進状を差し出した。

注釈：原漢文を書き下した。①永享十二年＝一四四〇年。

[史料13]実峰『実峰良秀禅師語録』（『訓註曹洞宗禅語録全書　第二巻』四一四～四一五頁）

資道上座に示す

道に揀択無く、渠《かれ》に出没無し。百川は海に趣き、千峰は岳に向かう。朕兆以前の事、曾て物ならず。此の時、三界の出づべき無く、六趣の受くべく無し。不出不在、不失不壊にして、縁に随わず類に堕せず。機に登らず、照を失わず。順も亦見ず、逆も亦見ず。正当此の時、是れ汝が活計の処なり。別に更に何事をか求めん。畢竟如何。蒲団に依坐して他事無く、永日、寥寥として太平を謝す。

要旨：異本と照らし合わせると、この法語は逆修の法語と解釈される。

注釈：振り仮名は出典書の通り。異本にはタイトルとして、「資道上座に示す」ではなく「心翁道公居士預求火語（永祥寺檀越那須小太郎資道）」（『大正蔵　第八二巻』四九四頁上段）とある。〝火語〟が『禅学大辞典』『広説佛教語大辞典』『例文　仏教語大辞典』等になく、難解である。しかし、異本では「預《あらかじ》め求める」とあること、また、中世曹洞宗では挙火《こか》の儀礼を行っていたことを踏まえると、逆修の法語と見なすべきであろう。

［史料14］　岡山県後月郡役所『後月郡誌』（初出一九二六年　一九八二年　名著出版　九五一頁）

師石上安禪の時、神龍、徳光を慕ひ、童形と化し來りて禪師に師事し、遂に佛祖嫡伝の戒法を稟受し、謝恩報徳の爲め、永く當山鎮護の守道神たらんと誓ひ、衆に供する甘泉を涌献せんと、今に至りて斷絶あることなし。

要旨：実峰による永祥寺開創にあたり、龍が手助けしてくれたという伝説。

［史料15］『日本洞聯燈録』（『曹洞宗全書　史伝上』二九〇頁上段～下段）

能州龍護中明見方禪師、伊州の人なり。…久しく、實峰和尚に參ず。…後に信州仁科郷に如《ゆ》く。郡主霜臺平公を訪ふ。

…山有り。大洞と曰ふ。一日、師と與に、胥攜《あいたずさ》へ、攸《ところ》を相《うらな》ふ。幽趣、意に適ふ。乃ち匠氏に命じて、殿宇を剏營①す。名づけて靈松寺と曰ふ。實峰を以て第一世と爲す。以て師資の契を表す。時に應永甲申歳②なり。

要旨：霊松寺は、実質、中明見方が開創し、実峰は名目上の開山であったとする史料。

注釈：原漢文を書き下した。①剏營＝大修館『大漢和辞典』には熟語として記載なし。「剏」は「はじめる」の意。②應永甲甲歳＝一四〇四年。

［史料16］『信濃霊松寺記』（『信濃史料　第七巻』二六一～二六二頁）

明徳四年①癸酉春、大神遠夢を総持実峰に告げて以て師を請ず。意趣は、吾住山信州仁科を進ずべし、来つて住山し、単伝禅所を開発すべしとの謂ひなり。禅師時に七十六歳、希有の瑞夢を得、喜び来つて直ちに社参し霊夢を謝す。次で山を巡り、那伽定嶺円石上に登り払して安座す。爰に傍に松樹あり、横枝甚だ石上を蓋ふ。これ正に霊松なるべし、工夫半夜を過す。時に諏訪宮衣冠を正し目前に顕現す。而して頓首敬白し、遠来を謝し、且菩薩戒血脈を願ひ求め給ふ。師もまた頓首して、爲に大戒血脈幷に南無諏訪南宮法性常円大菩薩號を以て、大神に授け畢んぬ。大神甚だ歓喜す。…誓つて当山を護らんと云々。大神その夜師の遠来を以て、仁科城主に告ぐるや、平公父驚異して山に登り、始めて師に見え、衛内に請じて、晨夕参禅し、玄妙の因を扣き、菩薩戒血脈を受け益々尊崇し、速に一宇を建て師を留めんと欲す。師云はく、伽藍を営むは時を待つべしと云々、故に寺領を定め、師檀開基を約するなり。師先づ能州に帰る。〔下略、以下応永十一年②是ノ条ニ収ム〕

要旨：実峰は、諏訪明神に戒を授けことを以て、在地領主・仁科氏の帰依を得て、霊松寺を開創する。霊松寺は弟子の中明が開創したという［史料15］もあり、中明が登場しない、本史料の記述が、史実かどうかは留意すべきである。

注釈：原漢文を書き下した。①明徳四年＝一三九三年。②応永十一年＝一四〇四年。

[史料17]「寺社由緒書」（『加越能寺社由来　上巻』二六七頁上段）

当時開闢は、応永二年①総持寺五院の内如意庵開基、実峰和尚より竜神の受戒因縁を以て開闢の由に到れる。則ち譲りて直弟子貝林和尚、開山となさしむ故に

要旨：龍護寺開創にあたり、実峰は竜神に戒を授けた。実峰は開山の座を弟子の貝林に譲った。

注釈：原漢文を書き下した。①応永二年＝一三九五年。

[史料18]『石川県羽咋郡誌』（一九一六年　一一〇六～一一〇七頁）

龍護寺。酒見に在りて曹洞宗に属し、…寺記に云く、應永の初め此の地に龍あり、恒に殃《わざわい》を土民に加へ、穀菜亦穣《ゆたかな》らず、僧龍秀①爲に授戒を修むること七晝夜にして災妖輙ち輟む、一夕人あり、龍秀に見えて曰く、予名僧の庇護に頼りて天上界に生る、何の幸か之に如かん、故に年来潜居の地を塡めて之を献ず、幸に創寺の地に當てよと、詰旦適きて見るに又池あるなし、乃ち此に一宇を構へ、手づから雌雄の二龍を刻みて懇に供養し、又附近の地にありて廃絶せる金谷の観世音像を移し寘《お》く、金谷山龍護寺の號是より始れりと…

要旨：[史料17]に同じ。但し、龍神が人の姿をとった記述がある。また、貝林の名が出てこない。

注釈：①龍秀＝実峰。

[史料19]　富来町酒見区編纂委員会編『酒見の歴史』（一九七三年　二四七～二四八頁）

金谷山竜護寺は旧西増穂村酒見首山《しゅざん》の中腹に在って…此処は昔沢地であったが、曹洞宗大本山総持寺五院の一つ如意庵の開祖実峰良秀禅師が所用あって加賀の大乗寺へ赴く途中当社迄来られたところ、白髪の老翁が現れ「吾禅師を待つ事久しく今日迄待ち詫びていました。吾はこの沼に住む竜神の化身でありますが何卒吾が苦悩を救はせ給え」と申すにより禅師は親しく教化授戒されましたところ老翁は百拝し「御教化によって解脱し仏果のよろこびを得ましたる故、吾此地を永く守護して如何なる旱魃にも水の絶ゆること無き霊泉を残さん」と申して消え去ったと伝えられている。今でも竜護水と言って夏でも氷の如き水が堂後に滾々として涌き出で酒見の水道の国民宿舎の水道としてその残余の水はまた下の田の灌漑用水として尽きる事がない。
禅師は応永元年①(…)お弟子の貝林侑籍禅師をして沼を埋め当寺を建立し、竜王神観世音を当山の鎮護神として御祀りなされたのである。

要旨：[史料17]に同じ。但し、龍神の加護により、水が絶えないという伝説が付加されている。また、龍神が「白髪の老翁」の姿をとって現れたとしている。

注釈：①応永元年＝一三九四年。

[史料20]『日本洞上聯燈録』(『曹洞宗全書　史伝上』二九〇頁上段)

能州龍護寺貝林侑籍禪師、播州の人なり。幼歳にて出家す。大乗明峰哲公に受業す。…次に定光に於いて實峰秀に謁す。…晩に能の龍護を創る。

要旨：龍護寺は、貝林侑籍が開創したとする史料。龍護寺の開山は実峰だが、実質は貝林が開創したということは、[史料19]でも言及されていた。

注釈：原漢文を書き下した。

［史料21］「藤原たたより（ママ）寄進状案」（『曹洞宗古文書　上巻』四〇〜四一頁）

きしんしたてまつる、のとのくにときのいんあゆみかみむらの地頭しきの内の田地の事、
右かのしよりやうは、よりたゝちうたいさうてんのしよりやうなり、しかるにこしやうほたいのために、てんそのみたうを、ししやうかさんおしやうに、はしめてまいらせおき候より…
ふんは三年①八月廿五日　ふちわらたのよりたゝ（在判）

要旨：「藤原よりたた」は葬祭儀礼を目的として、龍護寺近隣の土地を総持寺に寄進した。「藤原よりたた」は、［史料22］と合わせて、龍護寺の檀那と考えられる。

注釈：既に第2部第3章［史料12］として引用。引用趣旨が異なるため、再度引用した。漢字に直したものは史料編第2部第3章［史料12］参照。①ふんは三年＝文和三年、一三五四年。

［史料22］「総持寺常住文書目録」（『新修門前町史　資料編2』三四頁下段）

一、鮎上①寄進状併山号・寺号本文書実峯和尚処在之

要旨：羽咋郡の寄進状は実峰が保管していた。

注釈：①鮎上＝羽咋郡の地名。

［史料23］『三国地志』（『大日本地誌大系　第二〇巻』八九頁下段）

正法寺〔並羽津村①〕按、會下山にあり、舊領主赤堀氏②六代の牌子を安す。

要旨：正法寺は赤堀氏の位牌を安置していた。

注釈：①羽津村＝現・三重県四日市市の一部。②赤堀氏＝在地領主。

［史料24］実峰『実峰良秀禅師語録』（『訓註曹洞宗禅語録全書　第二巻』四三九～四四〇頁）

地蔵菩薩賛　内に行ずれば意は菩薩、自ら未だ曾て得度せず。外に現るるは是れ声聞、代わつて苦を受くるに倦まず。無仏の世間、尊貴に堕す。為めに問う、那個か此れ悪趣、六環の錫、刀山を摧折す。一段の光、剣樹を照破す。人人衣裏に如意珠あり。伽羅峰頂、路を忘るること莫れ。　又　劫前の光目女。現在の地蔵尊。一賽也《ま》た両賽。古今孰と共にか論ぜん。伽羅峰頂、盤石に坐す。背後の円光、月半痕。　又　六度万行、何れの日にか終わらん。四弘の誓願、幾時にか窮まらん。伽羅峰頂、諸定に入り、百億の分身塵刹の中。

要旨：実峰は、時に地蔵を儀礼に活用していた。

［史料25］実峰『実峰良秀禅師語録』（『訓註曹洞宗禅語録全書　第二巻』四三六～四三七頁）

文殊大士賛　七仏の師①、禿髪の童。経巻を全提して何の理をか説かん。

要旨：実峰は、時に文殊を儀礼に活用していた。

注釈：①七仏の師＝出典書の注によると、文殊の意。

［史料26］実峰『実峰良秀禅師語録』（『訓註曹洞宗禅語録全書　第二巻』四三七～四三八頁）

観音大士賛　毫端に化現す多様の瑞。…慈眼をもて衆生を視、無量の福寿海。①

要旨：実峰は、時に観音を儀礼に活用していた。

注釈：①福寿海＝『法華経』「観世音菩薩普門品第二五」にある「福聚海」を由来とする。

［史料27］実峰『実峰良秀禅師語録』（『訓註曹洞宗禅語録全書　第二巻』四四二頁）

布袋和尚賛　嚢中に包納す閻浮界。閙裏に移し来たる兜卒宮。①

要旨：実峰は、時に布袋を儀礼に活用していた。

注釈：①兜卒宮＝兜卒天。兜卒天であれば、弥勒との関連が推定されるが、出典書の注によれば、当時、布袋を弥勒の化身とする考えがあったらしい。

［史料28］実峰『実峰良秀禅師語録』（『訓註曹洞宗禅語録全書　第二巻』三五六～三五七頁）

入門…伽藍に至つて云く、「仏親しく付属す、護法善神。明鑑は月のごとくに照らし、霊験は日び新たなり」。

要旨：実峰は、時に護法神を儀礼に活用していた。

［史料29］実峰『実峰良秀禅師語録』（『訓註曹洞宗禅語録全書　第二巻』三五九～三六〇頁）

上堂　即日、本寺の耆徳、暨《およ》び檀越伊予守玄幸居士等、開堂を請う。…香を拈じて云く、「此の一弁香、瑞に今上皇帝聖躬万歳の為にしたてまつる。恭しく願わくは、堂堂たる北闕の尊、三千の日月よりも明らかに、巍巍たる南山の寿、億兆の春秋を積まんことを」。

要旨：実峰は、天皇や檀那に関する儀礼も行っていた。

［史料30］実峰『実峰良秀禅師語録』（『訓註曹洞宗禅語録全書　第二巻』三七九頁）

造橋を謝する上堂　師乃ち云く、「或る時は孤峰頂上、目に雲霄を看ゆ。或る時は古渡頭辺、和泥合水す。個中、入廓垂手する底の漢、有りや」。

要旨：この法語から、実峰が新橋造立の儀礼を行っていたことが分かるが、橋造立も行っていた可能性も高い。

［史料31］実峰『実峰良秀禅師語録』（『訓註曹洞宗禅語録全書　第二巻』三八五～三八六頁）

潮音庵観音安座の上堂…僧衆を出でて問う、「洞上に五位有り。如何なるか是れ正中偏」。師云く、「半夜に烏飛び、白きこと漆の如し」。進んで云く、「如何なるか是れ偏中正」。師云く、「碧潭の水月、隠隠として流れ難し」。進んで云く、「如何なるか是れ正中来」。師云く、「互途履践して追尋を絶す」。進んで云く、「如何なるか是れ兼中至」。師云く、「青天白日転《うた》た人を迷わしむ」。進んで云く、「如何なるか是れ兼中到」。師云く、「恐らくは類辺に落ちて去らんことを」。

要旨：実峰は、説法に五位思想を活用していた。

［史料32］実峰『実峰良秀禅師語録』（『訓註曹洞宗禅語録全書　第二巻』四一九頁）

玄能上座①に示す　能照②は是れ心、正位は正たりと雖も偏に還る。所照は是れ境、偏位は偏ありと雖も円に却《かえ》る。且く道え、心と境、正と偏と未だ起たざる時、何の処にか安身立命せん。

要旨：[史料31]に同じ。

注釈：①玄能上座＝出典書の注は、「不詳」とするが、②能照＝同様に「居士名」とする。そうであれば、①玄能上座は、第6章で言及する、源翁心昭と想定される。

[史料33]　実峰『実峰良秀禅師語録』（『訓註曹洞宗禅語録全書　第二巻』四三一頁）

通幻の為にする挙火…妙応に方なく、独尊無二、正、孤り立せず、偏豈に単《ひと》り行かんや。偏正回互本位を離れず。

要旨：[史料31]に同じ。

[史料34]　源信『往生要集』（日本思想大系『源信』四二～四三頁）

第七に、惣じて厭相を結ぶとは、謂く、一篋は偏に苦なり。耽《と》荒《こう》すべきにあらず。四の山合せ来りて避け遁るる所なし。しかるにもろもろの衆生は貪愛を以て自ら蔽ひ、深く五欲に著す。…いはんやまた刀山・火湯、漸くまさに至らんとす。

要旨：日本における、「刀山」の初期の事例。

第5章　通幻寂霊

[史料1]『日本洞上聯燈録』（『曹洞宗全書　史伝上』二五九頁上段）

丹波州青原山永澤寺通幻寂靈禪師、姓は藤氏。豊後州國崎〔按ずるに崎は一本において東となす〕郡武蔵郷の人なり。

…年十七、州の大光寺に至る。定山禪師に依り、剃落す。明年、太宰府の戒壇に登り、大僧と爲る。

要旨：通幻が、豊後で生まれ、太宰府観世音寺で戒を授かったとする。［史料2］と矛盾する。

注釈：原漢文を書き下した。割注を省略した箇所がある。

［史料2］『日域洞上諸祖伝』（『曹洞宗全書　史伝上』四六頁下段）

師、諱、寂靈なり。通幻と號す。洛陽勇士某氏の子なり。…十一歳にて台山に入る。…十四にて剃落納戒す。

要旨：通幻が京都で生まれ、比叡山で出家したとする。［史料1］と矛盾する。

注釈：原漢文を書き下した。

［史料3］『永沢寺通幻禅師行業』（『曹洞宗全書　史伝下』二七〇頁上段）

應安庚戌三年①、丹攝讃豫土五州太守細川右大夫源頼之、伽藍を創造す。師を請ひて、開山始祖と爲す。號して青原山永澤寺と曰ふ。

要旨：永沢寺は細川頼之を檀那として開創されたとする。［史料4］と矛盾する。

注釈：原漢文を書き下した。①應安庚戌三年＝一三七〇年。

［史料4］『通幻霊禅師漫録』（『大正蔵　第八二巻』四八二頁上段）

檀越丹波刺史①、新たに青原山永澤禪寺を創る。師を進めて第一祖と爲す。

要旨：永沢寺の檀那が、山名時氏であったとする。［史料3］と矛盾するが、こちらの方が成立が古い。

注釈：原漢文を書き下した。①檀越丹波刺史＝ここでは山名時氏を指す。

［史料5］『通幻霊禅師漫録』（『大正蔵　第八二巻』四八二頁上段）

師、又云く、「妙靈廓通、天句、彌よ已に彰る。無功妙用、匝《あまね》く地に紋彩無し。金鶏夜半に飛ぶ。…」と。

要旨：通幻の語録の中で天狗が登場するもの。

注釈：原漢文を書き下した。

［史料6］『永沢寺通幻禅師行業』（『曹洞宗全書　史伝下』二六九頁下段～二七〇頁上段）

攝州に到る。…異人有り。常に來たりて、法を聴く。一夕、夜色朗々たり。師、月下に坐す。異人來たりて告げて曰く、「この地はこれ興法の處に非ず。ここを去る西北數里に靈地あり。師、かれに居りて、道風甚だ天下に籍《し》くなり。ここに止まることなかれ」と。師、翌早く庵を出る。山麓に到る。異人、出でて相迎える。牽きて山頂に上る。四面の山は秀で、中間は平坦なり。萬頃なる池、水浸し、岸《みぎわ》洋々たり。師、謝して曰く、「卿は誰ぞ」と。曰く、「吾これ五十鈴川の神なり。永くこの山を鎭む」と。言ひ了りて見られず。師、自ら茅居を結ぶ。

要旨：通幻が永沢寺を開創するにあたり、天照大神と思われる翁が手助けしたとする伝説。

注釈：原漢文を書き下した。

［史料7］『摂津名所図会』第九巻（『日本名所風俗図会　第一〇巻』三五五頁下段）

竜池《りゅうのいけ》（当寺①にあり。伝へ云ふ、開基通幻和尚禅堂に籠り座禅したまふ所、ある夜堂外に人あり。和尚何者ぞと問ふ。

対へていはく、われはいまだ成仏に遠き女人なり。あはれ願はくは菩提の道を示したまへといふ。和尚堂内に入る事を許さずして解脱の法語を授けたまへば大いに慶び、それより夜々榼閼伽の水を運びて一七日を歴る。和尚かの者に問ふて云ふ、汝は真の女人にあらず、山内の池中に棲む竜女なるべし。はやくその形をあらはすべしと、種々の偈文を授けたまへば、たちまち竜と化してその鱗九枚をここに遺し天に登り、すなわち菩薩の体と現じ四方を照らして西の空に飛び去る。これより竜池となづく）

要旨：通幻が永沢寺の竜神を調伏したという伝説。

注釈：（　）表記は出典書の通り。①当寺＝永沢寺の意。

［史料8］通幻『永沢通幻禅師語録』（『訓註曹洞宗禅語録全書　第二巻』七頁）

永徳二年①壬戌八月二十三日、総持禅寺に於いて祝国開堂す。

此の一片の香、炉中に爇き、為めに今上天皇の聖躬の万歳万歳万々歳を祝延し奉り、共に惟るに、天地陰陽造化の生成と等しからんことを。皇徳、普く施き、四海の龍、眠り穏かにして、沓雲宿蘆ならんことを。此の一片の香、本寺の大檀那並びに諸檀越、捨檀供衆等の為にし奉り、伏して冀わくは、家門繁昌して親族有慶し、寿嶽は松柏の老い難きの姿に秀で、帷幄の内に運籌し、千里の外に決勝せんことを。

要旨：通幻は、天皇及び檀那の現世利益を願う儀礼を行っていた。

注釈：①永徳二年＝一三八二年。

［史料9］通幻『永沢通幻禅師語録』（『訓註曹洞宗禅語録全書　第二巻』四〇頁）

加賀国能美郡安宅村の太原山聖興寺門前橋の供養。索話。機は玉輪を転じて乾坤静かに。妙に宝印に叶いて正に風に当たる。

要旨：この法語から、通幻は少なくとも橋供養を行っていたことが分かるが、橋造立も行っていた可能性が高い。

［史料10］通幻『永沢通幻禅師語録』（『訓註曹洞宗禅語録全書　第二巻』三六～三九頁）

越前州金津橋供養。索話。天上の衆星、地下の仏橋。花は馬蹄を逐いて香し、月は江上に在りて明かなり。…橋を過ぎて村酒は美しく、岸を隔てて野花は香しし。

要旨：［史料9］に同じ。

［史料11］通幻『永沢通幻禅師語録』（『訓註曹洞宗禅語録全書　第二巻』二〇八～二〇九頁）

祐宗禅尼の逆修下火。宗中、的咄す、句中の玄。丹青も画き得ず、体中の玄。刀斧もて斫り開けず、玄中の玄。瑠璃殿上に知識無し。無影樹下の合同船。今日、某、浄財を伽藍海に投じ、法性の火、幻化の空身を焚く。仏事を成ぜんと要して、大法輪を転ず。作用、機全し。姉は是れ女倣。機絲、掛けず、梭頭の事。文彩縦横にして、意、自ら異なる。金蓑玉笠にて、火裏に清泉を汲む。

要旨：通幻は逆修を行っていた。

［史料12］通幻『永沢通幻禅師語録』（『訓註曹洞宗禅語録全書　第二巻』二四頁・六一頁・六三頁・六五頁・一六八頁・六九頁・七三頁・七四頁・七八頁・八三頁・八七頁・九三頁・九三頁・一〇八頁）

祥園開山無端和尚の七年忌の陞座
霊樹開山三光国師の二十五年の拈香
大山十三回忌の拈香
峩山和尚十三回忌の拈香
峩山和尚の二十五年忌の陞座
長徳の貞崇信菴十三回忌の拈香
月叟義印上座七回忌の拈香
無際七年忌の拈香
妙善禅尼十三回忌の拈香
竹菴貞禅師の三十三回忌の拈香
円道禅門の三十三回忌の拈香
覚心禅尼の十七年忌の拈香
聖珠禅尼の十三回忌の拈香
定法禅門の七年忌の拈香

要旨：七回忌以降の回忌供養の法語の冒頭を引用した。

［史料13］通幻『永沢通幻禅師語録』（『訓註曹洞宗禅語録全書　第二巻』四四〜四五頁）

地蔵の点眼　咄、咄。筆を抛ちて地蔵を指して曰く、慈眼もて衆生を視、福寿海は無量なり。咄、咄、咄。是の故に応に頂礼すべし。南無地蔵、南無地蔵。是の如しと雖然も、今日、地蔵の本願、如何んが諸人に呈示し去らん。一夜、落花雨り、満城、流水香しし。

要旨：通幻は時に地蔵を儀礼に活用していた。

注釈：傍線部は『法華経』岩波文庫版(下)二六六頁に同一表現あり。

[史料14] 通幻『永沢通幻禅師語録』(『訓註曹洞宗禅語録全書　第二巻』四三頁)

康暦改元の年、①己巳《(ママ)》八月二十八日、薬師十二神を供養す。…南無、薬師瑠璃光如来。潤水は湛えて藍の如し。

要旨：通幻は薬師を供養することもあった。

注釈：①康暦改元の年＝一三七九年。

[史料15] 通幻『永沢通幻禅師語録』(『訓註曹洞宗禅語録全書　第二巻』五二頁)

韋駄天安座の拈香。樋裏の水、飯裏の飯、東西の各おの喫するに一任す。…霊光、古今に亘り、自照、内外無し。…
周遍十方身。是れ遍身手眼、是れ通身手眼なり。物中の眼、自己より親し。

要旨：通幻は韋駄天を供養することもあった。

[史料16] 通幻『永沢通幻禅師語録』(『訓註曹洞宗禅語録全書　第二巻』一七〇頁)

總持寺の脇士の安座。文殊。諸聖の母にして七仏の師なり。

要旨：通幻は文殊を供養することもあった。

[史料17]『永沢通幻禅師語録』（『訓註曹洞宗禅語録全書　第二巻』一八〇頁）
観音を賛す。大士の三昧、衆生会せず。衆生の三昧、大士会せず。
要旨：通幻は観音を供養することもあった。

[史料18]通幻『永沢通幻禅師語録』（『訓註曹洞宗禅語録全書　第二巻』二六頁）
所以に曰う「門々一切の境、回互と不回互と、回すれば更に相い渉る、然らざれば位に依りて住す」と。子細に看来れば、偏正、曾て本位を離れず。
要旨：通幻は説法に五位思想を活用していた。

[史料19]通幻『永沢通幻禅師語録』（『訓註曹洞宗禅語録全書　第二巻』二九頁）
月は天に在り、水は瓶に在り。正位、其の間に居し、偏位、十方に周ねし。更に一物有りて偏界も蔵せず。
要旨：[史料18]に同じ。

[史料20]通幻『永沢通幻禅師語録』（『訓註曹洞宗禅語録全書　第二巻』八五～八六頁）
夜半正明。位を借りて功を明かす時、体は用処に在り、天暁不露。言うことを見ずや、「偏正、曾て本位を離れず」と。
要旨：[史料18]に同じ。

［史料21］通幻『永沢通幻禅師語録』（『訓註曹洞宗禅語録全書　第二巻』一七七頁）

鶴の脛、鴨の膝、長きこと一寸、短きこと一尺。舜若多虚空神、歯白く面赤し。

要旨：通幻の法語で、神が登場する箇所。

［史料22］通幻『永沢通幻禅師語録』（『訓註曹洞宗禅語録全書　第二巻』一九九頁）

竺堂源①和尚の下火。…火把子、火把子、舜若多虚空神、面皮黒し。

要旨：［史料21］に同じ。

注釈：①竺堂源＝出典書の注は、竺堂了源とする。

［史料23］『日本洞上聯燈録』（『曹洞宗全書　史伝上』二五九頁下段～二六〇頁上段）

僧堂の前に活埋窽を開く。新到有る毎に、その所参を試す。契せざる者、輒《すなわ》ちこれに撞入せしむ。

要旨：通幻は永沢寺に活埋穴を掘り、時に弟子を落としていた。即ち、弟子に厳しい修行を課していた。

注釈：原漢文を書き下した。

［史料24］『摂津名所図会』第九巻（『日本名所風俗図会　第一〇巻』三五五頁）

青原山永沢寺（母子《もし》村にあり。禅宗曹洞）

本尊救世観世音（閻浮檀金の像にして、後円融院帝皇后の御帰依仏なり）

要旨：永沢寺の本尊は、江戸時代においては救世観音であり、後円融院帝皇后の帰依仏でもあった。

注釈：（）表記は出典書の通り。

第6章　源翁心昭

［史料1］「法王能照禅師塔銘」（『大日本史料　第七編第四巻』四一一～四一四頁）

降誕時、空に聲有り。云く、這是《これ》観世音菩薩、應化し、世の難を救はんとす。最も尊ぶべし。峕《とき》元徳元己巳歳①二月十九日なり。…合掌端然にして逝く。壽七十有二なり。…應永七庚辰歳②十月十七日、嗣法小師天海空廣謹んで師の大略を記して云く、

　要旨：源翁の没年を一四〇〇年とする史料。［史料2］と矛盾する。

　注釈：原漢文を書き下した。①元徳元己巳歳＝一三二九年。②応永七庚申歳＝一四〇〇年。

［史料2］「源翁能照和尚行状記」（『続曹洞宗全書　史伝』五三三頁下段）

應永二年①臘月②の下澣③、微疾を示す。翌年正月七日、徒衆を集めて云く、「まさに寂に趣かんとす。吾、逝後、火葬せしむること莫かれ。百年の後、壙塔を開け。必ずや千手観音像有り」と。これに依り、門人、辭世の頌を請ふ。師、筆を把り書して云く、「四大假合。七十一年。末後端的。黐鐵船を蹈む」と。言ひ訖りて奄然として坐りて亡す。果たして師の遺誡の如く、葬埋す。示現寺の本山、東北の隅に塔す。

法孫比丘某甲謹書

要旨：源翁の没年を一三九六年とする史料。［史料1］と矛盾する。

注釈：原漢文を書き下した。①應永二年＝一三九五年。②臘月＝一二月。③澣＝一〇日。

［史料3］『会津塔寺八幡宮長帳』（是沢恭三編『重要文化財会津塔寺八幡宮長帳』一九五八年　吉川弘文館　一四四頁下段）

明應七年①著雍敦牂三月三日　温鹽源翁和尚當年百年忌、同三月八日

要旨：源翁の百年忌が一四九八年に行われたことを示す史料。この史料から『大日本史料』は源翁の没年を一四〇〇年とする。

注釈：『会津塔寺八幡宮長帳』は『続群書類従　第三〇輯上』にも収められている。該当箇所は二六〇頁下段。①明應七年＝一四九八年。

［史料4］『今昔物語集』第一二巻第一話（日本古典文学全集『今昔物語集①』一五五〜一五七頁）

今昔、越後国ニ聖人有ケリ。名ヲバ神融《じんゆう》ト云フ。世ニ古志《こし》ノ小大徳ト云フ此レ也。幼稚ノ時ヨリ法花経ヲ受ケ持テ、昼夜ニ読奉ルヲ以テ役トシテ年来ヲ経、亦、懃ニ仏ノ道ヲ行フ事怠ル事無シ。…其ノ国ニ一ノ山寺有リ。国上《くがみ》山ト云フ。而ルニ、其ノ国ニ住ム人有ケリ。専ニ心ヲ発シテ、此ノ山ニ塔ヲ起《たて》タリ。供養ゼムト為ル間ニ、俄ニ雷電霹靂シテ此ノ塔ヲ跳壊テ、雷空ニ昇ヌ。…聖人塔ノ下ニ来リ居テ、一心ニ法花経ヲ誦ス。…其ノ時ニ、年十五六許《ばか》リナル童、空ヨリ聖人ノ前ニ堕タリ。…聖人童ニ問テ云ク、「汝ヂ、何許ノ悪心ヲ以テ此ノ塔ヲ度々壊ルゾ」ト。童ノ云ク、「此ノ山ノ地主ノ神、我レト深キ契リ有リ。地主ノ神ノ云ク、『我ガ上ニ塔ヲ起ツ。我レ住ム所無カルベシ。此ノ塔ヲ可

壊シ』ト。我レ此ノ語ニ依テ、…我レ吉ク被縛ヌ。…」ト。聖人ノ云ハク、「…此ノ寺ノ所ヲ見ルニ、更ニ水ノ便無シ。…何ゾ、汝ヂ此ノ所ニ水ヲ可出シ。其レヲ以テ住僧ノ便ト為ム。…」ト。童跪テ聖人ノ言ヲ聞テ、答テ申サク、「我レ聖人ノ言ノ如ク水ヲ可出シ。…」ト云フニ、聖人雷ヲ免シツ。

要旨：別名、越の小大徳と呼ばれる、神融が『法華経』の力で雷神・地主神を調伏する話。

［史料5］『大日本国法華経験記』巻下第八一話（日本思想大系『往生伝　法華験記』一五四～一五五頁）

沙弥神融〔俗に古志の小大徳と云ふ、多くの名あり、これを注さず〕は、越後国古志郡の人なり。…その国の中に国上山あり。一の檀那あり、発心し作善して、宝塔を造立す。供養せむと欲する時、雷電霹靂して、雷塔を破り壊ちて、各々分散し、擢き折りて去れり。…神融上人誓を立てて、高声に法華を誦せり。…時に雷電の神跪き敬ひて、聖人の仰を承く。

要旨：［史料4］に同じ。

［史料6］『泰澄和尚伝記』（上村俊邦編『白山信仰史料集』二〇〇〇年　岩田書院　一二五頁）

抑も泰澄和尚は、本名、越大徳、神融禪師なり

要旨：「白山を開いた」泰澄と「越の小大徳と呼ばれる」神融とが同一人物とする解釈が出てくる元となった史料。

注釈：原漢文を書き下した。

［史料7］『元亨釈書』第一五巻（『国訳一切経　和漢撰述部・史伝部一九』二七九～二八〇頁）

古志郡の国上山の寺に一檀信あり塔婆を造る。落成の日に至つて雷電撃破す。檀信改め造れば雷亦之を撃つ。凡そ三たび造り、三たび之を壊たるるも檀志屈せず。然れども雷の撃たざる所以を求む。澄①之を聞き、往きて檀信に語つて曰く「慮をなすことを得ざれ。速かに寶塔を作れ。我れ汝を加助せん」と。既にして塔成る。澄、塔の傍に坐して法華を誦す。俄に雲雨降り灑ぎ雷電鳴り輝く。檀信懼れて曰く「是れ亦塔を撃つの相なり。先時皆爾なり、之を如何せん。」澄曰く「愁ふること莫れ」と。諷誦すること故の如し。忽ちに一の童男、雲中より落つ、年十五六なり、頭髪蓬乱し形貌畏るべく、五處を縛を被れり。涙を流して曰く「聖者の慈悲をもて吾が暴悪を赦したまへ、更に塔を撃たじ」と。澄問ふ「何に縁つてか塔を撃ちしや。」童曰く「此の山の地神は我と盟ふこと厚し。我に語つて曰く『塔此の地に立たば我れ住所なけん、願はくは我が為に之を撃て』と。故を以て我れ屢々之を壊れり。今妙法の力に依つて地主移り去り、我れ亦譴を受く。今は只法師の慈救を仰ぐのみ。」…山中四十里、夏天暴雨のときと雖も雷霆を聞かず。…澄、越知の峯に在りしとき常に白山を望んで…大寶二年（七〇二）文武帝、伴安に勅して澄を以て鎮護國家の法師となしたまふ。養老の法効に擢きんでて供奉となし、號を神融禪師と賜ひ授くるに禪師位を以てせらる。天平の効に大和尚位を授け號を泰澄と改めしむ。

要旨：泰澄が国上山の雷神を調伏し、後、天皇より神融という号を貰ったという話。この話に信を置けば、「白山を開いた」泰澄と、「国上山の雷神を調伏した」神融とは同一人物となる。但し、［史料6］から、両者が混同された可能性もある。

注釈：文中の西暦年号は、出典書にある。①澄＝ここでは泰澄を指す。

［史料8］『伯耆民談記』（萩原直正校注『伯耆民談記』一九六〇年　日本海新聞社　八三頁）

一退休寺〔八橋郡①退休寺村　禅宗　寺領二十七石〕能州惣持寺末山
金竜山と号す。本尊観音。代々国守より建立の地なり。開檀は当郡石井《いは》垣の城主篦津《のつ》豊後守平敦忠、延文二年（一三五七）に草創して、開山は玄翁和尚なり。

　要旨：退休寺の地には、もともと観音堂があったことを示唆している。

　注釈：文中の西暦年号は出典書にある。①八橋郡＝現・鳥取県の地名。現・西伯郡大山町退休寺を含む。

［史料9］『伯耆民談記』（萩原直正校注『伯耆民談記』前掲　八三〜八五頁）

当国に於て並びなき大寺なり。開基の起本を聞くに、敦忠亡妻の墳墓、夜毎に陰火灼《かがや》き、炎気の中に幽霊の容を現し、数多の悪鬼呵責を成す躰を示す。敦忠これを愁ひ、高貴の僧を招きて追善供養すれとも、更に止む事なし。…時に延文二年丁酉の秋八月十三日、漸く摂僧六百三十人に及びて、玄翁を請待す。若狭守つくつくと和尚の貴相を見て、悉く彼意を語る。玄翁やがて灼墓に臨み、香花洒水をなして、一つの塔婆を作り、「智錯罪滅何不成仏」と書きて、是を建つる時に、亡霊現はれて、八字の法文を一首に詠す。

　錯を知るから罪は亡びけり
　　なとか仏はならさらめやは

斯く詠吟し、即時に容は消え失せぬ。成仏やしたりけん、其夜より、墓灼けも止まりける。敦忠多年の愁一時に散じ、歓喜すること斜ならず。其後和尚に語りけるは、是より北の海上より、近き比、夜な夜な丑満の時に当りて、一つ光玉飛び来りて、南の山林に止まる。如何なる故にやと問ふ。和尚暫らくして曰く、玉の光る地に必す池あるへし、其池中に霊仏ある故竜神より捧ぐる燈明なること疑なしとて、やがて敦忠を誘引し、彼の山林に入りて見玉ふに、果して大きなる池あり。和尚傍なる石上に座禅して、池中を覘ひ玉ふ。此池俄然として転動し、逆水沚《なぎさ》を泝て、大蛇顕れ出でたり。和尚大蛇に向つて一句を解し玉へは、頭を低《うなた》れ、其まま水中に入ると見へしか、忽然として美女に化して、今の慈教により即身畜生を脱して仏果に至る。願くは、此池を以て一宇の寺地とし玉へとて、一尺余の観世音を和尚に上り、其儘化して金竜と現れ、天上するや否や、池水乾きて、堅固寛平の台と成り、万齢不易の瑞を顕す。和尚即時に卓錫して、敦忠布金の功力を尽くし、此寺を造営す。此時和尚暫く此地に退休すへしとの玉ふ。此言を以て寺号となし、金竜の瑞現を以て山号とす。本尊の観音は竜女のかつき上りし一尺余の仏なり、本堂の後に少しの池あり。往古の池の跡なる由にて、大旱魃にも乾く事なしと云へり。

要旨：退休寺開創において、源翁が亡霊を供養し、寺後ろにある池に居る大蛇に引導を渡し、大蛇が美女となったという伝説。

［史料10］「慶徳寺」『新編会津風土記』巻之六十六（『大日本地誌大系　第三二巻』一九三二年　雄山閣　二三七頁上段〜下段）

縁起を按ずるに、應安元年①源翁此地に來て庵を結びしに、領主葦名詮盛獵に出て此庵の邊に紫氣の浮ぶを望み、源翁の道骨（マヽ）あるを知り來り見て其徳を崇敬し、一宇を建立し爰に住せしめ、因て紫雲山慶徳寺と號す、

要旨：慶徳寺は、領主・葦名詮盛が檀那となって、源翁が開創した。

注釈：『新編会津風土記』は、享和三年（一八〇三）〜文化六年（一八〇九）に編纂された。①応安元年＝一三六八年。

［史料11］「慶徳寺」『新編会津風土記』巻之六十六（『大日本地誌大系　第三二巻』前掲　二三七頁下段）

應永三年①の春再び來て此寺②に宿せしに、那須殺生石の靈現はれ、白狐に變じ尾を巻て蹲踞せしが、十一面觀音の相を現し前山に向て飛去れり、其殘れる尾山となりしにより、山號を改て巻尾山と云、又彼靈を稲荷神と崇めし故、前の山を稲荷山と名くと云、

要旨：慶徳寺に祀る稲荷の由来を示した史料。

注釈：①應永三年＝一三九六年。②此寺＝ここでは慶徳寺を指す。

［史料12］「法王能照禅師塔銘」（『大日本史料　第七編第四巻』四一二頁）

師、一夕の夢む。白衣の老翁、告げて云く、「此を去ること北二里許りに、靈巒有り。嶺の下に古寺存す。寺主、虚席を和尚に請願す。試みに天明くれば行け」と。覺めて後、歩を運ぶ。山に入り眺望す。…前に夢みし老翁出て云く、「善く来るかな、善く来るかな。我これ山神なり」と。乃ち手を以て洞口を指す。師、頭を回す。翁、地を瞥るに、見えず。黒衣老僧出て迎へて云く、「吾、和尚を待つこと久し」と。院に引き入れ、坐に著きて云く、「そもそもこの山は、我が宗の元祖空海の開く所なり。…寺、慈眼と稱すは、觀音像を安ずるゆえなり。今、和尚に付き、永く門風を振る」と。言ひ訖りて袖を拂ひて去る。驀然と火起く。…舊院を焼く。徒衆、盡く逃散す。その夜、七堂荘厳・銘七寶、これを造化す。師、欣欣として院に入る。

要旨：源翁による示現寺改宗・再興にあたり、まず老翁が当地に導いたこと、老翁は実は山神であったという伝説。神人化度説話。

注釈：原漢文を書き下した。

[史料13]「源翁能照和尚行状記」(『続曹洞宗全書　寺誌・史伝』五二七頁下段)

同二年①丙辰三月五日。…近所なる観音の靈地に、密宗の寺有り。…照和尚、一日遊歩す。彼、歸程を催す處、八春計りの老翁來る。師に向て謂て曰く、「吾これ當山の護法神なり。和尚則ち今日より入院し給ふべし」と。了りて退く。また山神、密宗の院主に向ひて云く、「この地、照和尚に譲進すべし。授與せずんば、黒風來りて、炎燒すべし」と。はたしてしかり、片時の間、大地震動し焼失す。

要旨：[史料12]におおよそ同じ。続きは[史料26]として引用。

注釈：原漢文を書き下した。①同二年＝永和二年一三七六年。

[史料14]「示現寺」『新編会津風土記』巻之六十四(『大日本地誌大系　第三三巻』前掲　二一二頁下段)

此寺昔は眞言の道場にて空海の建立たりしと云其時は護法を五峯に作り、示現を慈眼に作れり、…慈眼は千手観音の像あるにより慈眼視衆生①の經文に取れり、永和元年②に源翁此に住し今の示に改めき、

要旨：示現寺の旧称、慈眼寺の名前の由来が、昔より同寺で祀る千手観音像であるという伝説。

注釈：①慈眼視衆生＝『法華経』「観世音菩薩普門品」の一節。岩波文庫版下巻二六六頁に当たる。②永和元年＝一三七五年。

[史料15]「示現寺の物語」(石川純一郎・竹内智恵子『福島の伝説』一九八〇年　角川書店　一〇九頁上段)

源翁が示現寺を開山としたところ、雲水が多く集まった。また、山中の大木に雷が落ち、その周りを巡ること三日、その根元から温泉が噴出した。

要旨：示現寺近くの熱塩温泉は、源翁が開いたとする伝説。

［史料16］「法王能照禅師塔銘」（『大日本史料　第七編第四巻』四一三～四一四頁）

康應元己巳歳①五月初五日、俄に野州那須野に於て怪石、出現す。遍く石に毒有り。毒氣紛々す。觸る者死亡す。世に殺生石と謂ふ。…相將帥、事を能の總持に告げて云く、「これを救はんことを請願す」と。衆皆議し、大徹をこれに向はしむ。…拄杖を以て骸骨を拂ふも、石、天地に動くのみ。暗に救ひを得ず。即ち帰る。帝聞きて愕然とす。乃ち勅書を下し、師をもつてこれを救はしむ。…靈石に向ひ佛事し云く、「汝元來石頭なり。殺生石に喚作す。靈、何處れより來たるか。性、何處より起くるか。…去れ去れ」と結句して云ふ。…拄杖を拈し、打つこと一下。忽然として、頓に破る。時に應永二乙亥②正月十一日、夜に至り、端正なる靈女來たりて云く、「吾これ石塊なり。慚愧にして宿業有り。八萬劫にて野狐身に堕つ。轉轉として、人を惑はし國を亡ぼす。…靈魂なおこの野に殘る。…和尚の攝引に敬蒙せられ、天上妙樂を径得す。伏して、我に浄戒を授けんことを請ふ」と。師、彼の言に随ふ。女、受了し、禮を作し、退く。

要旨：殺生石退治にあたり、まず大徹が失敗し、後、源翁が戒を授けることで悪霊の祟りが消滅したという伝説。

注釈：原漢文を書き下した。①康應元己巳歳＝一三八九年。②応永二乙亥＝一三九五年。

［史料17］「源翁能照和尚行状記」（『続曹洞宗全書　寺誌・史伝』五二八頁上段～下段）

それ野州那須野原、殺生石は、本地、野狐にして化現す。…時に明徳元年庚午①爲り、鎌倉より能州總持寺へ使者を立てらる。「願はくは、大慈大悲を爲し、かの亡魂を救はんことを」と。答て云く、「吾が宗にかくの如き道理無し。しかりと雖も、黙止し難きに依り、貴命に欽《つつし》み、大徹和尚を下す」と。徹、彼に至り、靈石白骨山を見る。拄杖を以て、骸骨を拂ふ。手を以て石を撫づ。石、動揺せられ、汗を流す。云々。またある時、源翁和尚、一夜、黙坐す。室内夢中なり。靈山より告げ有りて云く、「那須野に殺生石有り。行きてかれに戒示せよ。…」と。夢醒めて奇異に思いを爲す。云く、「我が宗先祖道元和尚、靈山より告げあり。大唐明州、天童山に行きて、必ず機縁有りて、純熟すと云々。予、かくの如し」と。即ち企行し、彼に至る。戒を靈石に授戒す。「それ佛事なり」と云々。「汝、元來、石頭なり。呼んで殺生石と謂ふ。靈、何處より來たる。聖、何處より起くるか。去れ去れ。…」と。拄杖を以て三度、頂を摩す。…道《い》ひ畢りて、石、三に裂破す。

　要旨：[史料16]と同趣旨だが、大徹の失敗が記されていない。

　注釈：原漢文を書き下した。①明徳元年＝一三九〇年。

[史料18]「源翁和尚行状」（『続曹洞宗全書　寺誌・史伝』五三一頁上段～下段）

十九の年、曹洞正嫡峩山和尚、能①の總持に有り。法席盛んなるを知る。これに謁し、教外別傳の宗風を探らんと欲す。徑《ただ》ちに膝下に詣ず。師と禮するにより、晨夕に参敲す。源翁、一日、嵩山破竈堕話因縁を擧ぐるを聞く。頓然として悟入す。爾來②、師に随順す。嗣法長嫡と爲る。諸岳③に止住すること十三年なり。

　要旨：源翁は峨山より破竈堕説話を教わった。

　注釈：原漢文を書き下した。①能＝能登国。②爾來＝その後。③諸岳＝ここでは総持寺の意。

[史料19]能「殺生石」（『新日本古典文学大系　謡曲百番』四四二～四四六頁）

これは玄翁①といへる道人なり、…木石心なしとは申せども、草木国土悉皆成仏と聞時は、もとより仏体具足せり、況や衣鉢を授くるならば、成仏疑ひ有るべからずと、花を手向焼香し、石面に向かつて仏事をなす。汝元来殺生石、問石霊、何れの所より来り、今生かくのごとくなる、急々に去れ去れ、自今以後汝を成仏せしめ、仏体真如の善身となさむ、摂取せよ。石に精あり。水に音あり、風は大虚に渡る。形を今ぞ、あらはす石の、二つに割るれば、石魂忽ち、あらはれ出でたり、恐ろしや。不思議やな此石二つに割れ、光の中をよく見れば、野干の形は有ながら、さも不思議なる人体也。…今遇ひがたき御法を受けて、此後悪事をいたす事、有べからずと御僧に、約束堅き石と成て、鬼神の姿は失にけり。

要旨：源翁の殺生石説話が、能に取り入れられたことを示している。傍線部が〔史料16・17〕と共通する。

注釈：一部、句点を補った。①玄翁＝源翁。

〔史料20〕三条実隆『実隆公記』文亀三年①九月十九日条（群書類従完成会『実隆公記　第四巻上』一八二〜一八三頁）

十九日〔癸未〕天晴、和氣有り、青女、御靈・北野等に詣づ。民部卿・姉羽林等來る。酉下刻、室町殿、先日内々の仰せによるなり。暫く御厩に於て、右金吾・三條黄門以下と雜談す。夜に入る〔初夜の時分〕。猿樂を始めらる。…猿樂十二番。狹衣〔予、新作の能なり。此の能、拝見せしむべきの由、御結構、仍つて腋、この能を用ひらるるの由、仰せらる。尤も畏存の由、申し入れ了んぬ。〕八嶋判官　井筒　海士　殺生石〔右馬助子息、十一歳か、俄に仰せに依り、其の藝を施す。神也妙也。言語道斷、々々々々〕槿　通小町　鵜飼　玉鬘　松虫　是害　猩々

要旨：能「殺生石」（〔史料19〕）が一五〇三年に演じられていた記録。

注釈：原漢文を書き下した。①文亀三年＝一五〇三年。

［史料21］『玉藻の草子』（『室町時代物語大成　第九』七八頁下段〜七九頁上段）

其後げんなふ、かのいしに、むかひていはく、木石心なしといへども。さうもく國土、しつかいじやうぶつと、きく時は、ぶつたい、ぐそくせり。

いはんや、ゑはつと、さづくる物ならば、じやうぶつ、うたがひ有べからずと、花をたむけ、しやうかうし、せきめんにむかつて、ぶつじをなす。

なんぢ、ぐはんらい、せつしやう石。とふ、せきれい、何れの所よりきたり、かくのごとく、こつほうをなす。きうきうにされ。じこんいこ、なんぢをじやうぶつせしめ、ぶつたひしんによの、ぜんあくぜんしんとならん。せつしやうせきよ。石にせいあり。水にこゑあり。風はたいきよにわたる。かたちは、せきこんにやどりしを、げんなふ、たちまちに。さつし給へば。

大石すなはち、みぢんにくだけて。せきこんたちまち、じやうぶつするものなり。

要旨：殺生石説話を題材とする『玉藻の草子』において源翁が登場する場面。

注釈：慶長一一年（一六〇六）成立。漢字に直せる箇所を試みに直してみると、以下のようになる。

其の後、源翁、彼の石に、向ひて曰く、木石心無しと雖も、草木国土、悉皆成仏と、聞く時は、仏体、具足せり。

況んや、衣鉢と、授くる物ならば、成仏、疑ひ有るべからずと、花を手向け、焼香し、石面に向かつて、仏事を為す。

汝、元来、殺生石。問ふ、石霊、何れの所より来り、かくの如く、こつほうを為す。急々に去れ。自今以後、汝を成仏せしめ、仏体心に世の、善悪全身とならん、殺生石よ。石に精あり。水に声あり。風は太虚に渡る。形は、石魂に宿りしを、源翁、忽ちに、察し給へば。

大石即ち、微塵に砕けて。石魂忽ち、成仏するものなり。

[史料22]『玉藻前物語』(『室町時代物語大成　第九』三五頁下段〜三六頁上段)

かのきつねをは、ほうせんに、おさめられて、いまにいたるまてにあり、…きたいふしきの、はけ物の、しよきやうなり、ゐいせいをなやましたてまつりて、ついにほろひけり、まつたいといふとも、わういをいるかせに、すへからさる物なり

たまのもまひ①の物語

文明弐年②初冬比書之

要旨:『玉藻前物語』の末尾。源翁が登場することなく、話は終わっている。

注釈:文明二年(一四七〇)写。①たまのもまひ=原文のママ。②文明弐年=一四七〇年。

[史料23]『自家傳抄』(『国語国文学研究史大成8　謡曲　狂言』一四六頁上段〜下段)

右此外能有ト云共坊主①存生間ニ作能之分

古注之作者能之注文…

望月　左阿ミ　殺生石　同

要旨:能「殺生石」の作者を左阿弥としている。

注釈:①坊主=原史料には、坊主の傍注に「世阿弥」とあるという(出典書一五二頁)。

［史料24］「最禅寺」（大坂高昭『秋田県曹洞宗寺伝大要』一九九六年　無明舎　六六一頁）
蛙が鳴かず・蜘蛛は糸引かず・雨は音せず。
要旨：最禅寺三不思議。
注釈：源翁の開創した（とされる）寺には、以上のような伝説が存することが多い。

［史料25］「東光寺」（大坂高昭『秋田県曹洞宗寺伝大要』前掲　六九五頁）
①入り水は増減しない。②本堂に鳥がとまらない。③つばめが巣をかけない。④雨の雫の音が聞こえない。⑤三日月池に影が映らない。⑥片目の鯉がいる。⑦開山堂に寝ていても知らぬ間に移される
要旨：東光寺の七不思議。［史料24］参照。

［史料26］『源翁能照和尚行状記』（『続曹洞宗全書　寺誌・史伝』五二七頁下段）
國中の貴賤大工道工、群を作して墜[①]を作す。四方より聚來し、七堂を再興す。
要旨：源翁の元に大工が集まったとする。源翁と大工とが密接な関係を有していたことを示している。
注釈：原漢文を書き下した。①墜＝隊の誤りか？

第7章　大徹宗令

［史料1］『日域洞上諸祖伝』（『曹洞宗全書　史伝上』四八頁上段）

時に井益入道高峯霊妙菴主有り。妙應教寺の基趾に啓《みちび》く。大いに梵宮を構へ、改めて禪林と爲す。師を延《まね》き、これを尸《つかさ》どらしむ。師、山①を奉りて始祖と爲し、自ら二世として居す。

要旨：妙応寺は、元は旧仏教寺院であった。これを改宗・再建するために、大徹は招かれた。但し、大徹は、開山を、師峨山に譲った。

注釈：原漢文を書き下した。①山＝ここでは峨山を指す。

［史料2］『妙応寺縁起』（岐阜県不破郡教育会編纂『不破郡史　上巻』一九二六年　不破郡教育会　三七九頁）

時に長江重景之①を聞き、凡僧ならざるを知り使を遣して大徹を迎へしめ、亡母の爲に供養を請へり。依つて大徹佛間に入り位牌を見るに、妙應尼とあり。大徹不思議に思ひ重景に昨夜見し様②を語り、今宵重ねて倶に往きて見んと約し、夜の更くるを待ちて出づ。大徹は重景とともに彼の古堂に到り、重景は大徹が袈裟の後にかくれて見てあれば、按の眞夜中頃二鬼現はれ、火炎を起こし、妙應を呼ぶ。聲に應じて妙應現はれ出でしが、晝間大徹を請じて供養せし佛前の供物を持ち來り、二鬼の前に捧げて曰く「本日は幸かゝる物あれば、せめて今宵一夜はこれを食して我が身の苦悩を許し給へ」と、泣きつ頼めば、二鬼は諾といひ皆去れり。重景一度び此の光景を見てより恐怖哀嘆流涕止まず、大徹に問ふて曰く、「いかにして亡母の苦悩を得脱せしむるの道なきや」と、大徹曰く「即ち亡母菩提の爲に寺院を建立し、僧を敬ひ、佛法を護り、慈悲を行はば、忽ち得脱すべし」と。

要旨：今須領主・長江重景の母「妙応」が死後、鬼より責め苦を受けている姿を大徹に見せられたため、重景は母の菩提を弔うため、妙応寺を開創したという伝説。

注釈：①之＝大徹が鬼を退治した話。②昨夜見し様＝妙応が鬼に責められていた様。

[史料3]「長江重景寄進状」（『曹洞宗古文書　下巻』六三七頁）

寄進し奉る　青坂妙應禪寺田地・屋敷幷《なら》びに山等の事…右、件の田地・屋敷幷びに山等は、沙彌行妙重代相傳の所領爲るにより、亡父行昇覚霊の菩提の爲に、妙應禪寺に寄進し奉る所なり。子々孫々に於て、聊か違亂の儀有るべからず。若しこの旨に背かば、永く行妙の子孫たるべからず。仍つて後の龜鏡のため、寄進の状、件の如し。

應安七年①(甲寅)六月一日　沙彌行妙②(花押)

要旨：長江重景は葬祭儀礼を目的として、妙応寺に土地を寄進した。

注釈：漢文体の箇所を書き下した。①應安七年＝一三七四年。②行妙＝長江重景。

[史料4]『寺院明細帳』（駒澤大学図書館所蔵本）

後亀山天皇御宇、応安三年①庚戌三月大徹宗令禅師、当国遊歴の際、立山神、禅師の道徳明着なるを慕へ樵夫の姿を現し立山下、小丘の嶺に紫雲の靉靆くを指し、「彼の所ろに法要の地あり。到り見玉へ」と勧め先歩め令。存在せる坐禅石の箇所に来り石上対坐七日間禅要戒法を聴聞し戒牒を受師に乞て云く、「弟子は立山の神なり。報恩のために一宇の蘭若を建立し奉らん。願くは広度諸衆生の芳願を聴許し玉へ」と。再三懇請至誠なり。禅師、応諾坐定す。神、忽然不見。其夜大雨、前河に立川寺の奮流し、巨木、数千、岸頭に流停す。翌日、匠工等十八名来り、伽藍造立の事を経営す。其中、立山神、又、樵夫の粧を成し来り鑒護す。日ならずして七堂伽藍の大精舎を落成し大徹禅師を請して開堂演法式をなさしむ。

要旨：立山寺開創にあたり、立山神が工となって現れ、伽藍造立を行ってくれた、という伝説。神人化度説話。

注釈：カタカナは平がなに直し、句読点・括弧を補った。①応安三年＝一三七〇年。

［史料5］竹中邦香『越中遊覧志』（廣瀬誠校訂『越中遊覧志』一九八三年　言叢社　二四〇頁）

大徹曽《かつ》て越中に遊び、化を布くの際、応安三年廿五日、立山神の告ありて、この山に上りけるに、一夜のうちに材木あまた立山より前川に流れ来り、忽然として匠工十八名至り、七堂伽藍の大精舎を建立し、徹をして此に居らしむ。山を眼目と号し、寺を立川と称せり。その造営中、立山神監護の地を後世権現野ととなへ、社壇をつくり立山神をまつる。

要旨：［史料4］に同じ。

［史料6］『続扶桑禅林僧宝伝』（『続曹洞宗全書　寺誌・史伝』六六〇頁上段～下段）

其れ立川に在し、時にたまたま行林の外を經る。衣冠昇人有り。出迎て曰く、「師の道価を望むこと久し。今、幸に一遇す。願くは、戒法を授からん」と。すなわち無相禪戒を以て授けしむ。その人禮謝しおわんぬ。尋ねて立山に升《のぼ》る。空に乗りて去る。衆、始めて當山權現神爲るを知る。

要旨：［史料4］に同じ。但し、伽藍を立山神が造立した記述は無い。

注釈：原漢文を書き下した。

［史料7］必夢『延命地蔵菩薩経直談鈔』（渡浩一編『延命地蔵菩薩経直談鈔』一九八五年　勉誠社　六五〇頁）

立川寺ニ在ストキ偶林外ニ經行シ玉フトキ、衣冠ノ異人アリテ出迎ヘテ云ク、師ノ道價ヲ望ムコト久シイ、イマサイハイニ一遇ス、願クハ戒法ヲ授ラレン事ヲ請。師即チ授ルニ無相ノ禅戒ヲ以テス。其人禮謝シ已リテ尋ネテ立山ニ升《ノホ》リ空ニ乗シテ去ル。大衆始テ當山權現ノ神タル事ヲ知ルナリ。

要旨：[史料4]に同じ。

注釈：句読点を補った。

[史料8]『摂津名所図絵』（『日本名所風俗図会　第一〇巻』一七六頁上段）

その頃立川寺に在りし時、衣冠の人出て来りて戒法を授からん事を願ふ。師すなわち無相の禅戒を伝法す。その異人礼謝し立山に昇り雲に乗じて去る。衆人初めて白山権現たる事を知れり。

要旨：おおよそ[史料4]と同じだが、衣冠の人の正体が白山権現であった点が異なる。

[史料9]『竺山禅師語録』（『訓註曹洞宗禅語録全書　第四巻』一二三～一二六頁）

師、応永四年①丁丑二月念《にじゅう》八日に於て、眼目山立川禅寺に就く。…土地　従来より願有りて、和光同塵す。至祝至祝、護法の安人なり。

要旨：おおよそ[史料4]と同じだが、人の正体が土地神とされる点が異なる。

注釈：①応永四年＝一三九七年。

[史料10]「足利義満安堵状」（『曹洞宗古文書　上巻』六二一～六二二頁）

寄付　攝津國護久寺　同國、田地、散在する〔目録、別紙に在り〕事、

右、元眞①の寄進に任す。安堵を成すべしの由、畠山右衛門佐基国、執申せし所なり。早く寺家領掌、相違有るべからざるの状、件の如し。

康應二年②三月十八日

従一位源朝臣(花押)

要旨：足利義満が護久寺の土地を安堵した書状。

注釈：原漢文を書き下した。①元眞＝不詳だが、出典書は人名とする。②康應二年＝一三九〇年。

[史料11]『竺山和尚行録』(『続曹洞宗全書　寺誌・史伝』五四八頁下段)

畠山金吾①の権威を募り、請ひて大檀那と爲す。

要旨：護久寺の檀那が畠山基国であったとする。

注釈：原漢文を書き下した。①畠山金吾＝畠山基国。

[史料12]『続扶桑禅林僧宝伝』(『続曹洞宗全書　寺誌・史伝』六六〇頁上段)

康暦二年①、攝の下島郡に經行し、梵刹を捌《ひら》く。手ずから地蔵像を造る。正殿に奉る。即ち今の護國なり。

要旨：護久寺(後、護国寺と改称)の本尊地蔵は大徹自ら造ったという伝説。

注釈：原漢文を書き下した。①康暦二年＝一三八〇年。

［史料13］必夢『延命地蔵菩薩経直談鈔』第九巻第二〇話「攝州水田護国寺開山地蔵化身ノ縁」（渡浩一編『延命地蔵菩薩経直談鈔』前掲六四九～六五〇頁）

康暦二年①ニ攝ノ下嶋郡ニ行テ精舎ヲ創テ手《てづか》ラ地蔵ノ尊像ヲ造テ本堂ニ安置ス。即チ今ノ護國寺ナリ。

要旨：［史料12］と同じ。

注釈：句点を補った。①康暦二年＝一三八〇年。

［史料14］『続扶桑禅林僧宝伝』（『続曹洞宗全書　寺誌・史伝』六六〇頁下段）

左右に謂ひて曰く、「我、死後、荼毘せば骨石を収め、遠くに去ることなかれ。此の山に瘞《うず》めよ。蓋し我が死生、師を離れんことを欲せざるなり」と。又云く、「我、曾て手ずから地蔵を造りて護國にあり。即ち我が幻軀なり。復た肖像を立つることなかれ」と。言ひ訖りて坐す。蛻《ぬけがら》となる。

要旨：［史料12］と同じ。

注釈：原漢文を書き下した。傍線を引いた「幻軀」が解釈しにくいが、以下に引用する『摂津名所図会』「護国寺」では、「幼軀」となっている。「幼」を「若き」とすれば、こちらの方が解釈しやすい。

一日師坊寝山の室にかえり左右に命じて曰く、我死後荼毘せば骨灰を収めて遠く去る事勿れ。ただこの山に瘞《うず》め我死生を離るる事を厭ふ。また云ふ、地蔵を造つて護国寺にあり。すなはち我幼軀なり。さらに肖像を立てる事なかれ、と云ひ終はつて寂す。（『日本名所風俗図会　第一〇巻』一七六頁上段）

［史料15］『竺山和尚行録』（『続曹洞宗全書　寺誌・史伝』五四八頁下段）

康暦二年①。攝の護國を開闢す。大徹和尚を請ひ奉りて、開山と爲す。

要旨：護久寺（後、護国寺に改称）は大徹が開創したとされるが、本史料によると、実質は弟子の竺山が開創し、大徹は名目上の開山とされる。

注釈：原漢文を書き下した。①康暦二年＝一三八〇年。

［史料16］兵藤長庚『遠江古蹟圖繪』（神谷昌志編『遠江古蹟圖繪』一九九一年　明文出版社　二五六頁）

榛原郡村萩間村①と云ふ所に、大興寺と云ふ曹洞派の寺有り。この寺の住持、明年遷化せられむと云ふその前年、急度そのしらせ有りてしれる。その訳は、寺の後に開山より代々和尚の墓所有り。自然石に戒名を銘々記して有り。その自然石しぜんと出来し、その有る処違へず居りて有る形、僧形に似たり。果して住持、明年死すると云ふ。これを無亡塔と云ふ。…ある時、三世前の住持、墓所に無亡塔出でければ、死す事を忌み嫌ひ前の川へ持ちて行き捨てさせけるに、その夜の内に元の場所に帰りて有りける。果して明年死したるとなり。余、先年この寺に江湖②有りし時、墓所へ行き見るに、元祖③和尚より代々続き、八世程同じ形の自然石並びて有り。丈高きも低きも有り。その和尚の生質によって違ふとなり。人作にあらず。この寺、掛川より巽に当たり五里有り。

要旨：大興寺裏手の墓所に、自然石が現れると、住持が亡くなるという伝説。遠州七不思議の一つ。

注釈：原史料は、一八〇三年刊。①榛原郡村萩間村＝現・静岡県牧ノ原市西部。②江湖＝江湖会の意。③元祖＝ここでは大徹の意。

［史料17］「総持寺法堂造立注文」（門前町史編さん専門委員会編『新修門前町史　資料編2』三六頁上段〜三七頁下

段）
（花押）（大徹宗令）

諸岳山惣持法堂鈒立日記
用途参貫文　瓶子三双
：
仏事次第
：
上棟次第
：
上棟助成分
永沢寺　練經小袖一个代壱貫五百文
得仙首座　香合一个代二貫文
光穏寺　馬一疋
祥園寺　馬一疋
櫛比殿　馬一疋…
至徳三年①九月廿九日　（花押）（大徹宗令）

要旨：総持寺の法堂を造立するための文書。この文書に大徹が署名していることから、大徹は法堂造立に重要な役割を担っていたと考えられる。

注釈：花押の箇所は、出典書記載の通りである。『曹洞宗古文書　上巻』六九～七〇頁にも同文書が掲載されている。①
至徳三年＝一三八六年。

[史料18]「惣持寺常住文書新目録」（『曹洞宗古文書　上巻』六八～六九頁）

一櫛比殿寄進状　幷賣眷状①　四通

…

至徳三年②九月廿九日　宗令（花押）

要旨：寄進状に大徹の名前があることから、総持寺の運営において、大徹は重要な役割を担っていたと考えられる。

注釈：①賣眷＝出典書は、売券の意とする。②至徳三年＝一三八六年。

第8章　その他の峨山の弟子

[史料1]『日本洞上聯燈録』（『曹洞宗全書　史伝上』二五八頁下段）

越中州自得寺無際純證禪師、能州の人なり。早歳、洞谷瑩山和尚に依て、削染①す。執持すること六年、迷悶し入ること能はず。峩山、第一座と爲る。師、日びに親しく咨請す。

要旨：無際は能登生まれであり、瑩山に弟子入り後、峨山に弟子入りした。

注釈：原漢文を書き下した。①削染＝『例文仏教語大辞典』では、「仏像・経巻」とするが、ここでは、「出家」と解釈した。

［史料2］渡辺市太郎編『越中宝鑑』（『越中資料叢書』一九七三年　歴史図書社　六二一頁）

本寺は曹洞宗大本山總持寺直末、元は吉家①にして建徳年中（南朝の年号にして應安と同時代）の創立なり。應安七年②開基詮恵法師は當山鎮守延命大士の霊夢を感じ曹洞宗大本山峩山禪師の法嗣無際禪師を懇請し蜜乗の地を轉じて禪林と改む。然して同禪師を開山第一祖となす。

要旨：自得寺はもともと密教系の寺院だったが、無際を招いて、曹洞宗に改宗した。

注釈：カタカナを平がなに改め、句読点を補った。①吉家＝辞書等に無い言葉だが、「蜜乗」という言葉から、旧仏教系寺院と解釈した。②應安七年＝一三七四年。

［史料3］渡辺市太郎編『越中宝鑑』（『越中資料叢書』前掲　六二一頁）

一　延命地蔵大菩薩　石像坐体弘法大師ノ作

要旨：自得寺の延命地蔵菩薩が空海作であるという伝説。

注釈：自得寺の地蔵には、以下の伝説も伝わる。空海由来ではなく、免田の由来が語られている。

田から地蔵尊

婦負郡寒江村の曹洞宗自得寺に霊験いとあらたかな地蔵尊がありました。昔空より煙が下つたと伝え、田地を彫ると一体の石地蔵が現われ出ました。その田を俗に呼んで地蔵免といいました。（『越中伝説集』六五頁）

［史料4］「韶碩遺物分配状」（『曹洞宗古文書　拾遺』五～六頁）

新般涅槃當寺第二世峩山大和尚、今貞治五季①〔丙午〕十月廿日亥剋遷化、両班就于法光院抄箚、

：

貞治五季十月廿八日　維那良秀（花押）

把帳知客了俊（花押）

侍者宗令（花押）

寂霊（花押）

知事

典座（花押）

韶勛（花押）

頭首

良覺（花押）

純證②（花押）

孝小師宗眞（花押）

要旨：峨山の遺物分配に関する文書。この文書に、無際が署名していることから、無際は総持寺の運営に関わっていたと考えられる。

注釈：①貞治五季＝一三六六年。②純證＝無際純証。

［史料５］「總持寺常住文書目録」（『曹洞宗古文書　拾遺』七～八頁）

物持寺常住文書目録

…

貞治五年①（丙午）十二月五日　如元（花押）

純證②（花押）

宗眞（花押）

要旨：［史料4］に同じ。

注釈：①貞治五年＝一三六六年。②純證＝無際純証。

［史料6］『日本洞上聯燈録』（『曹洞宗全書　史伝上』二六一頁下段）

越州檀越、祥園寺①を創り、師を延《まね》き、開山と爲す。

要旨：無端が、祥園寺の開山となった経緯を示す、数少ない史料。

注釈：原漢文を書き下し、振り仮名を付した。①祥園寺＝不詳。現・廃寺と考えられる。

［史料7］「紹瑾仏事出銭契状」（門前町史編さん専門委員会編『新修門前町史　資料編2』二八頁下段～二九頁上段）

洞谷開山和尚毎季八月御仏事出銭之事

峩山和尚法嗣

仏陀寺（大源宗真）（花押）　定光寺（無際純証）（花押）

聖興寺（太山如元）（花押）　皇徳寺（無外円照）（花押）

寂霊首座（花押）　恵崇書記
良印監寺　聖寿寺（無端祖環）（花押）
道愛監寺　玄妙庵主
長円寺（花押）　瑞応寺（花押）
韶勲書記　良秀書記（花押）
良勝寺　龍昭寺
応安元季[①]十月廿一日

要旨：瑩山の仏事に関する文書。この文書に無端が署名していることから、無端は総持寺の運営に関わっていたと考えられる。出典書の解説では、「大源宗真ら峨山門弟が、八月十五日の永光寺瑩山紹瑾忌仏事に出銭することを取り決めたもの」とする。

注釈：出典書では、花押右側に小字で傍注が付いているので、これに準拠した。花押以外の傍注は省略した。①応安元季＝一三六八年。

［史料8］「総持寺箱入什物目録写」（門前町史編さん専門委員会編『新修門前町史　資料編2』三〇頁上段）

御箱入物日記
一、古御衲衣一領〔最初ヨリ末後マテノ御持衣ニテ御座、緑皁地、〕
一、御袈裟袋一ヶ赤地錦也、
一、八角水精塔一ヶ二袋和尚御ハラ入給ヘリ、

一、三宝印御道号印御名字印〔各一ヶ〕錦袋ニ入給ヘリ、
一、御ス、一ヶ
応安五年①〔壬子〕七月十五日百拝敬奉納、
一、天童録四冊全永平開山真筆、如元（花押影）
祖環②（花押影）
「無端和尚（包紙、後筆）
如元和尚　御衣　三衣」

要旨：総持寺の貴重品目録。この目録に無端の名があることから、無端は総持寺の運営に関わっていたと考えられる。
注釈：①応安五年＝一三七二年。②祖環＝無端祖環。

［史料9］「総持寺門徒連署置文写」（門前町史編さん専門委員会編『新修門前町史　資料編2』三一頁下段～三二頁上段）

定置　惣持寺門下僧衆可存知事
右、年々開山①忌幷二代②忌、懈怠なく、出仕有るべし、若し違犯の輩に於ては、門徒中より擯出せしむべし。子々孫々
永くこの法を守るべきものなり。仍って後証の為、連署状、件の如し。
康暦弐年③十月廿日
位次不同
祖有維那（花押影）　智用維那（花押影）

執祐監寺（花押影）　子宗監寺（花押影）
韶麟蔵主（花押影）　禅昭維那（花押影）
禅鑒蔵主（花押影）　心家都寺（花押影）
恵祐首座（花押影）　仏陀真覚（花押影）
大慈聞本（花押影）
前惣持良秀（花押影）
前惣持宗令（花押影）
前惣持祖環
当住寂霊（花押影）

要旨：峨山の葬祭儀礼に関する誓約の連署状。この連署状に、無端は名前を連ねている。であれば、無端は総持寺の運営に関わっていたと考えられる。

注釈：原漢文を書き下した。①開山＝ここでは瑩山の意。②二代＝ここでは峨山の意。③康暦弐年＝一三八〇年。

［史料10］『瑞巌禅師語録』（『曹洞宗全書　語録一』一七七頁下段）

僧云く、五位君臣の旨訣①、一一の諮問、許すや無《いな》や。師云く、鉤は不疑地②に在り。

要旨：無端の弟子、瑞巌は説法において、五位思想を活用していた。

注釈：原漢文を書き下し、振り仮名を付した。①旨訣＝「教えの奥義」（中村元『広説仏教語大辞典』）。②不疑地＝『禅学大辞典』・中村元『広説仏教語大辞典』に無し。

第4部　定着期

第1章　峨山の孫弟子たち

[史料1]　太極『碧山日録』（『増補　続史料大成　第二〇巻』五一頁上段～下段）

十八日①丁卯　光信曰く越前州竜沢寺の祖、梅山、余の洞上の宿徳なり。それ平生、観世音小像を保持す。像長さ一寸許《ばか》りなり。師、以て帰依仏と為す。一時、寺を出て、頭陀の行を為す。ある時、昏逼り、民家に投宿す。ただ一婦人有りて師に接せんとす。その夫、外より帰る。爛酔して大言す。心緒を婦に通ずるを疑ひて、剣を抜き、師の頸に加ふ。濃血、淋漓し、その頭、地に殞《お》つ。翌日、酒、醒め浚《さら》②ひて、師を害するを悔ゆ。因つて見るに、その屍無し。只だ観世音小像有り。頭身、両段と為る。…師、曰く、「前夕、この際に至り、遂に一事も無きのみ」と。仍つてその小包を解す。所持の像を失ひて、これを求む。それ、その所在を指すに、尋ねてこれを見れば、その頭、絶ゆ。師、乃ち涕泣して感ず。代苦の誓ひ、虚しからず発す、と。…師、後に竜沢に安住す。その像、寺の閣上に見在す、と云ふ。

要旨：梅山が、行脚中、危害を加えられそうになるが、竜沢寺の小観音像が身代わりとなってくれて、難を逃れた。

注釈：原漢文を書き下した。著者・太極（一四三九頃～一四六八頃）は、臨済宗聖一派の僧。詳しくは玉村竹二『碧山日

録』記主考」(『日本禅宗史論集下之一』(一九七九年　初出一九五一年　思文閣出版)、同『五山禅僧伝記集成』(二〇〇三年　初出一九八三年　思文閣出版)三九六〜三九七頁参照。①十八日＝長禄三年(一四五九)十月十八日の意。
②浚＝出典書は、「後カ」と傍注を附す。

[史料2]『日域洞上諸祖伝』(『曹洞宗全書　史伝上』六三頁下段〜六四頁上段)

韜晦の地を尋ね求む。偶《たまた》ま迷ひ通途を失ふ。終日、粮を斷ず。忽ち老人に遇ふ。…老人、師を招きて己の食を分け、これに供す。引きてその道徑を示す。師、別かれて去ること數歩、首を回してこれを見る。老人、已に隱る。更に行くこと幾らならず。…路傍の茅堂に寄宿す。堂上に円通像を安んず。…その夜、夢む。大士、橘一顆を以て懐中に投ぐ。翌日、深きに入ること一里餘ばかり、邑有り、橘と名す。山有り、橘谷と號す。閑靜無塵の境なり。師、自ら謂く、「昨夜夢みし所なり。これ大士、この境を指示すなり」と。乃ち嚢をこれに放つ。樹を附し、蓬茨に架く。僅かに膝を容るるのみ。浹旬して山民これを見て、羣信す。共に岨を剔《けず》り、薉《ざつそう》を鐲《か》る。巨院を営締す。稱して、大洞と曰ふ。時に應永十八年①なり。…師曾て大洞に住む時、一夜深く更《ふ》け、神人有り。来りて大戒を受く。禮謝して云く、「我これ業龍なり。今、深恩を蒙る。苦輪を脱するを得。請うて施せん、鹹泉を以て、永く厨下の所用を充つ」と。言ひ訖りて去る。明夜、俄爾に山谷震動す。詰旦、これを視る。果濫泉、地を拆《ひら》きて湧く。その味鹹なり。幾許か僧坊より近隣村落に至り、皆、汲用に足る。

要旨：天誾が大洞院を開創するにあたり、在地の竜神が水脈を開いてくれたという話。神人化度説話。

注釈：原漢文を書き下した。①應永十八年＝一四一一年。

[史料3]「大洞院明細帳」(鈴木泰山『可睡斎視点　中遠地方仏教教団史稿』一九八二年　可睡斎　八〇～八一頁)

更に韜晦の地を選ばんとして途を失し、終日粮を断ず、因に一老人鋤頭を把て麻を種るに遇ふ、彼老人師を招き己の食を分て曰く、「今日は麻蒔にて戸毎に小豆飯を炊く」と供し了て道路を示す、…石地蔵の像のみ有て一家を見るなし、…足利四代将軍義持公遠く徳韻を慕ひ、荘園境内を寄附し食輪を転ぜしめ、梵刹を営繕して法輪を転ず、…号して大洞庵となす。先きの化現なる地蔵尊を本尊とし〔即ち今の本尊麻蒔地蔵なり〕、…

要旨：梅山が寺開創の場所にふさわしい場所を探していたところ、一人の老人が現れ、食を施してくれるとともに、道を示してくれた。その道を行くと、地蔵像が存し、この地に大洞院を開創した。もともとの地蔵像を本尊とし、老人が麻を蒔いていたゆえ、麻蒔地蔵と名付けた。大洞院の本尊である、麻蒔地蔵の縁起を記した史料。この史料では、梅山が開山とされている。

注釈：カタカナを平がなに改めた。

[史料4]『了庵大和尚当開闢並九人老人機縁』(三沢智証「了庵」曹洞宗宗学研究所『道元思想のあゆみ2』一九九三年　吉川弘文館　三七七頁)

暁方夢中に一人特に来たりて告げて云う。「我は是れ当山の者なり。和尚の道徳甚だ重し。故に九人此に来りて守護するなり。一人は白山妙理大権現なり。一人伊勢天照大神なり。一人は鎌倉八幡大菩薩なり。一人は長谷寺の観音菩薩なり。一人は熊野那智山不動明王なり。一人は矢倉沢大明神なり。一人は大宋天童山如浄禅師なり。一人は和朝道元禅師なり。吾れ是れ山中守護の飯沢明神なり。和尚は此地に住めば仏法霊験あり。九人、和尚の仏法を守護す」謂い了りて、化、去る。これによりて勧請し奉りて崇め鎮守し給う。又二人の樵夫が来たりて告げて云く、「此境即ち是れ観世音の地なり。云々。和尚は観音に誓ひて開闢し給うべし」。二人の樵夫と和尚は、此の境に攀《よ》じ登り鍬を立て給ふ。然る処に鍬を下すと鉄印判掘出して、和尚に告げて曰く、「是れ即ち閻王の印形なり」。鉄印の出る処は即ち是れ今の金剛水なり。二人の山人、一人は矢倉明神、一人は飯沢明神なり。

要旨：了庵が最乗寺を開創するにあたり、天照大神等が守護してくれる、というお告げを受けたという伝説。神人化度説話。

注釈：慶安元年（一六四八）改稿成立。原本は最乗寺蔵。

[史料5]「妙覚道了大薩埵伝」（大雄山最乗寺『大雄山誌』一九六一年　二七頁）

1常に三宝尊をおそれ言直和順の心を以て我を念ずる者には八苦の抜済を獲さしむべし。
2常に四恩をおそれ、慈悲心を以て我を念ずる者には七難悉く除きて武勇の術を獲せしむべし。
3常に父母師長をおそれ、平等心を以て我を念ずる者には衆々の悪病消滅を獲せしむべし。
4常に自讃毀他の意をおそれ、正道心を以て我を念ずる者には衆人の愛敬を獲せしむべし。
5常に作業の事をおそれ、初より間断なき心を以て我を念ずる者には福徳円満を獲せしむべし。

要旨：道了が師が亡くなるに際し、発した誓願。おおよそ、「自分を信ずれば現世利益を得られる」という内容。この誓願によって、最乗寺は祈禱寺となった。

注釈：洋数字は、出典書記載の通りである。

[史料6]『日本洞上聯燈録』（『曹洞宗全書　史伝上』三三一頁上段）

近里①に氷川神社有り。常に老翁身を現す。來りて法を聽く。一夜、入室す。就ち戒法を請ふ。師乃ち金剛寶戒を授く。神、歡喜し、頂禮して曰く、「我、正法を護ることを誓ふ」と。

要旨：月江が普門院を開創するにあたり、在地の神が現れたという伝説。神人化度説話。

注釈：原漢文を書き下した。①近里＝普門院の近くの意。普門院は、月江正文が開創した寺である。現・埼玉県さいたま市大宮区在。小栗忠順の墓がある。

［史料7］『日本洞上聯燈録』（『曹洞宗全書　史伝上』三三六頁上段）

大寧定菴殊禅師法嗣　長州一宮住吉明神者。…菴乃ち徒を率て經行す。鐘楼の西に至る。忽ち一老翁有りて坐磐石に孤坐するを見る。菴揖して曰く、…と。翁曰く、「然り」と。菴曰く、「敢へて姓名を問ふ」と。翁、即答するに、和歌を以てす。…吟じ了りて就《すなは》ち衣法を請ふ。菴、方丈に接入さす。乃ち大戒幷びに法衣を授く。

要旨：定庵が大寧寺を開創するにあたり、住吉明神が老人となって現れたという伝説。神人化度説話。

注釈：原漢文を書き下した。

［史料8］『日域洞上諸祖伝』（『曹洞宗全書　史伝上』五九頁下段）

山を買ひ、精藍を建てんとす。地を掘り、觀音金像の應を得る。故に山、普門と名づく。寺、慈眼と稱す。

要旨：天真が慈眼寺を開創するにあたり、予定地から観音像が出てきたという伝説。

注釈：原漢文を書き下した。

［史料9］『泉福源燈録抄』（『曹洞宗全書　室中・法語・頌古・歌頌・金石文・寺誌』三八三頁下段）

師、乃ち山を過ぎて曰く、「此處格好なり。唯だ水を歉《か》く」と。時に一童子有り。手づから如意を執る。來りて地を指して曰く、「者裏に水有り」と。言ひ訖りて忽ち没す。師、この妙吉を知る。その指す所に向ひ、拄杖を一卓す。清泉随ひて湧出す。あたかも白乳の如し。今の文殊泉これなり。

要旨：妙融が泉福寺を開創するにあたり、童子がやってきて、泉のある場所を指し示してくれたという伝説。神人化度説話の一種。

注釈：原漢文を書き下した。

［史料10］貝原益軒『筑前國続風土記』（『益軒全集　巻之四』二九五頁上段～下段）

瑞石寺…此寺は豊後泉福寺無着和尚の法嗣、天眞和尚の開基の地にして、今は泉福寺の末寺也。庭前に、高さ三尺ばかりの烏帽子のごとき石あり。此石天眞彦山より携へ來る。瑞を現する事あり。是に依て瑞石寺と稱す。

要旨：天真が瑞石寺を開創するにあたり、英彦山の石の導きがあったとする伝説。

［史料11］『日域洞上聯燈録』（『曹洞宗全書　史伝上』二八三頁下段）

道果を醫王佛①に祈る。夢に佛、一文大廣銭を授く。曰く、「汝の縁、羽州に在り。往け。此に止まること莫れ」と。師、佛に白して曰く、「我、願う所は法寶なり。世寶は欲する所にあらざるなり」と。佛曰く、「汝、五種の縁熟するなり。此を以て、徴と為せ」と。覺めてこれを奇とす。徑りて羽の荘内に抵る。…所居を革めて梵刹と作す。號して總光と曰ふ。

要旨：月庵が総光寺を開創するにあたり、薬師仏に祈ったところ、夢の中に薬師仏が現れ、出羽国庄内に行け、という導きがあったとする伝説。
注釈：原漢文を書き下した。①醫王佛＝薬師仏。

第2章　竺山得仙

[史料1]『竺山和尚行録』（『続曹洞宗全書　寺誌・史伝』五四七頁上段）
師、諱、得仙なり。竺山と號す。俗姓、平氏なり。江州清龍①の人なり。幼きより三寶に歸依す。…年九白よりて始め、日を逐ひ地蔵菩薩尊像を印施す。
要旨：竺山は近江国の生まれ、幼少期より地蔵信仰を有していた。
注釈：原漢文を書き下した。①江州清龍＝現・滋賀県米原市清滝に当たる。

[史料2]『竺山和尚行録』（『続曹洞宗全書　寺誌・史伝』五五二頁下段）
法弟宗林謹んで記す。
時に應永第二十二①乙未結制②日
要旨：『竺山和尚行録』の奥書。同書が一四一五年に成立していたことを示す記述。
注釈：同書の奥書。原漢文を書き下した。①應永第二十二＝一四一五年。②結制＝安居の初日。

[史料3]『竺山和尚行録』（『続曹洞宗全書　寺誌・史伝』五四七頁上段～下段）

年十九に届き、一夜安寝す。夢を見る。忽ち逝く。牛頭馬頭の二鬼、刹那に出來す。我を牽挽し、大猛火聚中に行く。紅焔熾然なり。焦熱、間無し。火氣、天を驚かし、地を動かす。雷霆、震裂の若し。その中に於て大鍋有り。熱湯涌き出づ。怒濤の躍るに似たり。…即ちこれ間大地獄なり。時に彼の二鬼、我を捉へて、鍋中に陥す。その苦痛、言を以て宣ぶるに足らず。ここに地蔵菩薩、その形容、温にして、瑩徹なるあり。手に錫を持ちて來る。吾早く便を得る。白して言く、「我れ娑婆世界に於て大善根を以て業を爲す。何事に依りてかくの如くならんか」と。地蔵答へて曰く、「汝の言ふ所、その理有りと雖も、出家の志を遂げず。これに因るなり。汝もし出家すべくんば、忽ち娑婆に還るべし」と。予、重ねて言く「何ぞ曾て虚しからんや」と。地蔵、錫杖を出し、我が執を捉ふ。則ち俄然として夢覺む。身心穏やかならず。胸中安からず。やや久しくして自念して言く、「我れ出家の志を求むと雖も、猶ほ境に迷ひ、その志を恣にせず。即ちこれ地蔵菩薩の告勅なり。豈に思惟を容れんや」と。その夜、來曉し、潜かに家を捨て明極和尚の直子、洛外の東山、辯翁の和尚に投じ、落髪受具す。

要旨：竺山が一九歳の時に見た夢。夢の中とはいえ、地獄に堕ち、地蔵が救済してくれたのである。これを契機に、竺山は出家することとなる。

注釈：原漢文を書き下した。

[史料4]「足利義満御判教書」（『曹洞宗古文書　上巻』六二二頁）

攝津國護久寺の事、祈願寺爲るべきの状、件の如し。

明徳二年[1]十月廿二日　（花押）

住持

要旨：一三九一年、護久寺は足利義満の命により、祈願所となった。

注釈：原漢文を書き下した。①明徳二年＝一三九一年。

［史料5］『竺山和尚行録』（『続曹洞宗全書　寺誌・史伝』五四八頁下段）

従一位太政大臣、天山道祐①、來臨す。即ち問ひて曰く、「寺號は何ぞや」と。金吾②云く、「護久なり」と。天山云く、「久を改め、國と作すことを請ふ」と。金吾云く、「多幸なり。名、護國寺と曰ふ」と。天山云く、「準諸山の一となすべし。それ如何」と。金吾、旨を以て師に告ぐ。師、曰く、「天下都鄙の名藍、皆、臨濟宗なり。それ曹洞一宗は、身を山林に偸《かりそめ》にす。意を名利より遁る。もし緒③餘の列刹に比《くら》ぶれば、宗旨を失却せん」と。天山、聴きて復せず。…やや久しくして云く、「もし然らば、余の爲に祈願寺と號す。これは如何」と。師、これに肯く。

要旨：護久寺が祈願所となった経緯を示した史料。足利義満は、五山の一つとするつもりだったが、竺山が拒否、代案として、祈願所になったとされる。

注釈：原漢文を書き下した。①天山道祐＝足利義満を指す。但し、足利義満の法号は、正しくは天山道義である。②金吾＝畠山基国。第3部前出。③緒＝諸の音通と解した。

［史料6］「足利義持御判教書」（『曹洞宗古文書　上巻』六二二頁）

攝津國護國寺領、田畠、散在し、同塔頭善住庵領、田畠等、散在する〔各目録、別紙に在り〕事、早く當知行の旨を任す。寺家領掌、相違有るべからざるの状、件の如し。

應永十八年①十月十一日

内大臣源朝臣②(花押)

要旨：足利義持が護国寺の所領を安堵した文書。この文書により、護国寺という名称が一四一一年に確認される。

注釈：原漢文を書き下した。①應永十八年＝一四一一年。②源朝臣＝足利義満を指す。

[史料7] 竺山『竺山禅師語録』(『訓註曹洞宗禅語録全書　第四巻』二九五頁)

地蔵菩薩

本地の風光、新たに発する時、一団の悲願、坤維に遍し。塵塵刹刹の葵花に向いて、落落村村の柳絮随う。

要旨：竺山は儀礼において時に地蔵を活用していた。

[史料8] 竺山『竺山禅師語録』(『訓註曹洞宗禅語録全書　第五巻』一一二～一一三頁)

比丘尼法崙知客。五部大乗経を書写して、松峯山桂林禅寺①に施入す。…浄財を抛つて、供養を伸ぶるに次いで、山僧に命じ、拈香讃揚せしむ。鳩むる所の良因は専ら用いて、本師釈迦牟尼善逝、十方三世一切諸仏、現坐道場地蔵菩薩、竜宮海蔵十二部経、一切尊法、声聞縁覚、尽虚空遍法界の一切の幽霊等を回向す。

要旨：[史料7]に同じだが、地蔵が道場に現れる存在として位置付けられている。

注釈：①松峯山桂林禅寺＝現・栃木県宇都宮市清住町に現存する。現・本尊は地蔵である。出典書の注では、開創当時より本尊は地蔵であったとする。

［史料9］笠山『笠山禅師語録』（『続曹洞宗全書　語録』三六頁上段～下段）

天眞壽香大禪定門　三十三回忌…普く用ひて、十方常住佛陀耶・十方常住達磨耶・十方常住僧伽耶衆・観音地蔵大薩埵・聲聞縁覺・諸賢聖衆・今日導師虚空蔵菩薩・上界下界幽顕等を供養す。

要旨：［史料7］に同じ。三十三回忌に地蔵が活用されている。

注釈：原漢文を書き下した。

［史料10］笠山『笠山禅師語録』（『続曹洞宗全書　語録』四三頁上段）

法戒禅尼　三十三回忌…先ず用ひて、十方三寶・果海聖賢・當日導師虚空蔵菩薩・冥王冥官及び地府聰明・現坐道場地蔵菩薩・集來群品・一切幽霊等を回向す。

要旨：［史料8］に同じ。

注釈：原漢文を書き下した。

［史料11］笠山『笠山禅師語録』（『続曹洞宗全書　語録』三七頁上段）

光岩道照禅門　三十五日　戦にて死す…集むる所の功徳、眞如實際・佛果菩提・常住三寶・果海聖賢・今日導師地蔵菩薩に回向す。

要旨：［史料8］に同じ。

注釈：原漢文を書き下した。

［史料12］竺山『竺山禅師語録』（『訓註曹洞宗禅語録全書　第五巻』一八頁）

総持開山和尚忌

清渓流れ過ぐ、碧山の辺、一色の水空、太《はなは》だ廓然。遮莫《さもあらばあ》れ、今宵、秋既に半ばなる。浮雲、識らずして月天に明かなり。恭しく惟《おも》んみれば、当寺開山、瑩山大和尚大禅師。宗文の黼黻《ふふつ》、洞水は深淵、永光の灯は盛んにして宇宙に輝き、曹渓の流れは長くして百川を激す。霊雲打鏡の桟剗、洛浦迷源の伝、賓主互換、回互正偏、自在の三昧を得たり。回頭顧盻、与奪の妙用を縦《ほしいまま》にしては俯仰折旋。謂つべし。麒麟の頭角、火裏の玉蓮なりと。山僧即今、一片香を拈出して爇して、以つて、真前に供せんと欲す。これ報恩酬徳の一句ならずして、偏えに歆縁を消解する為なり。香を挿して云く。東海の龍王、鼻孔を穿つ。

要旨：竺山による葬祭儀礼を記したものだが、地蔵の名が無い。

［史料13］竺山『竺山禅師語録』（『訓註曹洞宗禅語録全書　第五巻』一〇～一一頁）

物持二代①和尚忌

吾れ不伝微妙の術あつて、従前、諸聖も尋ぬること能わず。香を挙して云わく。塵塵刹刹、栴檀樹、洛洛村村、薝蔔の林。山門今月今日、伏して、物持二世大和尚示寂の辰に値う。特に伝法比丘得仙、箇の宝香を爇して、以つて、法乳の恩に酬いんものなり。恭しく惟みれば、峨山老師大禅師、群獣の獅子、衆角の一麟、法戦の戈甲、雷霆を轟かせて、闘蟻の耳も聴くも及び難し。綿密なる受用、銖両を絶して、秋毫の眼を察し窺わず。八面受敵すれば、則ち魔外、計を絶し、七事随身すれば、則ち仏眼、臻《いた》ることなし。妙応の招を受けて、開闢の祖と成る。具物中の眼、現象外の身、直に得たり、頭頭滞せず、処処純真。此れは是れ、先師が平生他に示す底の眼筋、即今、什麼《いずれ》の処に向かつて、先師と相見せん。又た香を挙して云わく。一回挙著《こじゃく》すれば、一回新たなり。

要旨：［史料12］に同じ。

注釈：①惣持二代和尚＝峨山を指す。

［史料14］普門元照『地蔵菩薩応験新記』上末第六話（『仏教説話集成［二］』前掲　三六頁）

摂州吹田護国寺の地蔵偸物《ぬすみもの》を返さしめ給ふ事　附火災を鎮防たまふ事

摂州下島郡吹田庄牛頭山護国禅寺の本尊延命地蔵菩薩は、開山大徹令和尚の彫刻にて霊験殊勝に在しけり。寺既に多の歳霜に隤破しけるを、寛文年中①に祖印提禅師②今の堂宇を中興せられけり。寺の後園にいみしき鉄蕉の有つるを、或る時抜起して偸取去りけり。禅師驀地③に本尊に向ひ、「一草一木も境内の所有は僧祇物なり。菩薩何ぞ盗厄を守禦がずして、人をして罪業を受しめ給ふや」と訶せられければ、其夜菩薩盗める者の夢中に現じ、「住持我を告訴す。汝故《もと》のごとく植置べし。不則《しからずは》後悔すとも及べからず」と誡たまへは、彼者甚怖畏して、翌朝速に彼鉄蕉を負せ来て寺の園に栽置、夢中の趣を語、懺謝して帰ける。其後村家火を戒す、猛火曼衍し、爆裂の声雷震し、刹那の間に若干家煨燼となれり。烈焔風に随て此寺殆禁べきにあらざりしかば、寺僧驚騒て器用什物を搬出さんと謀しを、禅師誡て許さす、本尊の前に持念して曰く、「寺若焼ば仏も亦焼ん。我何の避る所かあらん。菩薩に消除火災の誓あり、豈虚語ならんや」とて、結跏端坐湛然として動給さりしが、卒に風夷《たひらぎ》て火自《をのつから》滅けるを、見聞の輩《ともがら》本尊の威神を瞻仰し、住持の機用に感服しけるとぞ。其外数多の霊験ましますと伝侍る。

要旨：江戸時代において、護国寺の地蔵像は、盗まれた品を返させる・消防といった現世利益の職能を担っていた。

注釈：第2部で引用した『地蔵菩薩応験記』の続編的タイトルだが、直接的な繋がりはない。①寛文年中＝一六六一～一六七三年。②祖印提禅師＝護国寺を再興したこと以外、不詳。③蓦地＝出典書の振り仮名によると、「まっすぐ」の意。

第3章　瑞巌詔鱗

［史料1］『日本洞上聯燈録』（『曹洞宗全書　史伝上』二八二頁下段）

祥園無端祖環禅師法嗣

能州宗圓寺瑞巌詔鱗禅師、本州神保氏の子なり。卯歳、業を總持峨山和尚に受く。受具の後、瑩山師翁に依りて心要を諮詢す。

要旨：瑞巌は神保氏の出で、峨山・瑩山に師事したとされる。但し、瑩山に師事したとすると、年代が合わない。

注釈：原漢文を書き下した。

［史料2］『重続日域洞上諸祖伝』（『曹洞宗全書　史伝上』一五八頁上段）

應永年間①、肥州刺史②の神保氏、刹を建て以てこれ③を延《まね》く。即ち今の宗圓寺なり。

要旨：宗円寺の檀那は神保氏であったとする。［史料3］と矛盾する。

注釈：原漢文を書き下した。①應永年間＝一三九四～一四二八年。②肥州刺史＝神保氏は官途名を肥前の守としていた。本文編第4部第3章註1参照。③これ＝ここでは瑞巌詔鱗を指す。

［史料3］『日本洞上聯燈録』（『曹洞宗全書　史伝上』二八二頁下段）

能州太守源満家（畠山氏）、宗圓寺を創り、請ひて開山と為す。

要旨：宗円寺の檀那が畠山氏であったとする。［史料2］と矛盾する。

注釈：原漢文を書き下した。

［史料4］瑞巌『瑞巌禅師語録』（『訓註曹洞宗禅語録全書　第六巻』一三〇～一三一頁）

僧云く、当庵の大檀那、前肥州の通仙慧公、廿五年の忌斎、還つて公来たるや也た否や。

要旨：檀那前肥州の通仙慧公の二十五回忌の法語。「肥州」は神保氏を指すので、［史料2］を裏付ける。

［史料5］瑞巌『瑞巌禅師語録』（『訓註曹洞宗禅語録全書　第六巻』一七三頁）

南閻浮提の大日本国、北陸道、能州賀島郡（ママ）①八田郷府中、海禅山宗円禅寺の住持、

要旨：瑞巌の開創した、宗円寺は能登国鹿島郡八田郷府中にあった。

注釈：①賀島郡＝「鹿島郡」が正しい表記である。現・石川県七尾市及び中能登町等に当たる。

［史料6］瑞巌『瑞巌禅師語録』（『訓註曹洞宗禅語録全書　第六巻』一四二～一四三頁）

欽んで地蔵薩埵の四句偈に注し、以て前亡後滅を救う。毎日、晨朝、諸定に入る。下語して云く、瑠璃殿上に知識なし。諸地獄に入つて、苦を離れしむ。同じく云く、罪福、皆な空にして所住なし。無仏世界に、衆生を度す。同じく云く、夜々の伽羅、峰頂の月。今世後世、能く引導す。

要旨：瑞巌は、地蔵が後世の引導を行う存在と位置付け、葬祭儀礼に活用していた。

［史料７］瑞巌『瑞巌禅師語録』（『訓註曹洞宗禅語録全書　第六巻』八八頁）

地蔵の安座点眼。…毎日、晨朝、諸定に入る。昆侖抱き得る珊瑚の枝、諸の地獄に入つて、苦を離れしむ。…無仏の世界に衆生を度す。…今世、後世、能く引導す。

要旨：［史料６］に同じ。

［史料８］瑞巌『瑞巌禅師語録』（『訓註曹洞宗禅語録全書　第六巻』八九～九〇頁）

六地蔵供養の下語。…遍く六道を歴て、一切衆生を救済す。

要旨：［史料６］に同じ。

［史料９］瑞巌『瑞巌禅師語録』（『訓註曹洞宗禅語録全書　第六巻』一四三～一四五頁）

性如大師の逆修。故に十三仏の偈を注し、以て之を栄弁す。…五七、地蔵。現在、未来、天人衆、我れ今、慇懃に汝に附嘱す。大神通の方便力を以て、三悪趣に堕在せしむること勿れ。

要旨：瑞巌は、逆修として十三仏の偈を称え、その一環として地蔵に言及していた。

［史料10］瑞巌『瑞巌禅師語録』（『訓註曹洞宗禅語録全書　第六巻』一六一～一六二頁）

送照上座の三回忌の拈経。…恭しく此の妙典を拈じて、本師釈迦牟尼如来の御調尊、十住、十行、十回向、十地等覚、毘盧遮那仏、諸大菩薩摩訶薩、幷びに地蔵大薩埵、炎羅の諸天、殊なる今日の冥官、五道の転輪王等に供養し奉り、以て(某人)①の大祥忌の辰に弔す。

要旨：瑞巌は、三回忌の法語において地蔵にも言及していた。

注釈：①(某人)＝表記は出典書の通り。

[史料11]　瑞巌『瑞巌禅師語録』(『訓註曹洞宗禅語録全書　第六巻』一五九～一六〇頁)

山堂宝公の十三回忌の拈経。…恭しく、此の一日の頓写の妙典、文字、皆、妙金色の真文を拈出し、本師大覚如来調御尊、荘厳劫の三千仏諸菩薩、賢劫応現の諸仏薩埵、専ら勧請する金剛界の大日如来、六道能化大薩埵持地尊①、閻羅大王等に供養し奉り、以て当寺の大檀那、山堂(某人)②の辰に忌慰す。

要旨：瑞巌が葬祭儀礼において、時に六道能化大薩埵持地菩薩を活用していた。

注釈：①六道能化大薩埵持地尊＝本来は地蔵とは別物であるが、瑞巌は区別していない。研究編参照。②(某人)＝表記は出典書の通り。

[史料12]　瑞巌『瑞巌禅師語録』(『訓註曹洞宗禅語録全書　第六巻』一六三頁)

明宗沙弥の十三回忌の拈経。…三世達道の大覚尊、過現未の諸仏菩薩摩訶薩等、殊なる六道能化の大薩埵持地尊、並びに閻羅の諸天諸神に供養し奉り、以て(某人)①の辰に弔慰す。

要旨：[史料11]に同じ。

注釈：①(某人)＝表記は出典書の通り。

［史料13］ 瑞巌『瑞巌禅師語録』（『訓註曹洞宗禅語録全書　第六巻』一六七頁）

信光大師、十七年忌の拈経。…本師釈迦牟尼大覚尊、過現未の諸仏菩薩摩訶薩、殊なる六道能化の大薩埵持地尊、并びに閻羅の天等に供養し奉り、法恩寺の檀那、（某人）①十七遠忌会を弔い奉る。

要旨：［史料11］に同じ。

注釈：①（某人）＝表記は出典書の通り。

［史料14］ 瑞巌『瑞巌禅師語録』（『訓註曹洞宗禅語録全書　第六巻』一七一頁）

道可上座、廿五年忌の拈経。…本師釈迦牟尼調御尊、過現未来の仏陀耶衆、殊なる六道能化の大薩埵持地尊、炎羅の諸天、今日冥官等に供養し奉り、用つて（某）人（某）①辰を忌営し、覚途を荘厳し、速かに仏果を証する者なり。

要旨：［史料11］に同じ。

注釈：①（某）人（某）＝表記は出典書の通り。

［史料15］ 瑞巌『瑞巌禅師語録』（『訓註曹洞宗禅語録全書　第六巻』一六九頁）

同十三回忌の拈経…恭しく斯の漸写の妙法華経三部を拈出し、両手に分付して用い、三世達道の大覚尊、荘厳劫の微塵数仏、賢劫の応現聖衆、薩埵、摩訶薩埵、殊なる抜苦与楽持地尊、並びに閻魔宮中の諸天子等に供養し奉り、（某人）①・某忌慰す。

要旨：瑞巌は葬祭儀礼において、時に『法華経』に言及していた。

注釈：①（某人）＝表記は出典書の通り。

[史料16] 瑞巌『瑞巌禅師語録』（『訓註曹洞宗禅語録全書　第六巻』一五四〜一五五頁）

長江久公沙弥、断七の拈経。…恭しく此の経を拈出し、本師釈迦牟尼大尊世尊、仏陀耶、達磨耶、僧伽耶、三世達道の諸仏、菩薩摩訶薩、殊に、六道能化の大薩埵①、閻羅の諸天諸神等に供養し奉る。今日の施主、大檀那、惟宗の朝臣、備州太守の基久、謹んで香華灯明茶果珍羞、種々の微供を営弁し、以て先考の前雲州（某人）②の断七忌の辰を忌弔訪す。

要旨：瑞巌は葬祭儀礼において、時に六道能化の大薩埵を活用していた。

注釈：①六道能化の大薩埵＝地蔵菩薩と解釈される。②（某人）＝表記は出典書の通り。

第4章　普済善救による地蔵点眼

[史料1]「行記」（『訓註曹洞宗禅語録全書　第七巻』三〇一頁）

師、諱は善救、普済と号す。賀州河北郡英田の盛族藤氏に生れ、七歳にして州の観法寺①に隷して童行となる。年舞勺に甫《およ》んで寂室和尚を浄住②に礼して披剃す。十五にして登壇受具、十六にして越前州永昌寺③曇英④記室に寓し、雪竇の祖英集、橘州の光明蔵を読む。

要旨：普済は、加賀国河北郡英田の生まれ、浄住寺・永昌寺等で学んだ。

注釈：①観法寺＝不詳。②浄住＝浄住寺。③永昌寺＝不詳。④曇英＝不詳。

[史料2]「行記」（『訓註曹洞宗禅語録全書　第七巻』二六〇頁）

賀州太原山聖興山①十境別に二首を附す

三神廟　寺の西に②八幡、白山、住吉を祀る

曾て如来真の付属を得て、三神の霊徳山門を鎮め、長く応に護法安人の力なるべし。

要旨：普済は、聖興寺において、八幡・白山・住吉の三神を祀っていた。

注釈：①賀州太原山聖興寺＝通幻により、加賀国能美郡安宅村に開創された寺。現・石川県小松市だが、廃寺により、詳細不明。②三神廟　寺の西に＝出典書の漢文書き下し「三神廟寺の西」を改めた。

[史料3]「行記」（『訓註曹洞宗禅語録全書　第七巻』三〇三〜三〇四頁）

明年①八月また永沢の請を受け、入院の日に逮《およ》んで豊狐夜鳴くこと百数、寺を遶つて已まず。師、中に感通して曰く、「此れ護法の兆なり」。即日廟を立てて稲荷明神を祀る、狐鳴遂に息む。

要旨：普済が永沢寺に入る際、狐が夜通し泣くので、稲荷明神を祀ったところ、狐が鳴き止んだ、という伝説。

注釈：①明年＝応永三年、一三九六年。

[史料4]「行記」（『訓註曹洞宗禅語録全書　第七巻』三〇七頁）

時に応永二十一甲午の歳①孟春十二七周忌の辰、小師浄智等謹むで記す。

要旨：普済の生涯を記した「行記」の奥書。

注釈：①応永二十一甲午の歳＝一四一四年。

［史料5］普済『普済禅師語録』（『訓註曹洞宗禅語録全書　第七巻』一八七頁）
明徳五年甲戌八月二十四、時正に第四の日。能州総持門頭地蔵堂落成し、開光安座、筆を以て点両点して云く、「頂門の眼を豁開して、大士の身を応現す、伽羅峰上の月、夜々家隣を照らす。共に惟れば、薩埵は、無仏の処尊独と称し、度厄の時己躬を忘ず。金錫声は響く三途の底、宝珠光は散ず十方空。利生すれば、則ち刀山剣樹に運歩し、遊戯すれば、則ち地獄天宮に分身す。内に菩薩の行を秘し、外に随類の容を現ず。然も与麼なりと雖も、即今堂奥に端居する一句、作麼生か委悉し去らん。安住して動ぜず須弥山の如し、元来坐断す主人翁」。
要旨：普済が総持寺門前に地蔵像を祀った際の法語。地蔵が地獄からの救済者として位置付けられている。
注釈：①明徳五年＝一三九四年。

［史料6］普済『普済禅師語録』（『訓註曹洞宗禅語録全書　第七巻』二三四頁）
正忍禅門の為に。能忍能行信得及す、湛存霊性本来の光、光明処処遮掩せず、生死涅槃一場。其、蚤く空門に入つて親しく聴法す、久しく禅室に居して細に思量す。地獄を怯れず、天堂を楽まず、逍遥自在、遊戯無方。且く道え、末後の一著、別に須く越方三昧の活計あるべし。火を擲つて云く、「紅炉焔上氷霜を点ず」。
要旨：普済は、葬祭儀礼において地獄に言及していた。

［史料7］普済『普済禅師語録』（『訓註曹洞宗禅語録全書　第七巻』二四一～二四二頁）
寿永禅門の為に。寿永くして過量劫空を閲す、一霊不昧主人翁、浮世六十三年の夢、風霜に驚起して活路通ず。其、

親しく吾門に入つて法味を嗜む、全く道果を期して真宗に帰す。生これ不生、死これ不死、奈落に勃跳し、天宮に遊戯す。滄海夜寒し篷底の月、漁人歌は罷む釣糸の風。然も末後、翻身超方の一著、如何が折合せん。火を擲つて云く、「烈焰堆中優鉢紅なり」。

要旨：［史料6］に同じ。

［史料8］普済『普済禅師語録』（『訓註曹洞宗禅語録全書　第七巻』二四四頁）

見了大姉の為に。了了として常に知る無著の宗、夢は醒む五十一年の冬、蘆花雪月分ち難き処、裏許功を借りて活路通ず。某、心識湛然、理事円融。無仏の処にあつて急に走過し、有仏の処に向つて蹤を留めず。遊戯三昧、地獄天宮、然も末後転身の生涯、これ什麽の面目ぞ。火裏の蓮蕊、虚空に逼塞す。

要旨：［史料6］に同じ。

［史料9］普済『普済禅師語録』（『訓註曹洞宗禅語録全書　第七巻』二四六頁）

本了大姉の為に。了了の時了ずべきなし、本来自性風光を露わす、生前四十六年の楽しみ、寒夜驚回す夢一場。其、生や死や、生死無常、来る所従なく、去るに作相なし。去来跡なく、地獄天堂、末山の標致、鉄磨の同行、絶後再び甦り、十方に遊戯す。且く道え、末後要津を把断する時、潜行密用相続不偏の一著、如何が打徹せん。火を擲つて云く、「雪は渓橋の断えたるを続ぎ、煙は山舎の蔵れたるを彰わす」。

要旨：［史料6］に同じ。

［史料10］普済『普済禅師語録』（『訓註曹洞宗禅語録全書　第七巻』四五頁）

端午上堂。総持今日。天中の佳節。百草頭辺、殺活格を越ゆ。尽大地の裏、これ薬ならざるなし。文殊昔日甚麼としてか特地に善財①をして其の手脚を労せしむ。

要旨：普済は、説法において時に文殊に言及した。

注釈：①善財＝善財童子。

［史料11］普済『普済禅師語録』（『訓註曹洞宗禅語録全書　第七巻』五六頁）

師、応永三歳①丙午八月初五日に入院す。時に永沢仏殿傾頽し、諸堂隳圮②す。一佳三載、事に土木に従う。これを以て開堂及び結解の法語倶になし。戊寅の夏六月。仏殿落慶し、土地③祖像塑刻新たに成る。土地安座点眼。筆を以て両点して云く、…

要旨：普済は、永沢寺に土地神を造立し、点眼の儀礼を行った。

注釈：①応永三歳＝一三九六年。②隳圮＝破れ廃れること。出典書の注による。③土地＝ここでは土地神の意。

［史料12］普済『普済禅師語録』（『訓註曹洞宗禅語録全書　第七巻』六二頁）

師、応永五年戊寅①八月初五日に入院す。明年己卯二月初一日、薬師如来像を方丈に安じ奉る。龍泉の諸徒、安座開光のために陞座を請う。先ず筆を以て両点して、偈を説いて云く、「稽首す薬師調御尊、正眼を豁開す。太平山、由来衆生の病を治し尽して、那辺に坐断して間を守らず」。

要旨：普済は、龍泉寺に薬師像を造立し、点眼の儀礼を行った。

注釈：①応永五年戊寅＝一三九八年。

[史料13] 普済『普済禅師語録』（『訓註曹洞宗禅語録全書　第七巻』七〇頁）

聖興三世仏点眼。釈迦、薬師、弥勒。筆を以て六点して云く、「過現未来三世の仏、正眼を豁開す。一毫端、直饒《たと》い百億分身して去るも、若かず。那裏の間に安居するには」。

要旨：普済は聖興寺において、釈迦・薬師・弥勒という三像の点眼の儀礼を行った。聖興寺に関しては[史料2]参照。

[史料14] 普済『普済禅師語録』（『訓註曹洞宗禅語録全書　第七巻』七五頁）

殿裏観世音菩薩安座。慈悲を以て三摩地①に入り、聞声を以て円通の理を悟る。一体多身十一面、三十二②応同異なし。

要旨：普済は、説法において時に観音に言及していた。

注釈：①三摩地＝三昧。②三十二＝観音の応化身の数。

[史料15] 普済『普済禅師語録』（『訓註曹洞宗禅語録全書　第七巻』一八八頁）

法雨山観行寺十一面観音点眼。豁開す十一面の正眼、坐断す円通入理の門、丫角《あかく》①の童児高く問訊す。

要旨：普済は、観行寺において、十一面観音の点眼儀礼を行った。。

注釈：①丫角《あかく》＝出典書の注は、「あげまき。頭の両側に角の形に結ぶ童子の髪型。総角ともいう」とする。

[史料16] 普済『普済禅師語録』（『訓註曹洞宗禅語録全書　第七巻』一九三～一九四頁）

親しく一部円頓の詮を書し、直に七分全得の縁に合す。

要旨：「七分全得」の語があることから、普済は逆修供養を行っていたと解釈できる。

[史料17]　普済『普済禅師語録』（『訓註曹洞宗禅語録全書　第七巻』一九七頁）

以て生前快楽身後超升の経営を致し、七分の全得を擬欲し、三宝の鴻名①を諷誦す。

要旨：[史料16]に同じ。

注釈：①鴻名＝出典書の注は「大きな名号。大きな名誉」とする。「偉大な名号」の意であろう。

[史料18]『地蔵本願経』（『国訳一切経　和漢撰述部・大集部五』二四〇頁）

若し男子、女人有つて在生のとき善因を修せず、多く衆罪を造らんに、命終の後、眷属小大爲に福利一切の聖事を造らんに、七分の中而も乃ち一を獲ん。六分の功徳は生者自ら利せん。

要旨：中世日本で一般的観念であった、「七分全得」の根拠となった箇所。

第5章　亡者授戒切紙

[史料1]「亡者授戒」（石川力山『禅宗相伝資料の研究　上巻』四一二頁）

道場荘厳、常の如し。壇上に地蔵菩薩牌を設く。下肩に亡者牌を設く。戒師壇に向ひ三拝し、炉を秉り焼香し、微音を唱へて云く、「南無一心奉請三界、六道化導地蔵菩薩摩訶薩、唯だ願はくは、道場に降臨し、菩薩清浄の大戒を授けたまへ、慈愍の故に」と。

要旨：曹洞宗の葬祭儀礼においては、まずは地蔵を道場に降臨してもらい、死者に戒を授けてもらうことが期待されていた。

注釈：原漢文を書き下した。書写は江戸時代中頃。新潟県村上市諸上寺蔵。

[史料2]「亡霊授戒切紙」（石川力山『禅宗相伝資料の研究　上巻』四七六頁）

中峰和尚①亡霊授戒之偈、奉りて三界六道の能化衆生済度の地蔵菩薩摩訶薩を請ふ。仰ぎて願ふは、道場に降臨し、菩薩清浄の大戒を授けたまへ。大慈大悲哀愍教化、南無帰依仏、南無帰依法、南無帰依僧、汝、三宝に帰依し、大懺悔を発露す。

要旨：[史料1]に同じ。

注釈：原漢文を書き下した。書写は慶安二年（一六四九）。石川県羽咋市永光寺蔵。①中峰和尚＝元代の臨済宗の僧。ここで、中峰が出てきた理由は不明だが、[史料3]にある通り、臨済宗でも同様の儀礼を行っていた。一つには、日本臨済宗から日本曹洞宗という形で入ってきたため、中峰の名前が出てきた可能性がある。但し、研究編でも言及した通り、日本曹洞宗でも中峰と交流があった僧もいた。

[史料3]『諸回向清規』（『大正蔵　第八一巻』六五九頁中段）

○亡者授戒法

一心奉請　三界六道化導濟度地蔵願王大菩薩摩訶薩。唯だ願はくは道場に降臨して、菩薩清浄大戒を授け、證戒の師

と爲らん。慈愍故慈愍故〔三返〕

要旨：中世臨済宗でも葬祭儀礼において地蔵が活用されていたことを記す史料。

注釈：原漢文を書き下した。永禄九年（一五六六）成立。

［史料4］『日葡辞書』（土井忠夫他訳編『邦訳日葡辞書』八一～八二頁）

Caimio 人の死後付ける名。または、人が剃髪した後、すなわち、僧侶になった後に付ける名。

要旨：『日葡辞書』が刊行された、慶長八年（一六〇三）には、宗派を問わず、死後戒名が定着していたことを示す。

［史料5］「邪宗門吟味之事　御條目宗門檀那請合之掟」（石井良助編『徳川禁令考　前集五』七九頁下段）

一死後死骸に頭剃刀を與へ戒名を授る事、是は宗門寺の住持死相を見届て、邪宗にてこれ無き段、慥に受合の上にて引導致すべき事なり、よくよく吟味すべき事、

要旨：江戸時代において、宗派を超えて、亡者授戒が一般化していたことを示す史料。

注釈：漢文体の箇所を書き下した。慶長一八年（一六一三）発布とされるものの、元禄四年（一六九一）以降に幕府が発布したものである。江戸時代中期以降、全国に流布したとされる。藤井学「江戸幕府の宗教統制」（辻達也・他『岩波講座　日本歴史11』前掲）、同「近世仏教の特色」（日本思想大系『近世仏教の思想』一九七三年）。

終章

［史料1］笠山『笠山禅師語録』（『訓註曹洞宗禅語録全書　第四巻』一三〇頁）

此の一弁香、当寺①の大檀那に為にし奉る。伏して願わくは、福、滄海のごとくに深く、寿、椿松に等しくならんことを。

要旨：笠山は檀那の繁栄を祈念した儀礼を行っていた。

注釈：①当寺＝出典書は越前国立川寺とする。

初出一覧

序章

「道元に於ける仏・菩薩の位置づけから見た鎌倉仏教」『倫理学』第一六号　一九九九年

第1部

「義介は永平寺に「密教的」要素を導入したのか?」東隆眞編『徹通義介研究』二〇〇六年　大法輪閣

「大乗寺蔵「五山十刹図」の研究」『比較民俗研究』第二三号　二〇〇九年

第2部

「日本における放光菩薩信仰の展開」『比較民俗研究』第一六号　一九九九年

第3部・第4部

「中世曹洞宗の地蔵信仰」『日本宗教文化史研究』第一二巻第二号　二〇〇八年

「中世曹洞宗の展開」『北陸宗教文化』第二〇号　二〇〇八年

＊二〇〇六年以降のものは、科学研究補助金・基盤研究C「中世曹洞宗における地蔵信仰の受容」の研究成果である。

あとがき

本書執筆の動機は、序章冒頭に書いた通りだが、「あとがき」の場を借りて、補足したい。一九八五年、学習院大学に都営荒川線（所謂、都電）を使って通学するようになると、あることに気付く。それは、四の付く日にご老人の乗車が多いことである。調べてみると、四の付く日は巣鴨のとげぬき地蔵の縁日であり、そのためにご老人の乗車が多いことが分かった。そこでさらなる疑問が生まれる。「あれ、仏教に縁日なんて考え方あったっけ？」というのも当時、私は、文学部哲学科に在学しており、日本仏教思想ゼミで『正法眼蔵』を講読していたからである。

大学三年次、幸運にも大島建彦先生（当時、東洋大学教授）が非常勤講師として授業を担当されることとなった。ちなみに国文科（現・日本語日本文学科）の授業であったので、「清水と申します。哲学科ですが受講させてください」と言ったところ、大島先生より「あなた、最も哲学とは異なる授業をしますが、よろしいですか」と、いったん受講を断られたことをよく覚えている。もともと、駿台予備校での新谷尚紀先生（現・國學院大学教授）との出会いにより、民俗学志向であった私は、水曜日の大島先生の授業を楽しみにしていた。当授業の内容は、大島建彦『道祖神と地蔵』（一九九二年　三弥井書店）によって、活字化されている。

とげぬき地蔵への興味と大島先生の授業により、自身の研究テーマを地蔵信仰と定めた私は、哲学科に留まる（正しくは大学院哲学専攻へ進学する）わけにはいかず、学部卒業後、活動場所を筑波大学大学院博士一貫課程日本文化研究学際カリキュラムに移す。当初は、平安時代から鎌倉時代の地蔵信仰を研究していたのだが、ある時、〝東京の寺院〟みたいな本をぱらぱら見ていた際に、大事なことに気付く。「とげぬき地蔵こと、高岩寺は曹洞宗？　道元って、地蔵信仰、持っていたっけ？」ということで、日本学術振興会特別研究員時代において、中世曹洞宗における地蔵信仰に関する研究に着手したのであるが、序章に書いた通り、当問題に関するまとまった史料集などはなく、当時は主に史料集めに留まった。

日本学術振興会特別研究員任期終了後、主夫業、筑波大学助手(任期付き)を経て、一九九九年、幸運にも金沢大学に奉職することができた。せっかく総持寺祖院のある石川県に居るのだからという理由で、中世曹洞宗における地蔵信仰の研究を再開し、科学研究費補助金を獲得するに至った。私が科研を獲得したことと示し合わせたが如く、同時期、四季社から『訓註曹洞宗禅語録全書』が刊行され始めたのは正直助かった。本書を執筆するにあたって、『訓註曹洞宗禅語録全書』の解釈・解説より示唆を得た箇所は多々ある。本来なら、もっと丁寧に註を付けるべきだったかもしれないが、煩雑さを避けるため、最低限の註に留めた。『訓註曹洞宗禅語録全書』の刊行中断は大変残念である。

科研の報告書は、二〇〇九年にまとめたのではあるが、新たに別の科研が採択されるなどの状況において、なかなか出版というわけにはいかなかった。このままではいけないと思い、岩田書院に持ち込み、何回かのやりとりを経て、成立したのが本書である。出版情勢の厳しい中、本書の出版を決行してくださった岩田博社長には深く感謝する次第である。

校正のため、本書を読み返してみると、まだまだ本研究には課題が残されている。本書を一区切りとして、研究は継続する所存である。読者諸子の批判を俟ちたい。

二〇一六年六月

清水　邦彦

著者略歴

清水 邦彦（しみず・くにひこ）

1989 年　学習院大学文学部哲学科卒
1995 年　筑波大学大学院博士課程日本文化研究学際カリキュラム単位取得退学
日本学術振興会特別研究員、筑波大学助手を経て
現在　金沢大学国際学類日本・日本語教育コース准教授
　　　博士(歴史民俗資料学)
　　　日本宗教学会評議員・日本仏教綜合研究学会評議員

主要論文
「中世地蔵信仰史・考」(今井雅晴編『中世仏教の展開とその基盤』2002 年　大蔵出版)
「義介は永平寺に「密教的」要素を導入したのか？」
（東隆眞編『徹通義介禅師研究』2006 年　大法輪閣）
「中世曹洞宗の地蔵信仰」(『日本宗教文化史研究』第 12 巻第 2 号　2008 年)
「水子供養」(末木文美士編『近代国家と仏教』2011 年　佼成出版社)

中世曹洞宗における地蔵信仰の受容

2016 年(平成 28 年) 10 月　第 1 刷　300 部発行　　定価[本体 7400 円＋税]
著　者　清水 邦彦

発行所　有限会社 岩田書院　代表：岩田　博　http://www.iwata-shoin.co.jp
〒157-0062　東京都世田谷区南烏山 4-25-6-103　電話 03-3326-3757　FAX 03-3326-6788
組版・印刷・製本：三陽社

ISBN978-4-86602-972-6 C3021　￥7400E

岩田書院 刊行案内（22）

			本体価	刊行年月
864	長谷部・佐藤	般若院英泉の思想と行動	14800	2014.05
865	西海　賢二	博物館展示と地域社会	1850	2014.05
866	川勝　守生	近世日本石灰史料研究Ⅶ	9900	2014.05
867	武田氏研究会	戦国大名武田氏と地域社会＜ブックレットH19＞	1500	2014.05
868	田村　貞雄	秋葉信仰の新研究	9900	2014.05
869	山下　孝司	戦国期の城と地域	8900	2014.06
870	田中　久夫	生死の民俗と怨霊＜田中論集４＞	11800	2014.06
871	高見　寛孝	巫女・シャーマンと神道文化	3000	2014.06
872	時代考証学会	大河ドラマと市民の歴史意識	3800	2014.06
873	時代考証学会	時代劇制作現場と時代考証	2400	2014.06
874	中田　興吉	倭政権の構造　支配構造篇　上	2400	2014.07
875	中田　興吉	倭政権の構造　支配構造篇　下	3000	2014.07
876	高達奈緒美	佛説大蔵正教血盆経和解＜影印叢刊11＞	8900	2014.07
877	河野昭昌他	南北朝期　法隆寺記録＜史料選書３＞	2800	2014.07
878	宗教史懇話会	日本宗教史研究の軌跡と展望	2400	2014.08
879	首藤　善樹	修験道聖護院史辞典	5900	2014.08
880	宮原　武夫	古代東国の調庸と農民＜古代史８＞	5900	2014.08
881	由谷・佐藤	サブカルチャー聖地巡礼	2800	2014.09
882	西海　賢二	城下町の民俗的世界	18000	2014.09
883	笹原亮二他	ハレのかたち＜ブックレットH20＞	1500	2014.09
884	井上　恵一	後北条氏の武蔵支配と地域領主＜戦国史11＞	9900	2014.09
885	田中　久夫	陰陽師と俗信＜田中論集５＞	13800	2014.09
886	飯澤　文夫	地方史文献年鑑2013	25800	2014.10
887	木下　昌規	戦国期足利将軍家の権力構造＜中世史27＞	8900	2014.10
888	渡邊　大門	戦国・織豊期赤松氏の権力構造＜地域の中世15＞	2900	2014.10
889	福田アジオ	民俗学のこれまでとこれから	1850	2014.10
890	黒田　基樹	武蔵上田氏＜国衆15＞	4600	2014.11
891	柴　　裕之	戦国・織豊期大名徳川氏の領国支配＜戦後史12＞	9400	2014.11
892	保坂　達雄	神話の生成と折口学の射程	14800	2014.11
893	木下　　聡	美濃斎藤氏＜国衆16＞	3000	2014.12
894	新城　敏男	首里王府と八重山	14800	2015.01
895	根本誠二他	奈良平安時代の〈知〉の相関	11800	2015.01
896	石山　秀和	近世手習塾の地域社会史＜近世史39＞	7900	2015.01
897	和田　　実	享保十四年、象、江戸へゆく	1800	2015.02
898	倉石　忠彦	民俗地図方法論	11800	2015.02
899	関口　功一	日本古代地域編成史序説＜古代史９＞	9900	2015.02
900	根津　明義	古代越中の律令機構と荘園・交通＜古代史10＞	4800	2015.03
901	空間史学研究会	装飾の地層＜空間史学２＞	3800	2015.03

岩田書院 刊行案内（23）

			本体価	刊行年月
902	田口　祐子	現代の産育儀礼と厄年観	6900	2015.03
903	中野目　徹	公文書管理法とアーカイブズ＜ﾌﾞｯｸﾚｯﾄA18＞	1600	2015.03
904	東北大思想史	カミと人と死者	8400	2015.03
905	菊地　和博	民俗行事と庶民信仰＜山形民俗文化２＞	4900	2015.03
906	小池　淳一	現代社会と民俗文化＜歴博フォーラム＞	2400	2015.03
907	重信・小池	民俗表象の現在＜歴博フォーラム＞	2600	2015.03
908	真野　純子	近江三上の祭祀と社会	9000	2015.04
909	上野　秀治	近世の伊勢神宮と地域社会	11800	2015.04
910	松本三喜夫	歴史と文学から信心をよむ	3600	2015.04
911	丹治　健蔵	天狗党の乱と渡船場栗橋宿の通航査検	1800	2015.04
912	大西　泰正	宇喜多秀家と明石掃部	1850	2015.05
913	丹治　健蔵	近世関東の水運と商品取引 続	7400	2015.05
914	村井　良介	安芸毛利氏＜国衆17＞	5500	2015.05
915	川勝　守生	近世日本石灰史料研究Ⅷ	9900	2015.05
916	馬場　憲一	古文書にみる武州御嶽山の歴史	2400	2015.05
917	矢島　妙子	「よさこい系」祭りの都市民俗学	8400	2015.05
918	小林　健彦	越後上杉氏と京都雑掌＜戦国史13＞	8800	2015.05
919	西海　賢二	山村の生活史と民具	4000	2015.06
920	保坂　達雄	古代学の風景	3000	2015.06
921	本田　　昇	全国城郭縄張図集成	24000	2015.07
922	多久古文書	佐賀藩多久領 寺社家由緒書＜史料選書４＞	1200	2015.07
923	西島　太郎	松江藩の基礎的研究＜近世史41＞	8400	2015.07
924	根本　誠二	天平期の僧と仏	3400	2015.07
925	木本　好信	藤原北家・京家官人の考察＜古代史11＞	6200	2015.08
926	有安　美加	アワシマ信仰	3600	2015.08
927	全集刊行会	浅井了意全集：仮名草子編５	18800	2015.09
928	山内　治朋	伊予河野氏＜国衆18＞	4800	2015.09
929	池田　仁子	近世金沢の医療と医家＜近世史42＞	6400	2015.09
930	野本　寛一	牛馬民俗誌＜著作集４＞	14800	2015.09
931	四国地域史	「船」からみた四国＜ブックレットH21＞	1500	2015.09
932	阪本・長谷川	熊野那智御師史料＜史料叢刊９＞	4800	2015.09
933	山崎　一司	「花祭り」の意味するもの	6800	2015.09
934	長谷川ほか	修験道史入門	2800	2015.09
935	加賀藩ﾈｯﾄﾜｰｸ	加賀藩武家社会と学問・情報	9800	2015.10
936	橋本　裕之	儀礼と芸能の民俗誌	8400	2015.10
937	飯澤　文夫	地方史文献年鑑2014	25800	2015.10
938	首藤　善樹	修験道聖護院史要覧	11800	2015.10
939	横山　昭男	明治前期の地域経済と社会＜近代史22＞	7800	2015.10

岩田書院 刊行案内（24）

			本体価	刊行年月
940	柴辻　俊六	真田幸綱・昌幸・信幸・信繁	2800	2015.10
941	斉藤　　司	田中休愚「民間省要」の基礎的研究＜近世史43＞	11800	2015.10
942	黒田　基樹	北条氏房＜国衆19＞	4600	2015.11
943	鈴木　将典	戦国大名武田氏の領国支配＜戦国史14＞	8000	2015.12
944	加増　啓二	東京北東地域の中世的空間＜地域の中世16＞	3000	2015.12
945	板谷　　徹	近世琉球の王府芸能と唐・大和	9900	2016.01
946	長谷川裕子	戦国期の地域権力と惣国一揆＜中世史28＞	7900	2016.01
947	月井　　剛	戦国期地域権力と起請文＜地域の中世17＞	2200	2016.01
948	菅原　壽清	シャーマニズムとはなにか	11800	2016.02
949	渡辺　尚志	相給村落からみた近世社会	6000	2016.02
950	荒武賢一朗	東北からみえる近世・近現代	6000	2016.02
951	佐々木美智子	「産む性」と現代社会	9500	2016.02
952	同編集委員会	幕末佐賀藩の科学技術 上	8500	2016.02
953	同編集委員会	幕末佐賀藩の科学技術 下	8500	2016.02
954	長谷川賢二	修験道組織の形成と地域社会	7000	2016.03
955	木野　主計	近代日本の歴史認識再考	7000	2016.03
956	五十川伸矢	東アジア梵鐘生産史の研究	6800	2016.03
957	神崎　直美	幕末大名夫人の知的好奇心	2700	2016.03
958	岩下　哲典	城下町と日本人の心性	7000	2016.03
959	福原・西岡他	一式造り物の民俗行事	6000	2016.04
960	福嶋・後藤他	廣澤寺伝来 小笠原流弓馬故実書＜史料叢刊10＞	14800	2016.04
961	糸賀　茂男	常陸中世武士団の史的考察	7400	2016.05
962	川勝　守生	近世日本石灰史料研究IX	7900	2016.05
963	所　理喜夫	徳川権力と中近世の地域社会	11000	2016.05
964	大豆生田稔	近江商人の酒造経営と北関東の地域社会	5800	2016.05
965	上原　兼善	近世琉球貿易史の研究＜近世史44＞	12800	2016.06
966	日野西眞定	高野山信仰史の研究＜宗教民俗８＞	9900	2016.06
967	佐藤　久光	四国遍路の社会学	6800	2016.06
968	浜口　　尚	先住民生存捕鯨の文化人類学的研究	3000	2016.07
969	裏　　直記	農山漁村の生業環境と祭祀習俗・他界観	12800	2016.07
970	時枝　　務	山岳宗教遺跡の研究	6400	2016.07
971	橋本　　章	戦国武将英雄譚の誕生	2800	2016.07
972	高岡　　徹	戦国期越中の攻防＜中世史30＞	8000	2016.08
973	市村・ほか	中世港町論の射程＜港町の原像・下＞	5600	2016.08
974	小川　　雄	徳川権力と海上軍事＜戦国史15＞	8000	2016.09
975	福原・植木	山・鉾・屋台行事	3000	2016.09
976	小田　悦代	呪縛・護法・阿尾奢法＜宗教民俗９＞	6000	2016.10
977	清水　邦彦	中世曹洞宗における地蔵信仰の受容	7400	2016.10